De 16

John Urwin

De 16

Het bloedstollende verhaal van de best getrainde en meest geheime speciale eenheid ooit

TIRION

Dit boek is gepubliceerd door
Tirion Uitgevers BV
Postbus 309
3740 AH Baarn

Omslagontwerp: Myosotis Reclame Studio, Arjan van den Bos
Vertaling: Laurens van Mastrigt

ISBN 90.4390.475.9
NUR 338

Voor het eerst gepubliceerd in Groot-Brittannië in 2002 door Vision Paperbacks.
Oorspronkelijke titel: *The Sixteen: The Covert Assassination Squad that went Beyond the SAS.*
Vision (a division of Satin Publications Limited), 101 Southwark Street, London SE1 0JF, Great Britain.

Dit boek is opgedragen aan de unieke persoonlijkheden die samen
De 16
vormden, in het bijzonder
Dynamo, Chalky, Spot en Ken,
wie jullie ook waren – waar jullie ook zijn

Inhoud

Dankbetuiging

Het schrijven van dit boek was een lange en moeilijke taak die ik niet zonder de steun van een aantal mensen had kunnen volbrengen.
Mijn speciale dank gaat uit naar de volgende personen:
Robert Smith, mijn agent, die de moed had in dit project te geloven.
Alle medewerkers van uitgeverij Vision voor hun hulp en het vele werk dat ze hebben verzet; en Martin en Helen Moss van Proof Positive.
Mijn familie die me met haar liefde en steun aan het werk heeft gehouden.
Brian Stern, Kevin Fitzpatrick, Mark Jones, Chris Wood en David Bremner – het hele project zou nooit van de grond gekomen zijn als zij mij niet hadden gestimuleerd en me het vertrouwen hadden gegeven dit boek te schrijven. Bedankt jongens, voor jullie hulp en steun – zonder jullie had ik het nooit gered!
Als laatste, maar niet als minste, mijn liefhebbende vrouw Helen die me al die tijd met beide benen op de grond heeft gehouden. Dank je, lieverd. Jouw steun, je eindeloze geduld, je begrip en je liefde hebben me door de moeilijkste momenten geholpen.

Voorwoord

Tijdens de zeer explosieve en onzekere politieke situatie in het Midden-Oosten in de jaren vijftig van de twintigste eeuw behoorde een totale nucleaire oorlog zonder meer tot de mogelijkheden; het hele gebied was een bron van onrust. Geen enkele regering wilde zich in die tijd echter openlijk met de situatie bemoeien. Om die reden werd een speciale eenheid opgericht – De 16. Deze was ogenschijnlijk aan niemand verantwoording schuldig en opereerde op zo'n unieke en geheime wijze dat er geen enkele mogelijkheid was dat het bestaan ervan ooit ontdekt zou worden, waardoor de leden en hun daden voor altijd onbekend zouden blijven.

Onderdeel van het geheime karakter van de groep, en tegelijkertijd een van de redenen van zijn succes, was dat geen enkel lid van de groep meer informatie had over de werkwijze van de eenheid of over de andere leden dan strikt noodzakelijk was. Toen ik me bij de groep aansloot, hoefde ik volgens hen dan ook maar zeer weinig te weten. Ik ben bijvoorbeeld nooit echt in detail te weten gekomen hoe De 16 in eerste instantie is geformeerd. Mijn ideeën hierover zijn dan ook zeer speculatief en slechts gebaseerd op de kleine hoeveelheden informatie die mij indirect door mijn collega's in de groep werden verschaft en op wat ik zijdelings opving tijdens de verschillende gesprekken die in mijn aanwezigheid werden gevoerd. Op basis van deze minieme informatie trok ik de conclusie dat de groep al enkele jaren had bestaan voor ik me bij hen voegde en dat de leden ervan in verschillende landen in Afrika en het Midden-Oosten actief waren geweest, gesteund door hun goedgeorganiseerde spionagenetwerk.

Ik kwam er ook achter dat dit 'netwerk' uit acht leden van De 16 bestond, die in verschillende delen van het Midden-Oosten inlichtingen hadden verzameld met betrekking tot de operaties die in deze gebieden uitgevoerd zouden moeten worden. Hoe ze deze informatie hadden verzameld en op welke wijze deze naar de andere acht leden van de groep werd overgebracht, ben ik nooit te weten gekomen. In ieder geval beschikten we op het moment dat we aan een nieuwe operatie begonnen over alle gegevens die we nodig hadden om deze uit te voeren. Bovendien waren deze 'informatieverzamelaars' er verantwoordelijk voor dat we op verschillende plaatsen tijdens onze werkzaamheden over verborgen brandstofvoorraden konden beschikken, en ook andere benodigdheden waren altijd voorhanden. Ze verschaften ons, indien nodig, ook de noodzakelijke ruggensteun tijdens het uitvoeren van de operaties.

Tijdens al onze operaties droegen we geen enkel uiterlijk teken waaraan we door de buitenwereld te herkennen waren. Om ons voor elkaar herkenbaar te maken droegen we slechts een klein, uniek insigne dat alleen door de andere leden van de groep direct als zodanig herkend kon worden.

Naar de reden voor het oprichten van De 16 kan ik alleen maar gissen. In die tijd was ik nog jong en zeer opgewonden over het feit dat ik was aangenomen. Ik was ook zeer loyaal aan de groep. Ik accepteerde zonder enige tegenwerping alles wat ze mij opdroegen – iets wat ze ook van mij eisten – wat volgens mij de enige juiste handelwijze is. Pas later ging ik me dingen afvragen. In de begintijd werd ik echter volledig in beslag genomen door de groep, de trainingen en de operaties die we uitvoerden. In de jaren daarna zou ik me echter urenlang het hoofd breken over alle vragen die met betrekking tot de groep bij me opkwamen.

Ik heb dit boek niet geschreven omdat ik per se mijn verhaal kwijt wilde. Ik besloot dit te doen om zeer persoonlijke redenen, die alles te maken hadden met de toestand in de wereld en in het bijzonder de 11-septemberaanslagen in New York en Washington. Uit de uitspraak van de Britse minister van Defensie, Geoff Hoon, dat we in Groot-Brittannië behoefte hebben aan een nieuw type speciale eenheden, begreep ik dat onze zogenoemde elite-eenheid SAS blijkbaar niet goed voor haar taak was uitgerust. Bovendien trok ik na deze bewering van Hoon de conclusie dat noch Hoon, noch de regering of het ministerie van Defensie van het bestaan van een zozeer gespecialiseerde groep als De 16 op de hoogte waren.

Na lang en hard nadenken besloot ik dan ook, na veertig jaar gezwegen te hebben, de groep in de openbaarheid te brengen. Hoewel ik nog altijd enigszins aarzelde om mijn verhaal aan de grote klok te hangen, was ik van mening dat het publiek, u als lezer, er recht op heeft te weten dat zo'n gespecialiseerde groep ooit echt heeft bestaan. Ik wilde bewijzen dat alle speciale elite-eenheden, waarvan de operaties in tientallen boeken worden beschreven (waaruit overigens blijkt dat deze groepen zich vooral onderscheiden door het spectaculaire aantal mislukte operaties), niet de juiste training of deskundigheid hadden. In feite ontbreekt het hen zelfs

aan de intelligentie een boek te schrijven of een film te maken waarin ze zichzelf op een positieve manier belichten.
Ook is het zo dat boeken over zogenoemde ware gebeurtenissen uit de Golfoorlog tegenwoordig onderwerp zijn van diepgaand onderzoek door de media – waarbij maar al te vaak blijkt dat bepaalde sleutelfiguren gelogen hebben. Om die reden wil ik een beschrijving geven van een speciale eenheid die wel resultaat heeft geboekt. Misschien dat ik daardoor het militaire apparaat wakker kan schudden en ervoor kan zorgen dat men zich af gaat vragen waarom onze huidige speciale eenheden niet de unieke trainingsmethoden en wapens hebben waarover onze groep veertig jaar geleden beschikte.
Waarom werd De 16 destijds opgericht? Waarom zijn de regering en het ministerie van Defensie niet op de hoogte van het bestaan ervan? Waarom is er niets vastgelegd met betrekking tot de operaties en de opdrachten die de groep moest uitvoeren?
Door mijn ervaring met De 16 weet ik dat de Britse geheime dienst, de regering en het ministerie van Defensie in die tijd geïnfiltreerd waren door vanuit de Sovjet-Unie gecontroleerde spionnen. Het was een tijd waarin de sovjets, als uitvloeisel van de Suez-crisis, een aantal landen in het Midden-Oosten niet alleen financieel ondersteunden, maar hen ook kennis op het gebied van nucleaire wapens verschaften. De dreiging van een oorlog (mogelijk nucleair) was, gezien de onstabiele politieke situatie in het Midden-Oosten in de jaren vijftig, en in het bijzonder het jaar 1958, zeker niet ondenkbaar. Dit betekende ook dat geen enkel land de verantwoordelijkheid op zich wilde nemen voor het uitlokken van een conflict.
Toch waren sommige hooggeplaatste personen vanwege hun antiwesterse politiek en hun steun aan de Sovjet-Unie het doelwit van zeer geheime operaties, in het bijzonder de Egyptische president Nasser, de sleutelfiguur in het Midden-Oosten in die tijd. In het journaal op de Britse televisie werd een plan – gesteund door het parlement – onthuld om Nasser te vermoorden, als vervolg op de onthulling van David Shayler van een door het parlement gesteunde actie om kolonel Khadaffi uit de weg te ruimen.
De poging Nasser te vermoorden had in feite door mij en mijn collega's van De 16 uitgevoerd moeten worden. Nadat we alles goed hadden voorbereid en gereed stonden om naar Caïro af te reizen, kregen we echter het bericht dat de hele operatie was afgeblazen. Andere operaties werden echter wel met succes door ons in het Midden-Oosten uitgevoerd, waarbij militairen uit het Oostblok en burgeradviseurs van een aantal Arabische landen het doelwit waren.
Na de ontdekking in 1951 van het overlopen van Burgess en Maclean naar de Sovjet-Unie, was het duidelijk dat geen enkel lid van de Britse

geheime dienst of een ambtenaar van een ministerie meer volledig te vertrouwen was. En niet ten onrechte, gezien het feit dat er ook tegenwoordig nog idioten zijn in dienst van de regering, het ministerie van Defensie en de geheime dienst die geheime documenten, aktetassen en laptops op openbare plaatsen, in taxi's en dergelijke achterlaten. Om die reden moesten De 16 hun missies uitvoeren buiten medeweten van de regering om.

Het feit dat de regering, het ministerie van Defensie en de geheime dienst in die tijd niet betrokken waren bij de oprichting van De 16, verklaart waarom deze partijen niet kunnen of niet willen toegeven dat De 16 ooit hebben bestaan en dat de in dit boek beschreven operaties ook daadwerkelijk hebben plaatsgevonden. Toch ben ik ervan overtuigd dat er hoge militairen bij de formatie van de groep betrokken moeten zijn geweest. Deze moeten de verschillende operaties die we ondernamen, hebben aangestuurd en gecontroleerd, en de gecompliceerde logistieke handelingen hebben georganiseerd. Hoewel de andere leden van De 16 nooit in detail op deze zaken ingingen (althans niet in mijn aanwezigheid), had ik het idee dat een select groepje hoge militairen van het bestaan van de groep en zijn afzonderlijke leden op de hoogte was.

In antwoord op de voor de hand liggende vraag of de groep nog steeds bestaat en operationeel is, kan ik alleen maar zeggen: 'Wie weet?' Ik weet het in ieder geval niet en gezien de manier waarop de groep was georganiseerd (en misschien nog steeds is), lijkt het me onwaarschijnlijk dat iemand anders het wel zou weten. Niemand kent De 16 en zo hoort het natuurlijk ook; het is de grote kracht van De 16 en de enige juiste invulling van de nu zo vaak gehoorde en misbruikte woorden 'elite' en 'geheim'.

Op ieder punt weken De 16 af van de SAS of enige andere speciale eenheid: de wijze waarop de leden werden gerekruteerd, de training, de deskundigheid, de speciale wapens, het vermogen geen sporen na te laten, de absolute geheimhouding. Geen enkele speciale eenheid was in staat zich toentertijd, en ook tegenwoordig nog, met De 16 te meten.

De grote kracht van De 16 was het feit dat zij zeer breed waren opgeleid. Ze konden overal ingezet worden en operaties uitvoeren die voor conventioneel opgeleide en bewapende speciale eenheden bijkans onmogelijk waren. Om dit doel te kunnen bereiken werden alleen die rekruten aangenomen die over de voor dit werk noodzakelijke eigenschappen beschikten, zowel fysiek als mentaal, en die in staat waren zich complexe taken snel aan te leren. Door deze eigenschappen waren ze in staat om met goed gevolg een intensieve opleiding te volgen, die in geen enkel opzicht te vergelijken was met de trainingen die ze eventueel voor die tijd hadden ondergaan. Alleen de besten beschikten over de juiste instelling en vaardigheden om te kunnen slagen.

Door de zeer ingrijpende 'Een-Stapje-Verder'-training (een proces om angst te elimineren) ontwikkelden ze ook de mentale kracht om iedere situatie het hoofd te kunnen bieden. Samen met hun unieke vorm van ongewapend gevecht, hun wapens en hun speciale technieken, vormde dit de basis van deze fantastische, angstaanjagende gevechtseenheid.

Tegen diegenen die aan de authenticiteit en betrouwbaarheid van mijn verhaal twijfelen, kan ik alleen maar zeggen dat ik, hoewel ik hun scepsis heel goed kan begrijpen, het levende bewijs ben van het bestaan van De 16.

Veel oud-leden van speciale eenheden hebben mijn sportschool bezocht, waar ik trainingen geef in ongewapend gevecht. Zonder uitzondering konden ze echter niet voldoen aan de meest basale oefeningen die onderdeel vormden van de opleiding van De 16. Gedurende de afgelopen veertig jaar heb ik ook met een groot aantal vroegere leden van speciale eenheden diepgaand gediscussieerd over hun trainingsmethoden. Aan de hand van de oefeningen en programma's die ze hadden gevolgd, en gezien het feit dat daarbij zovelen gewond raakten of afhaakten, kan ik niet anders concluderen dan dat de kennis en de vaardigheden waarover ik beschik uniek zijn, en dat deze klaarblijkelijk alleen aan De 16 bekend waren.

De VS hebben door het met hun moderne wapens platbombarderen van landen als Irak en Afghanistan bewezen dat ze nog niets van het Vietnam-debacle hebben geleerd. Deze methoden hebben namelijk geen enkel effect op dit soort dreigingen. Op het moment dat ik dit schrijf, zijn ze er nog steeds niet in geslaagd Saddam Hussein, Osama bin Laden of de strijdkrachten van Al Qaida uit te schakelen. Waarschijnlijk zullen ze Irak weer binnenvallen om te proberen het werk dat ze tijdens de Golfoorlog, ondanks hun zeer geavanceerde wapens en de inzet van de SAS, niet af konden maken, tot een goed einde te brengen. Hiervoor trachten ze de steun van hun reguliere bondgenoten te krijgen. Ook werd onlangs gesuggereerd dat president Bush het plan heeft tegen sommige landen nucleaire wapens in te zetten. Of dit waar is of niet, is momenteel niet het grootste probleem – door dit soort geruchten neemt de vijandschap en de spanning alleen maar toe, en bestaat de mogelijkheid dat meer individuen terroristische acties zullen ondernemen.

Vanwege onze betrekkingen met de VS bestaat het gevaar dat Groot-Brittannië zelf aangevallen zal worden. Ook het feit dat kwaadwillende personen vrij gemakkelijk ons land binnen kunnen komen (onder meer via de Kanaaltunnel – ons moderne equivalent van het Paard van Troje), baart ons zorgen. Door de recente gebeurtenissen op het wereldtoneel ben ik er dan ook van overtuigd dat Groot-Brittannië weer behoefte heeft aan een groep als De 16, en eerder dan ons lief is.

HOOFDSTUK I

De eerste dode

Twee rukjes aan het touw – het teken dat ik moest gaan. Spot, die het touw ook vasthield, tikte me op mijn schouder. 'Oké, Geordie, daar ga je', fluisterde hij, waarna hij zich omdraaide en iets harder zei: 'Chalky, Dynamo is op de richel. Jij kunt ook gaan.'

'Oké', antwoordde Chalky zacht vanaf een punt iets verder op de rots waar hij een ander ankerpunt had aangebracht.

Hoe vaak ik ook had getraind, ik voelde toch enige angst. Het is altijd weer een raar gevoel om over de rand van een rots naar beneden te gaan – in een zwart gat – zonder dat ik wist waar het einde van het touw zich bevond. Zo snel en stil als ik kon, abseilde ik naar de plaats waar ik wist dat Dynamo zich zou moeten bevinden. Het oppervlak van de rots bestond uit uitstekende punten en grote blokken steen afgewisseld met kleine heesterachtige struikjes en grote hoeveelheden losse steentjes waarvan sommige tijdens mijn afdaling door de aanraking met mijn voeten naar beneden rolden. Ze verdwenen in het duister beneden mij en omdat ik ze niet de bodem hoorde bereiken, kon ik me enige voorstelling maken over de hoogte van de rots waarop ik mij bevond. Maar omdat het stikdonker was, had ik geen idee hoe ver het nog naar de bodem was.

Toen ik weer vaste grond onder mijn voeten voelde, werd ik plotseling door twee sterke handen bij mijn schouders gepakt en hard tegen de rotswand gedrukt. 'Rustig aan, Geordie', hoorde ik Dynamo zacht zeggen. 'Zorg ervoor dat je zo dicht mogelijk bij de rotswand blijft. Ik heb het idee dat deze richel niet meer dan drie meter breed is. Let er dus op dat er geen losse stenen of iets anders naar beneden vallen. Als er iets over de richel valt en zij horen dat, zijn we de pineut', fluisterde hij. 'We zullen eerst moeten onderzoeken hoe groot deze richel is voordat de anderen naar beneden kunnen komen. Misschien is er niet genoeg plaats voor iedereen.'

Het was zo donker dat ik nauwelijks mijn eigen handen kon zien terwijl ik mijn karabiner van het zware touw losmaakte en Spot het teken gaf dat

hij mij kon volgen. Terwijl hij met zijn afdaling begon, gingen Dynamo en ik op onze hurken zitten en kropen we voorzichtig iets van de rotswand vandaan. Gedurende enkele ogenblikken tastten we in het duister rond om uit te vinden hoe breed de richel was. Voetje voor voetje bewoog ik me voort, waarbij ik telkens mijn ene hand voor de andere plaatste. Na ongeveer een meter voelde mijn uitgestoken hand plotseling geen vaste grond meer en realiseerde ik mij dat ik slechts enkele tientallen centimeters van de rand van de richel verwijderd was. Ik pakte het kleinste steentje dat ik kon vinden en wierp het voor me uit om te zien wat er zou gebeuren – maar ik hoorde niets. Voorzichtig kroop ik terug en fluisterde over mijn schouder tegen Dynamo: 'Ik heb de rand gevonden. Je had gelijk, de richel is ongeveer drie meter breed. Wees dus voorzichtig', waarschuwde ik, terwijl Spot net achter ons landde.
'We moeten een veilige plek vinden waar we tot het licht wordt kunnen uitrusten', zei Dynamo zacht. 'Pak je spullen, Geordie, en probeer ergens een gat te vinden om in te kruipen.'
Ik kroop voorzichtig terug naar de rotswand om mijn tas en mijn andere spullen te pakken en bewoog me vervolgens naar links om het andere deel van de richel te onderzoeken. Een zacht schurend geluid deed me stoppen. Meteen daarop hoorde ik Chalky fluisteren: 'Hé, jongens, ik ben hier. Alles oké?' Naar het geluid te oordelen moest hij zich enigszins hoger, iets verderop het pad bevinden.
'Ja, alles oké. En jij? Waar zit je, Chalky?', antwoordde ik zo stil mogelijk, terwijl ik in het stikdonker mijn hoofd in de richting van zijn stem draaide.
'Tussen hemel en aarde, verdomme – mijn touw is niet lang genoeg', siste hij. 'Ik zie ook helemaal niets. Zit je soms iets meer naar rechts, Geordie?'
'Probeer deze kant uit te slingeren en op het pad te springen. Zo niet, dan moet je weer naar boven gaan en via ons touw naar beneden komen.'
'Nee! Er liggen hier veel te veel losse stenen. Als er een naar beneden valt, maakt dat een kabaal van jewelste. En terug naar boven kan ik ook niet, omdat ik mijn stijgklemmen niet bij me heb.'
'Oké, dan probeer ik iets dichter bij je te komen. Blijf even hangen.'
'Erg grappig! Waar zou ik verdomme heen moeten?'
Terwijl ik mijn gezicht tegen de rotswand gedrukt hield, schuifelde ik voorzichtig met uitgestoken handen in zijn richting. Plotseling, zonder enige waarschuwing, hing mijn linkervoet in het luchtledige. Ik struikelde en viel – het pad was hier plotseling opgehouden. Wanhopig probeerde ik me op de een of andere manier aan de rotswand vast te houden om te voorkomen dat ik nog verder zou vallen. Al snel voelde ik gelukkig weer vaste grond onder mijn voeten.

Mijn stem klonk schor: 'Verdomme, Chalky!', riep ik uit, 'volgens mij hang je boven een afgrond. Dat klotepad loopt hier niet verder. Probeer in ieder geval niet naar beneden te springen. Ik ga terug om mijn touw te halen om te kijken of ik het naar je toe kan gooien.'
Behoedzaam kroop ik terug naar de plaats waar Spot en Dynamo zich bevonden. Pas toen ik vlak bij hen was, kon ik hun stemmen horen.
'We zitten op de goede plek, Geordie', zei Dynamo zachtjes. 'Volgens onze kaart was dit vroeger een zeer smal weggetje dat naar de grot liep. Het grootste deel van de weg is echter verdwenen. In de loop van de tijd weggespoeld; waarschijnlijk is dit het enige deel dat nog intact is. Ik ben een flink stuk naar rechts gekropen, tot net voor de bocht naar de grot, waar we gisteren het licht van die vrachtwagen hebben gezien. Het pad is daar iets breder. Het probleem is echter dat het volgens mij nogal open gebied is. Als we die richting uit zouden gaan, hebben we weinig dekking en kunnen we een verrassingsaanval wel uit ons hoofd zetten. Als ze ons daar zien, hebben we geen schijn van kans; bovendien is het pad veel te smal om je snel te kunnen bewegen. We moeten het via de andere kant proberen. Hoe ziet het er daar uit?'
'Heb je Chalky nog gezien?', vroeg Spot voor ik tijd had om te antwoorden.
'Ja, ergens links van ons. Zijn touw is te kort en hij hangt boven een afgrond. Het pad houdt na ongeveer zes à zeven meter op', vertelde ik hen. 'Ik kan hem niet zien, maar het lijkt of alles goed met hem is. Ik denk echter wel dat hij niet in zijn eentje naar beneden zal kunnen komen.'
'Shit, daar zaten we net op te wachten! Het verbaast me niets dat die sukkel ooit eens aan het eind van zijn lijntje zou hangen', zei Dynamo gelaten. 'Maar hoe heeft hij dat in hemelsnaam klaargespeeld? Ik schat dat deze rotspunt ongeveer vijftendertig meter hoog is, terwijl zijn touw toch zeker veertig meter lang is.'
'Ik denk dat ik wel weet wat er is gebeurd. Waarschijnlijk is hij in het donker van een hoger punt dan wij naar beneden gekomen.'
'Maar volgens deze kaart is het onmogelijk dat het pad daar al ophoudt', merkte Spot op. 'Het zou nog zeker dertig meter door moeten lopen.'
'Waarschijnlijk heeft het de afgelopen tijd hier flink geregend, waardoor een groot deel van het pad is weggespoeld.'
Stortregens konden in dit jaargetijde voor grote problemen zorgen, vooral in de bergen. Onze tocht naar boven was om dezelfde reden nogal gevaarlijk geweest. We hadden op het smalle pad dat we volgden het resultaat van zo'n stortregen gezien: het pad was bijna geheel weggespoeld.
Om te voorkomen dat we op een legerpatrouille of een groep terroristen zouden stuiten, waren we, met de lichten gedoofd, over een weinig

gebruikt en nogal steil pad gereden. Op een gegeven moment werd het pad echter zo smal dat het net zo breed was als onze jeep, waarna de wielen van ons voertuig plotseling geen vaste grond meer onder zich hadden. Het pad was bijna geheel weggeslagen. Het was duidelijk dat we de rest van de tocht te voet zouden moeten afleggen. Dynamo had de jeep het pad af gemanoeuvreerd naar een kleine open plek onder een overhangende rotspunt, waar we zo goed en zo kwaad als het ging het voertuig achter enkele kleine bomen en struiken aan het oog probeerden te onttrekken.

Voordat we vertrokken, hadden we allemaal zeer nauwkeurig de stafkaart van dit gebied bestudeerd, waardoor we wisten dat we dit oude pad verder konden vervolgen tot de plaats waar we dachten dat de terroristen zich ophielden. Het zou vanwege het ruwe terrein niet gemakkelijk zijn in het donker, maar door een omtrekkende beweging te maken zouden we uiteindelijk zestig tot honderd meter ten westen van de terroristen uitkomen. Eerder tijdens onze tocht naar boven hadden we aan de andere kant van de kloof de achterlichten van een vrachtwagen gezien. Dit was ons grote geluk, omdat we eigenlijk niet verder in de jeep wilden rijden, uit angst de terroristen te alarmeren. Door de lichten die we gezien hadden, hoefden we niet het hele gebied in de buurt uit te kammen om de positie van de terroristen te lokaliseren.

'Als ze zo nonchalant met hun lichten omgaan, zijn ze waarschijnlijk vol vertrouwen dat ze niet opgemerkt zullen worden', merkte Chalky droog op. 'Laten we een stukje omhoog gaan, zodat we de omgeving beter kunnen bekijken.'

Nadat we ongeveer honderd meter vanaf de jeep omhoog waren geklommen, was Chalky opeens gestopt en had hij ons op het gebied voor ons gewezen.

In het verlengde van zijn uitgestrekte arm zagen we een kleine rode gloed en toen we onze verrekijkers pakten, konden we tegen het flikkerende licht van waarschijnlijk een vuur in een grot duidelijk het donkere silhouet zien van een man die een sigaret stond te roken. Nog meer geluk: nu wisten we hun exacte positie.

Terwijl we onze capuchons over ons hoofd trokken, bespraken we onze situatie en controleerden we onze positie op de kaart. Het was duidelijk dat als we de rest van de tocht zouden lopen en klimmen we iets boven en achter de terroristen uit zouden komen, vanaf welke plaats we dan nog ongeveer dertig meter langs de rotswand naar beneden zouden moeten. Op het pad waar we dan zouden uitkomen, zouden we tot het licht werd uit kunnen rusten. Als dat niet zou lukken, zouden we meer dan zestig meter moeten abseilen, terwijl onze touwen maar veertig meter lang

waren. Hoewel dit eventueel wel mogelijk was, zou het in dat geval een zeer moeilijke afdaling worden.
Nu bleek echter dat Chalky, die vanaf een punt verder op de rots was afgedaald, toch in de problemen was geraakt, hoewel noch Spot noch Dynamo zich daar erg ongerust over maakten. 'We moeten hem daar gewoon laten hangen tot het lichter wordt', zei Spot zakelijk. 'Ons eigen touw kunnen we wel naar beneden halen, Dynamo. Als we dit pad kunnen volgen, hoeven we niet meer naar boven te klimmen; dus hebben we dat touw niet meer nodig.'
'Ik doe het wel', zei ik en gaf een ruk aan de dunne lijn die Spot, als laatste afdaler, met zich mee genomen had. Deze lijn was met een twaalf centimeter lange metalen wig verbonden met het andere uiteinde van het dikkere touw dat op zijn plaats werd gehouden door een gemakkelijk los te trekken knoop rond een kleine boom ongeveer drie meter van de rand van de rots. Zo gauw de wig was losgetrokken, door hard aan de lijn te trekken, kwam het dikke touw los en viel samen met het dunne touw naar beneden en kwam vlak voor mijn voeten op de grond terecht.
Ik pakte het abseiltouw bij één uiteinde op, rolde het snel op, slingerde het over mijn schouder en kroop voorzichtig terug naar Chalky. Het idee dat hij daar de hele tijd zou moeten blijven hangen, stond me helemaal niet aan; ik kon me goed voorstellen hoe pijnlijk dat was. Bovendien vroor het en had het al uren geregend.
'Chalky', siste ik, 'ik probeer een touw naar je toe te gooien. Probeer het te pakken!'
Hoewel ik hem kon horen en wist dat hij niet ver van mij vandaan kon zijn, had ik slechts een vaag idee waar hij zich bevond. Ik zag namelijk niets. Het zou dus niet gemakkelijk zijn het touw naar hem toe te gooien. Kruipend op handen en voeten bewoog ik me zo dicht mogelijk naar de rand van de richel, tot ik met mijn linkerhand een klein struikje onderaan de rotswand voelde. Ik trok eraan om te zien hoe stevig het was en knoopte er vervolgens een uiteinde van het touw aan vast, zodat ik het niet kwijt zou zijn als het naar beneden zou vallen als ik het naar Chalky gooide. De rest van het touw rolde ik op en wierp het niet zonder moeite in de richting waar ik dacht dat Chalky zich bevond. Maar ik miste hem en hoorde het touw weer naar beneden komen.
Bij mijn tweede poging probeerde ik het touw hoger en verder te werpen, in de hoop dat het boven op hem zou vallen. Maar ook deze keer ging het mis. Omdat ik het touw de eerste twee keer met mijn rechterhand naar hem toe had gegooid, besloot ik het nu met mijn linkerhand te proberen.
'Wat is dat voor lawaai? Wat doe je, Geordie?' Vanuit het duister rechts van mij hoorde ik de stem van Dynamo.

'Ik probeer een touw naar Chalky te gooien.'
'Wacht nou maar tot het wat lichter is. In het donker kun je toch niets doen.'
'Oké. Maar ik probeer het nog één keer.'
Terwijl ik het opgerolde touw in mijn linkerhand had, hield ik me met mijn rechterhand vast aan een uitstekend deel van de rotswand en boog ik me zo ver mogelijk als ik durfde naar voren om het touw zo hoog mogelijk te kunnen gooien. Deze keer leek het ergens aan vast te blijven zitten. Ik gaf er een rukje aan.
'Heb je het, Chalky?'
'Nee, verdomme!'
Op dat moment voelde ik dat het touw weer naar beneden viel. Toen het vlak langs me heen ging, boog ik me voorover om het te pakken. Daarbij verloor ik echter mijn evenwicht en viel achterover, de duisternis in. Ik gleed op mijn rug naar beneden, richting de rand van de richel. Wanhopig probeerde ik me met mijn rechtervoet tegen te houden, terwijl ik alles wat ik voelde, vastgreep om mijn val te stoppen. Maar ik bleef naar beneden glijden. Plotseling bleef ik echter met mijn rechterknieholte achter iets hangen en gleed ik niet verder, terwijl ik ondersteboven in het luchtledige hing. Ik verstijfde en durfde me niet meer te bewegen.
Mijn ademhaling ging hortend en stotend en ik voelde mijn hart bonken in mijn borst. Het bleek dat ik aan een struik was blijven hangen. Ik klampte me zo hard mogelijk met mijn rechterbeen vast. Als ik mijn knie niet gebogen had gehouden, of iets verder naar links of naar rechts naar beneden was gevallen, zou ik nooit door die struik gered zijn, en het waarschijnlijk niet overleefd hebben.
Verdomme, dacht ik. Mijn eerste opdracht en ik verknoei het alweer. Maar laat ik mijn kop niet verliezen. Het was duidelijk dat iets mijn val had gebroken. Als ik die struik of wat het ook was vast kon grijpen, kon ik me misschien weer omhoog werken, zo redeneerde ik. Met een wanhopig gebaar probeerde ik de struik vast te pakken. Bij mijn tweede poging voelde ik de takken naar me overbuigen en gleed mijn lichaam nog verder naar beneden. Ik verstijfde opnieuw. Het was duidelijk dat ik, als ik me zou bewegen, naar beneden zou glijden; bovendien wilde ik niet het risico lopen dat er nog iets anders naar beneden zou vallen. Er zat dus niets anders op dan dat ik de aandacht van Spot en Dynamo zou proberen te trekken. Ik riep zo hard als ik durfde:
'Dynamo! Spot!'
Onmiddellijk hoorde ik de stem van Dynamo.
'Niet zo hard, Geordie! Wat is er?'
'Kom hierheen, links van je. Ik hang over de rand van het pad en ik denk

niet dat ik het nog veel langer uit zal kunnen houden!'
Ik hoorde ze naar me toe kruipen.
'Waar zit je in godsnaam?'
'Nog iets verder naar links. Te ver weg om me vast te kunnen pakken. Je zult het touw naar me toe moeten gooien. Snel!', fluisterde ik, waarbij ik probeerde niet al te paniekerig over te komen.
Ik hing met mijn hoofd naar beneden. Hoewel ik in het donker niets kon onderscheiden, was het me duidelijk dat het een flinke afgrond was en dat die struik het niet eeuwig zou houden.
'Waar is het?', vroeg Spot.
'Ik heb het aan een struik onderaan de rotswand vastgemaakt.'
Ik hoorde dat Dynamo en Spot voorzichtig dichter naar me toe kropen, terwijl ze het touw zochten dat ik naar Chalky had gegooid. Nadat ze het gevonden hadden, gooiden ze het mijn richting uit. Ik merkte dat het vrij dicht bij mij in de buurt kwam, iets aan mijn linkerkant. Ik rekte me zo ver mogelijk als ik durfde uit om het vast te pakken maar ik voelde geen touw.
'Waar zit je? Zeg iets zodat we ongeveer weten waar je zit.'
'Hier beneden. Jullie moeten nog iets meer naar links kruipen.'
Bij hun volgende poging kwam het touw precies op mijn borst terecht. Ik greep het onmiddellijk vast, schoof de lus onder mijn oksels en gaf er een korte ruk aan.
'Oké, ik heb het! Trek maar!'
Enkele ogenblikken later stond ik weer bij hen op het pad. 'Ik dacht dat ik er geweest was', zei ik opgelucht. 'Sorry, jongens, ik probeerde het touw naar Chalky te gooien, maar gleed uit.'
'Oké, Geordie, zand erover. Alles goed met je?', vroeg Dynamo.
'Ja, uitstekend. Maar wat doen we met Chalky?'
'Maak je over hem maar geen zorgen. Hij heeft wel voor heter vuren gestaan; hij kan wel tegen een stootje. Bovendien, als hij het koud krijgt, kan hij altijd nog zijn camouflagepak aantrekken!'
Spot legde zijn hand op mijn schouder. 'Kop op, Chalky zal daar moeten blijven tot het licht is; laten we hopen dat niemand hem voor die tijd zal opmerken.'
'Laten we de camouflagepakken gaan halen, Geordie. Ik wil je iets laten zien', zei Dynamo en kroop weg. Diep beschaamd volgde ik hen langs het pad naar de plek waar onze tassen lagen en haalde mijn camouflagepak te voorschijn.
Ik haatte dat pak. Het was een lomp ding gemaakt van Hessische jute, aan één kant bedekt met een laag van een kleverige, lijmachtige substantie die je er eerst af moest trekken voor je het pak aan kon doen. Met die kleveri-

ge substantie kon je je extra camoufleren door allerlei rotzooi van de grond er aan vast te plakken, zoals stof, modder, kleine steentjes, bladeren, dennennaalden, takjes of wat er ook maar in de buurt voorhanden was. Het pak zelf was vrij lang. Het sleepte aan de achterkant ongeveer een halve meter over de grond en werd met twee riempjes net onder de knie op zijn plaats gehouden. Bovendien had je ook nog een grote capuchon over je hoofd en een soort cape die aan de capuchon en je mouwen was vastgemaakt. Als je de capuchon opdeed en met je armen gekruist onder je hoofd in een kleine kuil ging liggen, was je niet te zien, alsof je in de aarde was opgegaan. Met behulp van de takjes en aarde die vastgekleefd waren aan die kleverige substantie, was het ook mogelijk je buiten die kuil dusdanig te camoufleren dat je bijna onzichtbaar was.

We kropen met zijn drieën dicht naar elkaar toe en trokken de camouflagepakken over ons hoofd. Dynamo knipte een kleine zaklantaarn aan en scheen op de kaart die hij in zijn hand had.

'Gezien de vorm van deze rotswand, lijkt het erop dat we op de juiste plaats zitten. Dat betekent dat ze zich niet meer dan vijfentwintig, dertig meter hiervandaan bevinden. Op dit moment kunnen we niks doen, dus laten we maar ergens een plekje zoeken waar we tot het licht wordt wat kunnen uitrusten.'

'Vergeet je *sash* (wapen dat als een riem om het middel wordt gedragen, vert.) niet af te doen, Geordie, en probeer niet in slaap te vallen. We hebben geen zin in een nachtelijke duik, toch?', pestte Spot me. Ik kroop een paar minuten rond tot ik een kleine holte in de bodem vond, die ik zo goed en zo kwaad als het ging ontdeed van kleine steentjes. Ik maakte de veiligheidspal van mijn sash los en legde hem naast me neer alvorens ik op mijn buik op de grond ging liggen, waarna ik mijn camouflagepak over mijn hoofd en de rest van mijn lichaam trok, in afwachting van het aanbreken van de dag.

Ik wilde niet nog een blunder maken, dus hield ik me zo stil mogelijk, ondanks het grote aantal steentjes dat in mijn lichaam prikte. Het ongemak hield me in ieder geval uit de slaap, zodat ik niet per ongeluk losse stenen over de rand zou schoppen. Sommige waren zo groot als bakstenen; het lawaai dat ze zouden maken als ze naar beneden zouden rollen, zouden de terroristen zonder twijfel kunnen horen.

We lagen ongeveer een uur op het smalle bergpad, aan het oog onttrokken door onze camouflage, wachtend op het daglicht. Mijn ledematen begonnen gevoelloos te worden. Door mijn rechterhand tot een vuist te ballen probeerde ik de pijnlijke spieren van mijn arm een beetje te ontspannen zonder me te veel te bewegen. Ik slaagde erin me, door me iets om te draaien, in een enigszins comfortabelere positie te manoeuvreren, maar de riemen waarmee mijn MK1 op mijn rechterheup was bevestigd, sneden in mijn vlees waardoor de bloedtoevoer naar mijn onderbeen werd afgekneld. God mag weten hoe Chalky zich op dit moment moest voelen.

Toen ik vlakbij een zacht geluid hoorde, deed ik voorzichtig mijn camouflagepak een stukje open om te zien waar het vandaan kwam. Een dun waterig licht scheen door de dichte bewolking en de lucht was klam van de vroege ochtendmist. Turend in het halfduister kon ik net het donkere silhouet van Chalky zien, die als een kerstpegel aan zijn touw hing. Hij was nauwelijks zichtbaar, omdat hij erin geslaagd was zijn camouflagepak uit zijn tas te halen en aan te trekken. Als ik niet had geweten in welke richting ik moest kijken, had ik hem zeker niet gezien.

Hij hing ongeveer vijf meter links van mij en ruwweg twee meter boven de plaats waar het pad zou moeten zijn, net voorbij een flauwe ronding in de rotswand, waar een aantal kleine struiken uitstaken. Ik realiseerde me dat dat de reden was dat ik er in het donker niet in was geslaagd het touw naar hem toe te gooien: die struiken zaten in de weg. Zonder twijfel was het touw daarop terechtgekomen voordat ik naar beneden was gevallen. Ik bedacht me dat we van geluk mochten spreken dat Chalky niet geprobeerd had in het donker naar beneden te springen, omdat het pad beneden hem volledig was weggespoeld; hij hing boven een afgrond die zeker zestig meter diep was.

Ook kon ik zien waarom hij moeite had gehad om naar beneden te komen. Zijn ankerpunt lag drie à vier meter hoger dan het onze, waardoor zijn touw niet lang genoeg was om de richel te bereiken. Ook was het duidelijk dat hij dat in het donker nooit had kunnen zien.

Een beweging rechts van mij trok mijn aandacht. Ik zag dat Dynamo en Spot op waren gestaan en hun camouflagepak hadden uitgetrokken. Snel volgde ik hun voorbeeld, opgelucht dat ik me weer kon bewegen en dat klerepak uit kon trekken.

Omdat we geen tijd te verliezen hadden, gingen we direct naar Chalky toe. Dynamo gooide hem een touw toe dat Chalky, nadat hij het had opgevangen, rond zijn borst vastmaakte, waarna wij drieën hem voorzichtig zo ver als mogelijk was naar ons toe trokken – waarbij we erop letten dat het touw niet achter de rots bleef steken. Chalky was nog ruim een meter van ons verwijderd. Het enige dat hij nu nog kon doen, was zijn eigen touw losmaken door aan de dunne lijn te trekken. Onmiddellijk viel hij naar beneden en slaagde er nog net in zich aan de richel vast te grijpen toen het zware touw dat nog aan zijn middel zat met veel lawaai naar beneden viel en in het duister verdween. Terwijl hij viel, trokken we aan het touw dat over onze schouders lag en sleepten hem terug de richel op, hopend en biddend dat niemand ons zou horen.

Chalky probeerde op te staan, maar zijn benen weigerden iedere medewerking. Hij ging weer zitten en wreef krachtig over zijn ledematen. 'Sorry, jongens, maar ik kan nog niet op mijn benen staan. Door die kloteriemen is mijn bloedsomloop afgekneld. Ik heb geen enkel gevoel in mijn benen. Eigenlijk is alles onder mijn middel totaal gevoelloos. Ik ben bang dat dat nog wel enige tijd zal duren', fluisterde hij zielig.
'Stomme idioot! Je had dezelfde plek moeten gebruiken als wij', zei Spot.
'Nou, ik had al een goed, betrouwbaar ankerpunt gevonden', legde Chalky uit.
Hij had meer dan een uur in de riemen gehangen, in welke tijd hij langzamerhand ieder gevoel in zijn benen had verloren, wat nogal beangstigend moet zijn geweest. Tot nu toe had ik me niet echt gerealiseerd wat hij had doorgemaakt. Hij probeerde nogmaals te gaan staan, maar kon weer niet overeind komen. 'Oké, blijf hier tot we de omgeving hebben verkend', zei Dynamo tegen hem.
We zagen op ongeveer zeven meter van ons vandaan een opening. Voorzichtig liepen we er met zijn drieën naartoe, Dynamo en ik voorop en Spot vlak achter ons.
De opening in de kalkstenen rotswand was niet veel groter dan een kleine nis – hij leek echter vrij diep te zijn. Vanuit het gat hoorden we het geluid van druppelend water, maar ook nog van iets anders. Ik besloot te onderzoeken wat het was. Het lukte me met enige moeite me naar binnen te wringen.
Hoewel de grot donker was, sijpelde door een groot aantal gaten het ochtendlicht naar binnen en verlichtte de bovenkant van een grote berg puin. Jarenlang waren stukken aarde en stenen van het dak van de grot naar beneden gestort waardoor er een berg was ontstaan die nu bijna tot aan het plafond reikte – tussen het dak van de grot en de bovenkant van de berg was een opening overgebleven van niet meer dan een halve meter groot.
Straaltjes water kwamen door het dak van de grot naar binnen en stroomden langs de zijden van de berg naar beneden. De stralen morgenlicht die door de gaten in het dak naar binnen vielen, veroorzaakten zelfs een kleine regenboog in de grot.
Hoewel ik een zaklantaarn bij me had, wilde ik die niet gebruiken, uit angst dat het licht door de terroristen zou worden opgemerkt. Ik liep dus voorzichtig in het halfduister de grot in tot ik tegen een muur opliep en niet verder kon, waarna ik besloot terug te keren.
Toen ik weer terugliep naar de ingang van de grot viel er wat water op mijn gezicht en ik pauzeerde even om het weg te vegen. Boven me hoorde ik een zacht geluid en toen ik omhoog keek, zag ik, bovenop de top van

de berg, de grootste en witste hond die ik ooit had gezien. Hij bleef even stilstaan, maar kwam toen recht op me af, half rennend, half glijdend, waarbij hij zich met zijn grote poten zo goed en zo kwaad als het ging op de vochtige helling staande trachtte te houden. Zijn bek hing open en zijn blote tanden en zijn enorme kaken waren duidelijk te zien.
Instinctief ging ik op mijn rechterknie zitten en hield ik mijn linkerarm beschermend boven mijn hoofd terwijl ik tegelijkertijd met mijn rechterhand mijn mes uit mijn laars haalde, dit uitknipte en achter mijn linkerarm verborgen hield.
De enorme hond sprong vanaf de berg boven op me. Hierop trok ik mijn linkerarm terug tot tegen mijn borst aan en stak ik mijn rechterhand met het mes naar voren. Ik raakte het beest in zijn borst, precies tussen zijn voorpoten, en de hond was onmiddellijk dood. Door het gewicht van het beest viel ik achterover. Verrast door de woeste aanval van de hond lag ik enige ogenblikken tegen de rotswand aan met het zware, nog warme lichaam van het dier bovenop mijn benen, waardoor ik niet in staat was om op te staan. Het speet me dat ik de hond had moeten doden, maar het was hij of ik geweest op dat moment.
'Help me even', fluisterde ik tegen Spot die ook de grot was binnengekomen.
'Jezus! Wat een beest!', riep hij uit. 'Waar kwam die in hemelsnaam vandaan? Ik zie geen enkele opening die groot genoeg is om hem door te laten.' Hij begon de hond van me af te trekken, waarbij hij zo min mogelijk geluid probeerde te maken. Zover we nu wisten, was het waarschijnlijk een waakhond van de terroristen.
'Nou, gelukkig is het beest dood; en er is maar een ingang. Je zou het een "doodlopende" weg kunnen noemen', gniffelde ik. Spot glimlachte en wilde weer teruggaan, maar ik greep hem bij zijn arm.
'Sst, hoor je dat?', vroeg ik dwingend. We stonden muisstil. Vanaf de top van de berg klonk een heel zacht, gedempt, nauwelijks hoorbaar geluid. Behoedzaam probeerde ik naar boven te klimmen zonder al te veel grond te verschuiven. De helling was echter zo vochtig en de aarde zo los dat ik weer naar beneden gleed.
'Pas op, Geordie, misschien zit er nog een hond daarboven.' Even bleven we nog staan luisteren.
'Laat maar, Geordie. Ik hoor niets, waarschijnlijk is het het water dat door het dak sijpelt', fluisterde Spot me toe, waarna hij zich omdraaide om terug te gaan.
Maar omdat ik wel degelijk iets hoorde, klom ik weer naar boven tot ik boven op de berg was. Onmiddellijk begreep ik waarom de hond me zo woest had aangevallen. Verborgen achter een hoopje kleinere rotsblokken

lagen twee sneeuwwitte puppy's. Ze waren zo jong dat hun ogen nog nauwelijks geopend waren. Ik baalde dat ik de moeder had moeten doden, maar veel tijd om hier bij stil te staan had ik niet; we hadden wel andere dingen aan ons hoofd.

Ik keek nog even snel rond, maar het was duidelijk dat er niets anders in de grot te vinden was; we zouden ergens anders moeten zoeken. Nadat ik me weer bij de anderen had gevoegd, gingen we verder langs het pad. De volgende twee openingen in de rotswand waren niet veel groter dan een kleine spleet en dus niet de moeite van het onderzoeken waard. De vierde opening leek in eerste instantie ook niet veel bijzonders, maar iets trok mijn aandacht, waardoor ik me net iets verder in de opening perste dan mogelijk leek – het was de onmiskenbare geur van verbrand hout. Ik gaf de anderen het teken dat ze moesten blijven wachten tot ik de opening onderzocht zou hebben.

'Oké', fluisterde Dynamo. 'Maar neem geen onnodige risico's.'

Behoedzaam wrong ik me door de smalle opening die tot mijn verbazing in een vrij brede doorgang uitkwam. De geur van verbrand hout was nu goed te ruiken en ik liep voorzichtig door om te kijken waar de rook vandaan kwam.

De gang was vochtig en overal was het geluid van druppelend water te horen. Het water stroomde langs de muren naar beneden en vormde op de ongelijke bodem grote poelen die ik slechts met grote moeite kon omzeilen. Ik volgde enige tijd de gang en kwam uit in een kleine grot waarvan de doorgang aan het eind door een berg stenen en aarde was afgesloten, net als de grot waar ik de hond had gedood. Ook hier was de berg zo hoog dat er slechts een kleine opening was tussen de top en het plafond van de grot. Door die opening kon ik echter duidelijk de rode gloed van een flakkerend vuurtje zien. Bovendien hoorde ik het knetterende geluid van hout dat werd verbrand. We hadden ze gevonden!

Terwijl ik uiterst behoedzaam naar de berg toeliep, kon ik het zachte, nauwelijks hoorbare gemurmer van stemmen horen.

In godsnaam, laat er niet weer een hond op deze berg zitten, dacht ik terwijl ik voorzichtig naar boven kroop, naar de smalle opening tussen de top van de berg en het plafond.

De helling van de berg was niet erg steil, maar ik moest me toch zeer voorzichtig voortbewegen om te voorkomen dat er steentjes of kleine rotsen naar beneden zouden rollen. De stemmen werden luider terwijl ik de smalle opening naderde en over de top van de berg in de daar achterliggende grot keek.

Zover ik in het duister kon zien, was het een niet al te grote grot. Door lichtstralen die door kleine gaten tussen de rotsen door naar binnen vie-

len, werd het geheel iets belicht. Het meeste licht kwam echter van de gloed van een klein vuur waar ik vier mannen zag die deels in soldatenuniform waren gekleed, met stenguns over hun schouder. Ik kon in het duister niet zien of er nog meer mannen aanwezig waren, maar gezien de grootte van de doorgang in de muur tegenover de berg was het niet onwaarschijnlijk dat er buiten de grot nog meer terroristen zouden zijn.
Ik kroop achteruit en probeerde zo snel mogelijk terug te komen bij de ingang van de grot, waarna ik Dynamo en Spot een teken gaf dat we terug moesten gaan naar de plaats waar we Chalky achter hadden gelaten, alvorens ik hen op de hoogte zou brengen van hetgeen ik had ontdekt.
Chalky liep een beetje rond, terwijl hij langzaam zijn benen probeerde te buigen. Hij stond voorovergebogen en kon nog steeds zijn benen niet volledig strekken.
'Besef je wel dat je een halve meter bent gekrompen sinds we ons kamp hebben verlaten?', pestte Dynamo hem.
'Ha, ha, erg grappig hoor', reageerde Chalky, terwijl zijn gezicht vertrokken was van de pijn.
'Oké, mannen', zei ik zachtjes. 'Ik heb ze gevonden. Zeker weten. Ik heb er vier gezien, maar waarschijnlijk zijn er nog meer.'
'Kunnen we van daaraf in hun grot komen?', vroeg Spot.
'Ja, zonder twijfel. Er ligt daar net zo'n berg aarde en stenen als in die andere grot. De bovenkant reikt bijna tot het plafond, waar een opening van ongeveer een meter hoogte zit; groot genoeg om doorheen te kruipen. Door die opening zag ik het licht van hun kampvuur. Ik ben zo dicht mogelijk naar het plafond gekropen en heb maar vier mannen gezien, maar ik denk dat er nog wel wat meer zijn. Ongeveer vijfentwintig meter vanaf de berg is een vrij grote opening in de rotswand, waarschijnlijk de hoofdingang. Langs die opening stroomt water naar beneden en het geluid dat daarbij wordt gemaakt, is voldoende om ieder geluid van ons te camoufleren. Het is echter wel behoorlijk nat daar: we zullen door ongeveer een meter diep water moeten lopen.'
'Uitstekend gedaan, Geordie! Volgens jou is er dus maar één ingang naar de grot', zei Dynamo zachtjes. 'Chalky, je bloed moet ondertussen je erogene zones wel hebben bereikt. Denk je dat je in staat bent rond die rotspunt naar de voorkant van de grot te lopen?'
'Ja, natuurlijk. Geen enkel probleem!'
'Oké, maar houd je stil tot je zeker weet dat we die knapen hebben overmeesterd. Mannen, check je wapens en kom op, we pakken die klootzakken nog voor het licht wordt', zei Dynamo terwijl hij zijn stengun losmaakte.
'Gebruik je wapen alleen als het niet anders kan', waarschuwde Spot. 'Het

geluid is over een afstand van kilometers te horen en we weten niet met zekerheid hoeveel van die terroristen zich nog elders schuilhouden.'

Ik pakte mijn MK1 om te kijken of hij schietklaar was en maakte hem toen weer aan zijn riem vast, waarna ik het mes in mijn laars en mijn sash controleerde. Vervolgens pakten Dynamo, Spot en ik onze tassen en liepen we terug naar de smalle rotsspleet waardoor ik de grot was binnengegaan.

Ik leidde hen door de vochtige tunnel naar de voet van de berg, waar we onze tassen op de grond legden. Vervolgens klommen we voorzichtig naar boven en keken we door de opening aan de top naar de grot beneden.

Rond het kleine vuur konden we vier mannen onderscheiden. Twee van hen zaten gehurkt op de grond met hun rug naar ons toe; de derde stond iets rechts van hen en de vierde zat op zijn knieën met zijn gezicht naar de berg gekeerd. Het leek alsof ze iets aan het braden waren dat ze op stokken hadden geschoven waarmee ze in het vuur pookten. Ze maakten niet veel geluid, maar soms moesten ze hevig lachen om de man die op zijn knieën tegenover ons zat. Het scheen dat hij een probleem had met de riem waarachter hij zijn pistool had gestoken, want hij zat eraan te rukken en te trekken om hem goed op zijn plaats te krijgen. Plotseling stond hij op en liep hij naar de andere kant van het kampvuur waardoor hij nu ook met zijn rug naar ons toe was gekeerd.

Dynamo gaf me stilzwijgend een teken dat ik de man links van mij die zich het dichtst bij mij bevond voor mijn rekening moest nemen; hij en Spot zouden zich met de anderen bezighouden. Terwijl we met z'n drieën door de smalle opening tussen de top van de berg en het plafond van de grot kropen en aanstalten maakten om ons op onze zij naar beneden te laten glijden, hoorden we een zacht, schuifelend geluid dat van buiten de grot kwam. Onmiddellijk wisten we dat Chalky te vroeg in actie was gekomen. De terroristen grepen naar hun wapens en bewogen zich naar de ingang van de grot. We moesten nu wel in actie komen. Anders zouden ze te ver van ons verwijderd zijn.

Gedrieën rolden we langs de steile helling naar beneden. Ik kwam ongeveer een halve meter achter mijn mannetje terecht. Ik stond onmiddellijk op. Hij draaide zich om, bleef me even geschokt aankijken en greep toen naar zijn pistool.

Ik reageerde zonder na te denken: instinctief wist ik wat ik moest doen, oftewel de 'machine' nam de leiding over. Ik blokkeerde met mijn rechterhand de arm waarin het wapen zich bevond, waarna ik mijn lichaam achter hem langs indraaide waardoor hij zich tussen mij en zijn kameraden bevond. Hierdoor had ik een goed overzicht zodat ik een eventuele nieuwe aanval onmiddellijk zou kunnen pareren. Met mijn rechter- en

linkerhand klemde ik zijn kaak en de linkerkant van zijn hoofd, net achter zijn oor, stevig vast. Verbaasd stribbelde hij tegen terwijl ik zijn hoofd tegen mijn arm klemde en met een speciale techniek zijn nek brak.
Ik voelde geen enkele tegenstand. Ik hoorde alleen een zacht krakend geluid, als dat van droog hout dat op een vuur wordt gegooid, waarna zijn lichaam verslapte. Ik hing even over zijn lichaam heen terwijl ik om me heen keek in het duister om te zien of nog iemand anders het op mij had gemunt, waarna ik me snel met mijn rug naar de rotswand keerde. Als iemand me zou aanvallen, zou ik het lichaam van de dode terrorist als schild kunnen gebruiken en me met zijn pistool kunnen beschermen. Toen ik echter snel om me heen keek, bemerkte ik dat het gevecht al voorbij was. Het was weer rustig in de grot. Ik liet het lichaam los en het viel als een zoutzak op zijn knieën op de grond, waarna het voorover viel en met het gezicht naar beneden voor mijn voeten tot stilstand kwam.
Ik keek even naar het levenloze lichaam en verbaasde me erover hoe gemakkelijk en snel het was gegaan – een kwestie van slechts enkele seconden. Ik wist precies hoe hij zich gevoeld moest hebben, zo vlak voordat hij stierf. Tijdens mijn training had ik hetzelfde meegemaakt; ik wist hoe het voelde als je als het ware in een bankschroef zat vastgeklemd, absoluut niet in staat je te bewegen.
Ik was nog steeds op mijn hoede, klaar om in actie te komen, en de adrenaline stroomde door mijn bloed, toen ik vlakbij mij iets hoorde bewegen. Terwijl ik de veiligheidspal van mijn sash ontgrendelde, draaide ik me snel om voor het geval we iemand in het duister over het hoofd hadden gezien. Op hetzelfde moment dat ik me omdraaide, zag ik in het flikkerende licht van het kampvuur Dynamo die met een droge plof een lichaam op de grond liet vallen. Hij bleef een ogenblik voorovergebogen staan, met zijn mes in zijn rechterhand. Toen hij mij in de gaten kreeg en zag dat ik mijn hand over de knop in het midden van mijn riem bewoog, glimlachte hij langzaam en zei hij rustig: 'Zo moet het, Geordie.' Daarna wees hij op het lichaam aan mijn voeten. 'Maar ik geloof niet dat dat nu in jouw geval nodig is. Controleer echter wel even of hij echt dood is.'
Ik verschoof de veiligheidspal op mijn sash. Dynamo wist dat als ik op de knop gedrukt zou hebben dat zo'n enorme uitwerking zou hebben gehad dat ik hem waarschijnlijk geraakt zou hebben.
Met mijn linkervoet duwde ik het bewegingloze lichaam om. Toen hij bijna op zijn rug lag, viel de linkerarm van de man in het nabijgelegen vuur waarbij een regen vonken omhoog schoot. Het vuur vlamde op en in de gloed kon ik het bebloede gezicht van Dynamo's tegenstander ontwaren: de ogen staarden doods voor zich uit. Vanuit een diepe, gapende wond bij de keel en de rechterpols vloeide het bloed rijkelijk naar buiten. Ik wist

precies wat de man geprobeerd had te doen en wat Dynamo had gedaan om deze enorme wonden te veroorzaken.
De sterke geur van verbrand haar en vlees bracht me weer bij mijn positieven. Ik sprong over het lichaam voor me heen en trapte de arm uit het vuur voordat de vlammen nog meer dan alleen de huid hadden verbrand.
Terwijl ik omhoog keek zag ik dat Dynamo me hoofdschuddend stond aan te kijken. Ik besefte dat het onzin was wat ik had gedaan. Die man was dood en kon niets meer voelen. Ik had slechts instinctief gehandeld.
Achter Dynamo lagen nog twee lichamen op de rotsachtige grond. Spot knielde naast een van hen om te zien of hij dood was. 'Kijk ook of ze misschien een of ander document of papier bij zich hebben, Geordie', zei hij tegen mij.
De man die ik had gedood, had alleen een pakje sigaretten bij zich. Ik liep van het vuur naar de rotswand om te zien of daar iets te vinden was. Ik vond een kleine oplegger met wapenonderdelen, maar behalve een paar lege dozen kon ik niets anders ontdekken.
Een zacht geluid bij de ingang van de rots deed ons opschrikken. We draaiden ons tegelijkertijd om en zagen Chalky naar binnen strompelen die met één hand een lichaam achter zich aan trok en in zijn andere hand zijn sash droeg. De kaak van de man was volledig verdwenen waardoor zijn gezicht onherkenbaar was geworden. De voorkant van zijn witte shirt was doordrenkt met bloed dat glinsterde in het licht van het vuur. Aan zijn riem hingen enkele 'ananasvormige' granaten. Chalky dumpte het levenloze lichaam tegen de rotswand.
'Zo, die is er geweest!'
'Wat is er in hemelsnaam gebeurd, had je dat niet iets netter op kunnen knappen?', merkte Spot sarcastisch op, terwijl hij op de dode wees.
'Wel, dan had hij maar niet zo snel uit het struikgewas moeten springen! Ik kon me vanwege mijn benen niet snel genoeg bewegen, dus heb ik mijn sash gebruikt', antwoordde Chalky geprikkeld. 'Wat had ik anders moeten doen? Trouwens moet je eens zien wat hij bij zich heeft – genoeg om de helft van dit klote-eiland de lucht in te blazen!'
'Hoe ziet het er daarboven uit?' vroeg Dynamo.
'Wel, hij was de enige, maar ongetwijfeld zijn er nog veel meer, aan het aantal voetafdrukken te zien. Ik heb een beetje rondgekeken, maar er is niets te zien. Ik denk dat we te laat zijn. Het is zonder twijfel waar dat die schoften klaar waren om binnen te vallen en dat ze iets groots van plan waren. Alles was goed geregeld – overal liggen lege munitiekisten en kisten waarin wapens vervoerd worden. Bovendien zijn er ook bandensporen van vooral kleine vrachtwagens te vinden.'
'Ik denk niet dat ze deze plek nog een keer zullen gebruiken. Ze zullen

zich hier niet erg veilig meer voelen, zeker als ze ontdekken wat we hier hebben aangericht', bracht Dynamo naar voren. 'Kom op, jongens. Pak hun granaten en wapens en laten we teruggaan.'

Spot knikte in de richting van de berg. 'Kom, Geordie, laten we onze touwen en tassen ophalen.'

'Nog heel even, Spot, ik moet nog even iets doen.' En voordat hij kon reageren, rende ik de hoofdingang van de grot uit; zij moesten die spullen zelf maar ophalen. Het was al een stuk lichter en de koele en frisse berglucht was een verademing na de rokerige atmosfeer in de grot. Een dikke mist onttrok het dal beneden mij aan het zicht terwijl ik rond de rotspunt liep naar de grot waar ik de hond had gedood. Ik ging naar binnen, beklom de vochtige berg, pakte de twee puppy's en liep weer terug naar de anderen.

Toen ze me met de twee puppy's op mijn arm zagen aankomen, keken ze me vol verbazing aan en barstten in lachen uit.

'Jezusmina!', riep Dynamo uit. 'Ben je wel goed bij je hoofd! Je riskeert je leven voor een paar puppy's. Waarom heb je ze daar niet laten liggen?'

'Wat ben je in godsnaam met ze van plan?', vroeg Spot, terwijl hij lachend zijn hoofd schudde.

'Ik neem ze mee terug naar het kamp en zal proberen ze ergens onder te brengen. Ik vertel wel dat ik ze langs de weg heb gevonden. Ik kan ze hier niet achterlaten, omdat ze zeker zullen verhongeren. Een Engelsman doet zoiets niet, nietwaar, Dynamo?' antwoordde ik grijnzend.

Ze barstten opnieuw in lachen uit.

'Mietje', pestte Chalky me.

'Ach, hij leert het nog wel', zei Dynamo. 'Kom op, we gaan.'

We verlieten de grot door de hoofdingang en volgden het smalle pad nog over een lengte van ongeveer dertig meter, waarna we besloten de weg te verlaten. We hadden namelijk geen enkel idee wie zich in dit gebied bevond en we wilden niet het risico lopen een terrorist of een Britse legerpatrouille tegen het lijf te lopen.

Hoewel de morgenmist nog steeds de lager liggende delen van de dalen bedekte, was het al een stuk warmer en begon de atmosfeer al enigszins drukkend te worden. Het enige geluid kwam van onze schoenen op de losse rotsgrond terwijl we terugliepen over de bergen naar de plek waar we de vorige nacht onze jeep hadden achtergelaten.

Voorzichtig naderden we het voertuig terwijl we de omgeving afzochten op een eventueel teken dat de jeep was ontdekt, maar dat was niet het geval – we hadden hem blijkbaar goed verborgen. Ik klom met de twee puppy's achterin; de stoelen waren doornat van de dauw die van de takken boven de auto naar beneden was gedruppeld. Door de vochtige lucht

had Dynamo moeite de jeep aan de praat te krijgen. Het leek alsof de accu leeg was.
'Dat moest er nog bijkomen. Uitstappen, Geordie', zei hij. 'We zullen moeten duwen. Gelukkig zitten we boven op een berg.'
Ik deed wat hij zei en bleef met de puppy's op mijn arm naast de auto staan terwijl Spot en Chalky de jeep over het steile pad duwden.
'Instappen', schreeuwde Dynamo terwijl de jeep in zijn vrij langzaam aan snelheid won, maar toen hij zijn voet van het koppelingspedaal haalde, slipten de wielen, alsof de motor nog op de handrem stond – de banden kregen geen grip op de losse steenslag van het pad.
'Verdomme!', schreeuwde hij uit. 'Als hij niet snel genoeg start, zullen we terug moeten lopen. We zullen hem zo lang mogelijk in zijn vrij moeten laten staan en het dan nog eens proberen.'
Door op en neer te springen in de jeep probeerden wij drieën de banden meer grip op het pad te laten krijgen. Chalky en ik zaten achterin en ik had moeite me met de puppy's op mijn arm in evenwicht te houden. Hierdoor schoten we allebei opeens ontzettend in de lach.
'Jij en die stomme puppy's', lachte Chalky en stak zijn hand uit. 'Geef mij er maar een, voordat je de wagen uitdondert. Leuke beestjes, hé', zei hij, terwijl hij een van de honden van me overnam en hem over zijn kop aaide.
Ik was blij dat ik nu een hand vrij had; de wagen slingerde behoorlijk en ik had alle moeite me vast te houden. Chalky moest grinniken toen de puppy hem besnuffelde.
'Wie is hier nou het mietje?', vroeg ik hem.
Plotseling hoorden we een harde knal en sloeg de motor van de jeep aan. Uit de uitlaat kwam een dikke wolk zwarte rook. Dynamo remde krachtig en keerde zich, nadat de jeep was gestopt, naar ons om.
'Verdomme, ook dat nog. Dat hebben ze tot in Nicosia kunnen horen. Voor hetzelfde geld had ik een .12 kunnen afvuren. En ik dacht nog wel dat we zonder moeilijkheden terug zouden keren.' De motor sputterde inmiddels niet meer en draaide weer soepel.
'Je hebt hem tenminste aan de praat gekregen', merkte Spot op terwijl Dynamo de jeep in zijn één zette en langzaam het steile pad afreed. Chalky zat lachend en hoofdschuddend naar me te kijken terwijl ik me met één hand aan de jeep vasthield en met de andere de puppy wiegde.
'Ik mag dan een mietje zijn, maar jij bent gestoord, weet je dat?', zei hij.
'Oké, maar ik had die Griek wel mooi te pakken, niet?', antwoordde ik.
Hij keek me even aan. 'Ja, natuurlijk. Maar om bij ons te horen moet je inderdaad enigszins geschift zijn, Geordie. Met die puppy's heb je dus eigenlijk bewezen een volwaardig lid te zijn van deze groep!'

'Die puppy's kunnen nog een hoop last veroorzaken. Men zal je vragen waar je ze hebt gevonden en zo', merkte Spot op. 'Je had ze beter daar achter kunnen laten, Geordie.'
Dynamo schudde zijn hoofd. 'Laat nou maar, Spot, hij leert het wel.'
Doordat het lichter werd, konden we langzamerhand door de dunner wordende mist delen van het pad onderscheiden terwijl we langzaam over de slingerende weg naar beneden reden. Uiteindelijk kwamen we bij de bocht waar we de nacht daarvoor moeite hadden gehad naar boven te rijden.
'Jezus! Hoe hebben we het in godsnaam klaargespeeld hier langs te rijden zonder dat we in het donker in de afgrond zijn gereden?', riep Spot uit, daarmee onze gedachten onder woorden brengend terwijl we in stomme verbazing naar het pad keken dat hier tot iets meer dan de breedte van een jeep was weggespoeld. Geen wonder dat onze wielen op een bepaald moment geen grond meer onder zich hadden gevoeld – alleen de snelle reactie van Dynamo had ervoor gezorgd dat we niet van de helling waren gekieperd. Het was duidelijk dat naar beneden rijden gemakkelijker was dan naar boven!
Terwijl we verder reden, werd er niet veel meer gezegd. Ik aaide het warme lichaam dat op mijn schoot lag. Het geronk van de slapende puppy herinnerde me aan de twee konijnen uit mijn kindertijd. Ik was opgegroeid in een arm, naargeestig deel van Newcastle waar het niet de gewoonte was elkaar cadeautjes te geven, en zeker niet bij ons thuis. Toen ik echter ongeveer zeven jaar oud was, kreeg ik van mijn vader twee kleine konijnen. Ik kon het nauwelijks geloven, hij had nog nooit iets voor me gekocht!
Ik was gek op die beesten en noemde hen floppy en Hick. Om voer voor hen te kunnen kopen en om een hok te kunnen maken, verzamelde ik oude sinaasappelkistjes en het hout dat ik overhield nadat ik het hok had gebouwd, verkocht ik als brandhout. Dit hield ik maandenlang vol en de konijnen groeiden als kool. Het waren Vlaamse reuzen en ze deden met de dag hun naam meer eer aan. Iedere dag haastte ik me na schooltijd naar huis om naar het hok in onze achtertuin te gaan.
Op een dag schreeuwde mijn moeder echter van boven aan de trap dat ik niet naar de tuin moest gaan. Het was echter al te laat. Ik had de achterdeur al opengedaan en zag de konijnen aan de waslijn hangen – druipend van het bloed. Mijn vader had ze geslacht om ze aan een vriend van hem te verkopen, als extraatje voor de zondag! Op dat moment haatte ik mijn vader tot in het diepst van mijn ziel. Ik had hem wel kunnen vermoorden. Sinds die tijd heb ik hem nooit meer vertrouwd.
Plotseling schrok ik op uit mijn dagdromen. Ik hoorde een luide knal en vanaf de bladeren boven ons kwam een regen van dauw naar beneden.

Chalky wees naar voren. 'Ik denk dat daar een vrachtwagen of zo staat.'
'Waar?'
'Daar, ongeveer 250 meter in die richting.'
'Hoe kun je nu iets op 250 meter afstand zien?', vroeg Dynamo terwijl hij in de mist tuurde. 'Ik zie geen hand voor ogen.'
'Nou, net was het nog helder. Daar zag ik hem, daar beneden, aan de overkant van de rivier.'
Dynamo stopte de jeep en we tuurden allemaal in de richting die Chalky aangaf, en probeerden door de mist in het dal beneden te kijken. 'Sst! Stil, misschien horen we iets', zei Chalky.
'Ik ben absoluut niet van plan de motor uit te zetten. Misschien krijgen we hem dan helemaal niet meer aan de praat', bezwoer Dynamo ons.
'We kunnen hier niet de hele dag blijven staan', merkte Spot op. 'Er is maar één weg naar beneden, dus laten we verder gaan. Chalky kan dan wel ogen als een havik hebben, ik zie niets.'
Dynamo trapte het gaspedaal in en de wagen kwam weer in beweging. 'We moeten hier zo snel mogelijk vandaan', zei hij. 'Dat was duidelijk het geluid van een geweer. Iemand die zo kan schieten, moet wel enorm goede ogen hebben.'
Ik draaide me om naar Chalky. 'Als dit de enige weg naar beneden is, heb je grote kans dat degene die op ons geschoten heeft, ons beneden staat op te wachten.'
Vervolgens floten er nog enkele kogels over ons heen.
'Ik zie nog steeds niets!', riep Dynamo uit. 'Pas op, als er niet snel een bocht in de weg komt, moeten we de jeep hier achterlaten om ons met die klootzakken daar beneden bezig te houden. We zijn een veel te gemakkelijk doelwit voor hen!'
'Ze kunnen helemaal niet op ons richten, ze zijn kilometers van ons verwijderd. Ze kunnen ons zeker niet zien. Waarschijnlijk gaan ze op het geluid van onze jeep af.' Terwijl Chalky sprak, brak de mist enigszins en konden we een Britse legertruck en een aantal soldaten op de andere oever van de rivier zien.
'Hé, dat lijken onze mannen wel! Grappig hoor, ik had het kunnen weten. Waar is de tijd gebleven dat je "Halt! Wie daar?" moest zeggen', grapte hij.
'Gelukkig kunnen ze ons niet goed zien, wij stelletje terroristen in een Amerikaanse legerjeep', lachte Spot.
'Toch moeten we hier weg zien te komen. We kunnen onze eigen mensen niet aanvallen, maar ook niet het risico lopen dat ze ons te pakken nemen', merkte Dynamo op, terwijl hij abrupt van het pad reed en de jeep recht de heuvel op stuurde.
'Jezus man, waar ga je heen?', vroeg Spot.

'Kijk, ik ken dit gebied redelijk goed; aan de andere kant van deze heuvel loopt een klein modderig pad. Bovendien kunnen ze ons niet achtervolgen, omdat ze aan de verkeerde kant van de rivier zitten. Ze zullen eerst een aantal kilometers verder moeten rijden voor ze de rivier over kunnen steken, en dan zijn we allang gevlogen.'

De heuvel was steil en glad, en herhaaldelijk gleed de jeep weg op het ruwe oppervlak naar de top. Toen we eenmaal boven waren, konden we onder ons het oude modderpad zien dat Dynamo in gedachten had gehad.

'Kijk, ik wist het wel', grinnikte Dynamo. 'We zijn weer bijna thuis, mannen.'

HOOFDSTUK 2

Een lesje

Terug in het kamp kon ik 's nachts de slaap niet vatten. Telkens weer moest ik denken aan de gebeurtenissen van de nacht daarvoor. Ik kon nauwelijks geloven wat er in het Troodosgebergte had plaatsgevonden. Het leek allemaal nog zo onwerkelijk: mijn eerste operatie als lid van De 16. Als ik de puppy's niet bij me had gehad, zou ik wellicht gedacht hebben dat ik het allemaal had gedroomd.

Vragen en nog eens vragen schoten door mijn hoofd, en niet voor het eerst vroeg ik mij af wie die mannen waren die me trainden. Waar bleven ze na afloop van een operatie, nadat ze mij hier hadden achtergelaten? Gingen ze, net als ik, naar een gewoon legerkamp? En waar ging het eigenlijk allemaal om en wie of wat zat hier achter? Waarom waren er maar zestien leden en waarom hadden ze in hemelsnaam mij uitgekozen om zich bij de groep te voegen? Ik wist echter, hoe graag ik ook antwoorden op mijn vragen wilde krijgen, dat het verspilde moeite was hen daarnaar te vragen, omdat ze me van tevoren hadden gewaarschuwd dat ik niet meer dan de meest noodzakelijke informatie van hen zou krijgen.

Ik had het gerucht vernomen dat een speciale eenheid, de SAS, op het eiland opereerde. Toen ik Dynamo een keer, tijdens een training, vroeg of De 16 daar iets mee te maken hadden, lachte hij slechts en schudde zijn hoofd.

'Nee, daar hebben wij niets mee te maken!', zei hij nadrukkelijk. 'Je moet geen vragen stellen, Geordie, je kent onze werkwijze.'

Het trainen met hen zal ik mijn leven niet vergeten. Ze hadden me verteld dat het noodzakelijk was dat ik binnen een zeer korte tijd een bepaald niveau zou bereiken, en klaarblijkelijk had ik bewezen een zeer goede leerling te zijn die zich verrassend snel allerlei ingewikkelde handelingen en technieken eigen had gemaakt. Ik had genoten van iedere minuut en had in de laatste paar maanden zoveel geleerd dat ik voor niets of niemand meer bang was en me bijna onoverwinnelijk voelde, waardoor ik had staan popelen om aan mijn eerste operatie deel te nemen.

Nu ik weer enigszins tot rust was gekomen, voelde ik me echter nogal teleurgesteld, ja zelfs bijna verraden. Toen ik die dode mannen in de grot had zien liggen, had ik me gerealiseerd hoezeer ik mijzelf wilde bewijzen: het liefst had ik er nog een paar te grazen genomen. Heel graag had ik ook mijn sash en mijn mes willen gebruiken, om aan te geven hoezeer ik als de machine kon optreden die ik door hen was geworden. Het was zo'n ongelofelijk sterk, machtig verlangen – groter dan ieder ander verlangen dat ik ooit in mijn leven had ervaren. Tijdens mijn training had ik de verschrikkelijke kracht van de sash leren kennen; mijn handen jeukten om dit wapen in de praktijk te gebruiken. Met mijn sash zou ik in staat zijn binnen enkele seconden drie of vier mannen tegelijk aan flarden te rijten. Met dit wapen had ik het mooiste speelgoed in handen dat een man zich maar kon wensen; gebruiken mocht ik het echter niet.
Ik begreep niet wat er met me was gebeurd. In een zeer korte periode was ik enorm veranderd. Ik was echter geen gewelddadige moordenaar geworden die zichzelf zo nodig moest bewijzen of die zichzelf niet meer in de hand had; nee, juist het tegendeel: ik had mezelf meer dan ooit onder controle. Nog maar drie maanden daarvoor was ik een verlegen, stotterend, slechtopgeleid mannetje geweest.
Hoewel ik altijd goed in sport was geweest, gezond en lenig was, en als kind iets aan boksen had gedaan, had ik altijd ieder conflict of ruzie vermeden, omdat ik het idee had dat ik altijd het onderspit zou delven. Wat er precies met mij in de grot was gebeurd, kon ik niet zeggen, maar ik wist wel dat alles nadien kleurloos en saai was geweest. Niet alleen voelde ik me verschrikkelijk verlaten, maar ook had ik de enorme behoefte me opnieuw weer zo machtig en sterk te voelen. Ik wilde dan ook niets liever dan opnieuw, en zo snel als mogelijk was, in actie komen.
Ik had grote behoefte mijn ervaringen met mijn maten van de 524ste compagnie te delen, maar om veiligheidsredenen was dat natuurlijk uitgesloten. Bovendien zouden ze me niet geloofd hebben. Als ik zou vertellen dat ik door een zeer geheime groep was gerekruteerd en tot lid was uitgekozen, en vervolgens was opgeleid tot professionele moordmachine, zouden ze dat net zo min geloven als wanneer ik zou vertellen dat ik zojuist een vliegende schotel was tegengekomen. Ik vond het zelf nog steeds moeilijk te geloven! Tenslotte was ik maar een gewone soldaat die zijn dienstplicht bij het laagste regiment uitzat; kon het nog eenvoudiger?
Uiteindelijk was het tot me doorgedrongen wat een goede dekmantel dit eigenlijk was; waarschijnlijk de beste die je maar zou kunnen verzinnen. Wie zou ooit zo'n fantastisch verhaal geloven? Ik zou het nooit kunnen bewijzen; ik wist niet eens op welke plaats ik werd getraind, omdat we

iedere keer via een andere route naar het oefenterrein reden! Ze wisten precies hoe ze hun sporen moesten verbergen.
Ik hield mijn mond dus dicht en zei niets tegen mijn kameraden. Gemakkelijk was het echter niet, zeker niet als ze zelf met hun saaie verhalen kwamen over hoeveel ze wel niet hadden gedronken en wat ze na een paar biertjes allemaal hadden uitgehaald. Andere gespreksonderwerpen waren voetbal - waar ze eindeloos over konden ouwehoeren - vrouwen in het algemeen en hun vriendinnetjes in het bijzonder en hun verlangen zo snel als mogelijk was weer naar huis terug te keren.
Ik kon me voorstellen dat ze mij maar een saaie vent vonden; meestal ging ik niet met hen mee naar de legerkantine en ook hield ik me tijdens hun geouwehoer over vrouwen nogal afzijdig. Dat was echter niet hun schuld: zij hadden niks beters om over te praten. Maar ik wel. Voor het eerst in mijn leven had ik iets avontuurlijks en opwindends meegemaakt zonder dat ik daar echter met hun over kon praten. Ze moesten eens weten.
Ik had de puppy's graag gehouden, maar ik wist natuurlijk diep in mijn hart dat dat onmogelijk was. Nadat ik in het kamp was teruggekeerd, had ik ze mijn tent binnengesmokkeld. Ik had echter iets nodig om ze in te stoppen, omdat ze anders misschien weg zouden lopen. Het was vrijdagavond en iedereen was in de kantine om zijn weekloon erdoor te jagen. Ik liet de puppy's dus onbeheerd achter in de tent om iets te gaan zoeken waar ik ze in zou kunnen stoppen.
In de kantine kreeg ik een kartonnen doos van een van de Indiërs die daar werkte. Bovendien kocht ik een paar broodjes worst om aan de honden te geven. Ik hoopte dat ze daar iets rustiger van zouden worden, zodat ze in slaap zouden vallen. Het was waarschijnlijk al een hele tijd geleden dat ze voor het laatst hadden gegeten en ze zouden wel behoorlijk hongerig zijn. Hopelijk waren ze oud genoeg om vast voedsel te eten.
Natuurlijk had ik moeten weten dat puppy's net baby's zijn en dus ook flink kunnen krijsen. Toen ik terug in de tent kwam, liepen ze snuffelend en jankend rond. Ze waren ongetwijfeld op zoek naar hun moeder. Ik begon me enigszins schuldig te voelen dat ik ze mee naar het kamp had genomen, maar wat had ik anders moeten doen? Ik had ze daar niet achter kunnen laten, omdat ze dan zeker dood zouden zijn gegaan. Bovendien was ik verantwoordelijk voor de dood van hun moeder. Het klinkt misschien ongeloofwaardig dat ik me schuldig voelde over twee puppy's terwijl ik zojuist een man had gedood; die honden waren er echter niet op uit geweest Britse soldaten en hun families te doden, zoals alle plaatselijke terroristen op Cyprus beoogden.
Ik haalde de worst tussen het brood vandaan en legde een deel ervan samen met de puppy's in de kartonnen doos, die ik via de achterflap van

de tent naar buiten schoof. Ik had nog geen idee wat ik tegen mijn tentgenoten zou zeggen als ze uit de kantine zouden komen; ik hoopte maar dat de puppy's tegen die tijd zouden slapen en geen enkel geluid zouden maken.
Het werd al later en ik besloot een brief naar mijn moeder te schrijven. Ik vertelde haar over het leven in het kamp, maar omdat ik daar weinig had meegemaakt, begon ik maar over de puppy's, zonder natuurlijk te schrijven hoe ik ze in werkelijkheid tegen was gekomen. Toen realiseerde ik me echter weer dat ik mijn dienstplicht vervulde en dat alle brieven die ik schreef door een censor gelezen zouden worden. Als hij te weten zou komen dat ik puppy's in mijn tent had, zouden ze weggehaald en gedood worden. Wilde honden vormden een groot probleem rond het kamp. Ze liepen 's nachts rond op zoek naar voedsel en moesten direct neergeschoten worden als ze door iemand werden ontdekt. Ik verwachtte dan ook niet dat men erg veel sympathie voor die twee kleintjes zou hebben. Ik besefte dat ik er niet genoeg bij had stilgestaan hoe ik die puppy's moest verzorgen. Spot had gelijk gehad; ze zouden waarschijnlijk voor veel overlast zorgen, begreep ik nu.
Plotseling voelde ik me dood- en doodmoe. Het was ongeveer achtenveertig uur geleden dat ik echt had geslapen. De voorgaande nacht had ik voor het grootste gedeelte op een rotsachtige berg doorgebracht. Met al mijn kleren aan ging ik op mijn bed liggen en kon ik me voor het eerst in al die dagen weer eens ontspannen. Ik realiseerde mij aan de ene kant hoe opgelucht ik was dat ik veilig was teruggekeerd, vooral omdat we door onze eigen troepen waren beschoten. Aan de andere kant besefte ik hoe graag ik weer aan een volgende operatie wilde deelnemen. Alsof ik diep in mijn binnenste een nieuwe kracht had ontdekt; de afgelopen nacht had ik me actiever en levendiger dan ooit gevoeld.
Door op die manier met gevaar om te gaan, door op die wijze de dood in de ogen te zien, door zo gecontroleerd te werk te gaan en zonder schrammetje terug te keren, had ik me bijna onoverwinnelijk gevoeld. Om die reden wilde ik zo snel mogelijk weer bij Dynamo, Spot en Chalky zijn.
Het waren fantastische kerels, die zeer serieus te werk gingen. Ze zagen overal de humor van in. Ze lachten vaak, vertelden elkaar moppen en vonden het heerlijk elkaar te pesten. Toch wist ik dat ik blind op hen kon vertrouwen. Ze waren slim, intelligent en goed opgeleid. Bij hen voelde ik me voor het eerst een echte man.
Op de terugweg uit de bergen hadden ze me verteld dat ze zeer trots waren op de manier waarop ik me had gedragen. Spot had in mijn oor gefluisterd: 'Geloof me, Geordie, dit is echter nog niks vergeleken bij wat wij hebben gedaan en bij wat jijzelf nog zult gaan doen.' Ik was zeer

nieuwsgierig en wilde precies weten wat hij bedoelde, maar hij zweeg verder als het graf.
Terwijl ik daar over lag na te denken, omdat ik de slaap niet kon vatten, ging de voorflap van de tent open en kwam Bill Strickland met veel lawaai stommelend de tent binnen, waarna hij direct op zijn bed ging liggen. Hij had zich zonder twijfel in de kantine vol laten lopen.
'Whaar ben je dhele wheek gewheest, Sjhordie?', mompelde hij dronken in zijn kussen, waarbij zijn Lancashire-accent nog duidelijker dan anders naar voren kwam.
'Bij de 518ste compagnie, en jij?'
'Dhan heb jhe gelhuk gehad. Ik heb de ghele wheek aan die klotewheg gewherkt.' Hij was bijna onder zeil toen een van de puppy's wakker werd en met zijn poot tegen de zijkant van de kartonnen doos begon te krassen.
'Wha..., whats dat vhoor geluid, Sjhordie?', vroeg Bill, terwijl hij zijn hoofd probeerde op te richten. 'Hé, ik dhacht dhat ik iets hoordu, een slhang of zoiets', mompelde hij terwijl zijn stem zachter werd en hij in slaap viel. Ik kroop naar de achterkant van de tent en stak mijn arm door de achterflap en legde nog wat worst in de kartonnen doos. Ik lag net weer in mijn bed toen Dave binnenkwam. Ik deed mijn ogen dicht alsof ik sliep; ik had geen zin in een gesprek.
In tegenstelling tot Bill kon hij goed tegen alcohol. Hij ging zitten om een brief te schrijven. Uiteindelijk dommelde ik weg. Enige tijd later werd ik echter weer wakker en hoorde ik hen tweeën zachtjes met elkaar praten. Ik opende mijn ogen en zag hen elk met een puppie in hun armen op hun bed zitten.
'Hé, Geordie, kijk eens wat we gevonden hebben', zei Dave, terwijl hij het kleine witte beest naar me toereikte. Bill, die duidelijk nog dronken was, zat zwaaiend op zijn bed en probeerde zich met alle moeite op de puppie in zijn handen te concentreren.
'Ja,' begon ik uit te leggen, 'die heb ik buiten het kamp gevonden. Ik denk dat de moeder dood is. Ik hoef jullie natuurlijk niet te vertellen wat de sergeant zal doen als hij ze zou vinden. Hij zou ze ter plekke doodschieten.'
'Jij stomme hond, het is hier geen asiel. Die moeder is waarschijnlijk ook door ons doodgeschoten. Als ze het ontdekken ben je de pineut. Je moet ze zo snel mogelijk kwijt zien te raken', gromde Dave met zijn typische Cockney-accent.
'Oehoen!', mompelde Bill.
'Oké, oké. Kijk, Dave, je moet me helpen. Laten we ze hier dit weekend nog houden. Dan bedenk ik wel een oplossing.'
Dave zag het duidelijk niet zo zitten. 'Nou ja, oké, maar dan alleen dit

weekend. Voor maandag moet je iets bedacht hebben. Ik heb geen zin gedonder te krijgen over een paar van die klotehonden', gromde hij. 'Geef mij hem maar, voordat je hem laat vallen.' Hij pakte de puppie af van Bill en zette hem samen met de andere weer terug in de doos buiten de tent.
Dave hield zich aan zijn woord en om de beurt zorgden we gedrieën dat weekend voor de puppy's; na iedere maaltijd smokkelden we restjes voedsel naar onze tent. Zondagavond laat vroegen Bill en Dave, toen ze terugkwamen uit de kantine, me wat ik met de puppy's van plan was.
'Oké, Geordie, wat nu. Wat ben je van plan morgen te doen als we allemaal buiten het kamp zijn? Weet je al waar je deze week heen zal ghaan?', vroeg Bill, die alweer enigszins aangeschoten was.
'Nee, ik heb nog geen flauw idee. Misschien worden we niet alledrie uitgezonden en degene die dan achterblijft kan dan voor de honden zorgen, niet?', smeekte ik hen.
'Dat is gemakkelijker gezegd dan gedaan: vergeet niet dat de sergeant alle tenten controleert als we 's morgens het kamp hebben verlaten. Je zult ze ergens anders moeten verbergen', gromde Dave, duidelijk eropuit het probleem van zich af te schuiven.
'Ja, dat weet ik! Help me nog een paar dagen, dan zal ik het er met luitenant Stevens over hebben. We zijn enigszins bevriend met elkaar, maar ik kan hem pas maandag of dinsdag spreken. Ik weet zeker dat hij ons zal helpen.'
Ze leken redelijk tevreden met deze oplossing, maar ikzelf begon me steeds meer af te vragen of het wel zo slim was geweest die puppy's mee te nemen. Het begon een steeds groter probleem te worden.
De volgende morgen begon als iedere andere maandagmorgen; om zes uur werden we door die klerehoorn wakkergemaakt. Deze maandagmorgen kwam mijn naam echter niet voor op de lijst met mannen die buiten het kamp moesten werken. In plaats daarvan kreeg ik te horen dat ik in de keuken werd verwacht, wat een hele opluchting voor me was, omdat ik nu misschien de kans kreeg iets voor de puppy's te regelen.
Zo gauw het even kon, verliet ik de keuken en ging ik terug naar mijn tent. Het kamp was verlaten en ik kon ongezien met de kartonnen doos en de puppy's weer terug naar de keuken lopen. Ongeveer een meter van de plaats waar ik werkte, tussen de slaapzaal van de koks en de muur van de keuken, was een kleine ruimte; hier verborg ik de doos met de puppy's alvorens ik weer terug naar de keuken ging. Ik begon met het afwassen van de stapels potten en pannen die voor het ontbijt waren gebruikt. Ik wist dat ik hier ongeveer twee uur mee bezig zou zijn, waarna ik tot lunchtijd niets te doen zou hebben. In die tijd zou ik luitenant Stevens kunnen opzoeken.

De volgende twee uur schrobde en boende ik de ketels, potten en pannen, terwijl het zweet over mijn rug liep. Het was bloedheet in de keuken! Ik begreep niet hoe de koks dat iedere dag van vijf uur 's morgens tot zes uur 's avonds – met slechts één korte pauze – uithielden. Vanaf mijn werkplek had ik een goed overzicht over het exercitieterrein en toen ik luitenant Stevens zag lopen, legde ik onmiddellijk de pan waarmee ik bezig was, neer en rende achter hem aan. Als er iemand was die me met de puppy's zou kunnen helpen, was hij het wel.

Uit de zeldzame gesprekken die we met elkaar hadden gehad, wist ik dat hij een echte hondenliefhebber was en ik hoopte dan ook dat hij me kon helpen met het vinden van een goed onderkomen voor de puppy's. Ik vertelde hem hoe ik ze gevonden had terwijl ze buiten het kamp rondliepen en hoewel hij me niet helemaal leek te geloven, volgde hij me naar de plaats waar ik ze had verborgen. Toen hij ze zag, keek hij nogal meewarig; de puppy's waren nog zo jong dat ze nauwelijks konden lopen.

Hij keek me wantrouwend aan. 'Urwin, ik kan me hier behoorlijk mee in de nesten werken. Waar had je ze ook alweer gevonden?', vroeg hij, terwijl hij een van de hondjes oppakte en voor zijn gezicht omhoog hield. 'Ze lijken me veel te jong om al bij hun moeder weg te gaan.'

'Ik heb ze vlak achter de omheining gevonden, sir, ik denk dat ze daar door iemand achtergelaten zijn. Ik heb ze verzorgd en ontdekt dat ze zelfstandig kunnen eten en drinken.'

'Hm... Oké. Laat het maar aan mij over. Ik zal kijken of ik ze op een of andere manier kwijt kan raken', zei hij, niet erg enthousiast, terwijl hij de andere puppie ook uit de doos pakte. Even was ik bang dat hij ze weer terug zou stoppen.

'Wat gaat u met ze doen? U maakt ze toch niet dood, sir?', vroeg ik angstig. Hij keek me enige tijd onbewogen aan voordat hij antwoord gaf.

'Waar zie je me voor aan, Urwin? Ik zal eens navraag doen bij enkele andere regimenten op het eiland om te kijken of ze honden als mascotte kunnen gebruiken. Daar zijn ze uitstekend geschikt voor. Maak je maar niet ongerust. Laat ze maar hier zitten, dan haal ik ze later wel op. Pas op dat niemand je met die honden ziet', waarschuwde hij me terwijl hij me de honden teruggaf en wegliep.

Zo vaak ik kon, verliet ik de keuken om met restje voedsel en zelfs een beetje melk naar de honden te gaan. Omstreeks twee uur die middag kwam er een sergeant de keuken in, een grote dikke vent van de officiersmess van de 518ste compagnie.

'Moet je eens kijken wat ik gevonden heb! Wie heeft dit gedaan? Iedereen weet dat honden in het kamp verboden zijn en zeker in de buurt van de keuken', schreeuwde hij.

Toen ik opkeek, zonk het hart me in mijn schoenen. Hij hield een van de puppies aan zijn nekvel omhoog. Ik had korte tijd voor hem in de officiersmess gewerkt en om de een of andere reden mocht hij mij totaal niet.
'Ze zijn voor enkele andere regimenten bestemd, om tot mascotte opgeleid te worden', zei ik tegen hem.
'O ja? En wie zegt dat?'
'Luitenant Stevens', flapte ik eruit, terwijl ik snel de puppie van hem overnam. 'Ze zijn van luitenant Stevens; hij vroeg me om zolang op ze te letten.'
Hij keek me enige tijd met zijn kleine varkensogen aan, alvorens ogenschijnlijk mijn uitleg te aanvaarden.
'Nou ja, zorg dat ze hier weggaan', beval hij hatelijk. 'Jij schijnt je altijd met iets illegaals bezig te houden, nietwaar Urwin?'
'Ik begrijp niet wat u bedoelt, sergeant', zei ik, terwijl ik zo oprecht mogelijk probeerde te klinken. Juist op dat moment kwam de kok op ons af en zei tegen de dikke sergeant: 'Wat is hier aan de hand? Laat die jongen met rust; hij werkt voor mij en niet voor jou. Wat heb je hier bovendien te zoeken, dikzak?'
'Oké, oké, rustig maar! Ik kwam alleen maar even langs om een paar blikken corned beef te lenen', zei de dikke sergeant verdedigend. 'Er is geen enkele reden je zo druk te maken.'
'Hier. Vangen', zei de kok en gooide een paar blikken naar hem toe. 'En nu wegwezen.'
De dikke sergeant keek me even nijdig aan en liep toen weg. 'Je kunt maar beter uit zijn buurt blijven, Urwin', waarschuwde de kok me, terwijl hij met zijn hoofd in de richting van de dikzak wees. 'Het is een klootzak, dus zorg ervoor dat je geen ruzie met hem krijgt.'
Luitenant Stevens kwam vroeg in de middag terug om de puppy's op te halen; ik voelde me enorm opgelucht dat er voor hen gezorgd zou worden.
'Flik me dit niet nog een keer, Urwin!', waarschuwde hij, en toen op een wat vriendelijker toon: 'Wat is er eigenlijk met dat stotteren van je gebeurd?'
'Verkocht, sir', antwoordde ik brutaal.
Hij moest hierom glimlachen en hoofdschuddend liep hij met de puppy's weg. Ik heb ze nooit meer teruggezien. Nadat ik aan Dave en Bill 's avonds had verteld hoe het met ze was afgelopen, heb ik het nooit meer tegen iemand over deze honden gehad.
Ik besefte dat ik naar het oordeel van Dynamo en de anderen had moeten luisteren toen ze me waarschuwden. Ik kon het me niet veroorloven dat er te veel aandacht op mij gericht zou worden. Ik had een waardevolle les geleerd: hou je te allen tijde gedeisd.
Die nacht dacht ik, terwijl ik op mijn bed lag te doezelen, opnieuw na over de gebeurtenissen van de laatste dagen en maanden. Hoe had dit

allemaal kunnen gebeuren? Hoe was het mogelijk dat ik, Geordie, een gewone achttienjarige jongen, lid was geworden van zo'n bijzondere, zeer geheime moordbrigade?

HOOFDSTUK 3

In het leger

Het leek alsof het pas gisteren was geweest dat ik afscheid had genomen van mijn moeder en zusters op het centraal station van Newcastle om naar Wrexham in Noord-Wales te gaan waar ik een basistraining van zes weken zou ondergaan alvorens ik mijn tweejarige dienstplicht zou moeten vervullen.

Ik had me altijd zeer met mijn moeder verbonden gevoeld. Ik had er dan ook absoluut geen zin in het huis te verlaten toen ik mijn oproep voor de dienstplicht ontving. De enige mogelijkheid die ik had om niet in het leger te gaan, was het volgen van een opleiding. Ik wilde monteur worden en had een baantje in een plaatselijke garage. Vanaf het begin was het me echter duidelijk dat er voor mij geen enkele toekomst in dit vak zat. Ik had geen goede opleiding – ik was het manusje-van-alles en het doelwit van een groot aantal grappen en grollen over mijn vreselijke gestotter.

Mama en ik spraken over mijn dienstplicht. Natuurlijk vond ze het vreselijk; het idee dat ik het huis zou verlaten en misschien wel gedood zou kunnen worden, stond haar enorm tegen. En bovendien was er sinds de oorlog nog niet zoveel onrust in de wereld geweest als juist in deze periode. Een paar dagen nadat ik mijn oproep had ontvangen en ik buiten het huis bezig was met mijn motorfiets, riep mijn moeder me naar binnen. Ze legde een hand op mijn schouder, staarde me enkele ogenblikken aan en zei toen op rustige toon: 'Doe het maar, jongen. Ga maar in het leger, zodat je ver weg bent van die vreselijke vader van je. Misschien is dit je enige kans iets van de wereld te zien en een beter mens te worden.'

'Maar jij dan, mama?', vroeg ik, bezorgd over hoe ze door mijn vader behandeld zou worden als ik er niet zou zijn.

'Maak je maar niet ongerust', antwoordde ze. 'Doe het nou maar!'

Ik zei haar dat ik erover na zou denken, maar in feite dacht geen haar op mijn hoofd erover haar met mijn vader alleen achter te laten. Hoewel hij klein was en tenger gebouwd, had hij vroeger gebokst en als hij dronken was, reageerde hij zich als een dolle stier op mij en mijn moeder af. Als

gevolg hiervan was ik gaan stotteren en had mijn moeder, tegen de tijd dat ik twaalf jaar was, al twee zelfmoordpogingen gedaan (beide keren was ik het geweest die haar gevonden had). Wie zou voor haar zorgen als ik er niet zou zijn?
De volgende dag werd de beslissing me echter uit handen genomen, toen de voorman op mijn werk me meedeelde dat twee collega's van mij en ikzelf zouden worden ontslagen. Dat veranderde de zaken natuurlijk. Ik had het gevoel dat ik niks te kiezen had. In die tijd was het niet gemakkelijk een goede baan te vinden. Het leek er dus op dat ik voorbestemd was het leger in te gaan.
Twee dagen later ontving ik een brief van het leger met de datum en de tijd waarop ik me in Chester-le-Street medisch moest laten keuren, welke keuring ik een week voor mijn achttiende verjaardag, op 28 november 1957, met vlag en wimpel doorkwam. Toen ze me vroegen in welk regiment ik wilde dienen, wist ik niet wat ik moest antwoorden. Ik wist niet veel van het leger en antwoordde dat ik iets wilde doen waarbij ik als monteur zou kunnen werken. Een van de leden van het keuringsbureau maakte hier een aantekening van en zei me dat ik binnen enkele weken van hun zou horen.
In de tussentijd moest ik echter weer snel werk zien te vinden, omdat mijn moeder mijn extra geld hard nodig had om de eindjes aan elkaar te kunnen knopen. Nadat ik een aantal dagen tevergeefs had gezocht, vond ik uiteindelijk werk bij Tizer, een fabrikant van priklimonade, waar ik ongeveer twee maanden heb gewerkt. Ik was het leger al bijna vergeten toen ik op een dag een brief kreeg met de mededeling dat ik me op een bepaalde dag voor de training in Wrexham moest melden.
Zo, dat was dat. Ik had nog slechts een week om al mijn zaakjes te regelen, in welke tijd ik aan allerlei hevige emoties blootstond. Ik was zowel opgewonden als doodsbang. Ik was nog nooit van huis weggeweest (zelfs niet buiten Newcastle) en voor mij was het oversteken van de Tyne Bridge hetzelfde als naar het buitenland gaan!
Oké, dacht ik, nu zal ik binnenkort verstandige en intelligente mensen ontmoeten. Dit geeft aan hoe naïef ik was en hoe weinig ik toen over het leger wist.
Mijn moeder en zusters brachten me naar het station om me uit te zwaaien; mijn vader weigerde mee te gaan, toen mijn moeder het hem vroeg. Diep in mijn hart was ik hier heel blij mee: mijn vader was iemand die ik zeker niet zou missen.
'Maak je niet ongerust, jongen, het komt allemaal goed. Schrijf me zo gauw je kunt', schreeuwde mijn moeder vanaf het perron, waar ze er opeens zo hulpeloos en klein uitzag dat ik wel van de trein wilde sprin-

gen. Ik zwaaide naar hen tot ik ze niet meer kon zien en de trein langzaam over de High Level Bridge over de rivier de Tyne reed. Terwijl mijn woonplaats Newcastle langzaam uit het zicht verdween, zonk de moed me in de schoenen en ik voelde me zenuwachtig, bang en eenzaam, omdat ik niet wist wat me te wachten stond.

Ik probeerde het beeld van mijn stad in mijn geheugen te prenten, bang dat ik het zou vergeten als ik buiten mijn woonplaats zou zijn. Op de rivier beneden mij zag ik kleine motorboten varen die me deden denken aan de vele keren dat ik met mijn oom George op de rivier had gevaren; op dat moment wilde ik het liefst daar op een van die boten zijn, of ergens anders - dat maakte me niet uit - maar in ieder geval niet in die trein en niet op weg naar het leger. In de verte zag ik, door de bogen van de Tyne Bridge heen, de oude drinkplaats voor paarden waar ik altijd even pauzeerde als ik met Jackie, het paard van mijn vader op stap ging. Tranen welden in mijn ogen op toen ik besefte dat ik dit allemaal achter me moest laten.

Ik voelde me zeer nerveus en enigszins verloren en terwijl ik daar in die smoezelige coupé zat en de trein naar het zuiden afsloeg, vroeg ik me af wat de komende twee jaar me zouden brengen.

Het RPC (Royal Pioneer Corps) van de 524ste compagnie, dat ongeveer vijf kilometer buiten Wrexham was gelegerd, bestond uit niet veel meer dan een aantal houten barakken rond een exercitieterrein, een gymzaal, een kantine (NAAFI) en een wachthuisje bij de hoofdingang. Al vanaf het eerste begin haatte ik het!

Gedurende het grootste gedeelte van mijn basistraining was het bitterkoud, hartje winter. Na een week marcheren in de sneeuw rond het exercitieterrein, waarbij continu tegen ons werd geschreeuwd, was ik echter al aan beide zaken gewend geraakt, zowel het drillen als het marcheren. Helaas hadden enkele van mijn maten hier meer moeite mee. Ze werden om die reden constant afgezeken en vernederd, wat een enorme woede bij me opwekte. Ik werd tot mijn grote verlegenheid door de sergeant die ons moest drillen, aangewezen tot eerste man, omdat ik de beste in marcheren en exercities was geweest. Ik had deze promotie verdiend door simpelweg te lopen, met mijn armen te zwaaien en mijn rug recht te houden!

Ik weet niet wat ik had verwacht, maar al snel was ik op het leger uitgekeken. Ik had gehoopt hier verstandige mensen tegen te komen, mannen uit alle lagen van de bevolking, met wie je goede gesprekken zou kunnen voeren. Maar helaas, ook hier werd alleen maar over voetbal, vrouwen en zuipen gepraat - net als thuis. Opnieuw had ik het gevoel niet op mijn plaats te zijn.

Terwijl de anderen naar de kantine gingen om iets te drinken, was ik in de gymzaal te vinden om oefeningen met de rekstokken en de ringen te doen. Meestal was ik de enige in de zaal en ik vond het heerlijk. Ik was gek op alles wat met gymnastiek te maken had; op school was ik daar al de beste in geweest. De andere jongens in mijn barak vonden dat belachelijk en probeerden me iedere keer weer over te halen met hen naar de kantine te gaan, maar ik was niet geïnteresseerd.

Op een avond kwam de sergeant die ons drilde, ook Geordie genaamd, naar de gymzaal waar ik met mijn oefeningen bezig was.

'Hoe gaat-ie?', vroeg hij vriendelijk.

'Goed, sergeant, h-het l-leger is echter h-heel a-anders dan ik v-verwacht h-had. Ik z-zou het l-liefst als m-monteur werken m-maar ik denk niet d-dat dat h-hier mogelijk is', zei ik. Ik had al snel doorgekregen dat hier niets te leren viel.

'Laat me je een goede raad geven', zei hij. 'Je bent heel anders dan die eencelligen hier. Als je een goed leventje in het leger wilt hebben, moet je of gaan boksen voor het regiment of je moet je aanmelden als PTI. Je basistraining is over vier weken voorbij, dus als je er iets in ziet, moet je je nu opgeven.'

Uit dankbaarheid voor het feit dat hij zich met mij bemoeide, besloot ik zijn raad op te volgen: me opgeven als PTI (instructeur lichamelijke opvoeding), een baantje waar ik me zeer op verheugde, omdat het een van de dingen was die ik het liefst deed. Toen ik er echter met anderen over sprak, kwam ik te weten dat ik die aanstelling alleen maar zou krijgen als ik voor meerdere jaren zou bijtekenen. In mijn geval zou dat minstens drie jaar extra betekenen, direct volgend op mijn twee jaar militaire dienstplicht. Geen haar op mijn hoofd die daaraan dacht. Ondanks deze teleurstelling bracht ik het merendeel van mijn vrije tijd in de gymzaal door. Ik vond het heerlijk om in beweging te zijn en me fit en sterk te voelen.

Korte tijd na afloop van onze basistraining gaven we een openbare uitvoering van hetgeen we geleerd hadden. De families van een groot aantal van ons kwamen kijken, maar mijn moeder niet. Ze had geen geld om de treinreis te betalen. Ik was teleurgesteld; ze zou het leuk hebben gevonden en waarschijnlijk zeer trots op me zijn geweest.

Het gerucht ging dat we binnen twee dagen overgeplaatst zouden worden naar een ander kamp, in Stratford-on-Avon. Ik besloot alle tijd die ik nog had in de gymzaal door te brengen. Misschien zou ik zo'n kans niet snel meer krijgen. Ik had de PTI's op het paard zien oefenen en wilde dat dolgraag zelf ook eens proberen. Maar het ging me niet goed af. Telkens knalde ik met mijn knieën tegen de beugels, tot ze helemaal beurs waren. Terwijl ik met het paard bezig was, kreeg ik het gevoel dat iemand naar me stond te kijken en ik stopte met mijn oefening. Ik keek om me heen en zag tot mijn verrassing in de hoek van de gymzaal een man staan, met zijn armen over elkaar en gekleed in het zwart en rode t-shirt van de PTI en een zwarte broek. Ik had hem niet binnen horen komen.

'Je doet het helemaal verkeerd, Geordie', riep hij. 'Hier, zo moet je het doen.'

Ik kon me niet herinneren dat ik hem ooit in het kamp had gezien en ik was verbaasd dat hij mijn bijnaam kende. Ik keek gefascineerd toe hoe hij schijnbaar zonder moeite met het paard aan de gang ging, alsof hij niets woog. Het zag er zo gemakkelijk uit.

'Je bent een goede gymnasiast, Geordie. Ik heb een tijdje naar je staan kijken. Ik heb begrepen dat je van boksen houdt.'

'H-hoe w-weet u d-dat?', vroeg ik hem. 'I-ik was t-toen nog h-heel j-jong. B-bovendien w-was ik n-niet erg g-goed.'

'Maakt niet uit hoe ik dat weet. Misschien kan ik je helpen. Ik hoorde dat je PTI wilt worden. Waarom?'

'Eh, omdat ik n-niet h-het idee h-heb d-dat ik me erg t-thuisvoel in h-het l-leger, h-hebben ze me a-aangeraden me als PTI op te g-geven. M-maar ik h-heb n-net begrepen w-wat d-dat i-inhoudt. I-in die tijd kk-an ik n-net zo goed e-ergens in de b-bouw gaan werken!'

'Wat had je op het oog?', vroeg hij.

'Ik w-wilde m-monteur worden of z-zoiets. Ik h-heb echter b-begrepen dat je a-als je iets anders w-wilt doen, je m-minstens d-drie jaar moet b-bijtekenen en daar h-heb ik g-geen zin in. Ik h-heb enigszins h-het idee d-dat ik erin g-gelopen ben.'

'Waar had je dan nog meer aan gedacht?'

'Als ik g-geen P-PTI zou k-kunnen worden, z-zou ik o-overgeplaatst w-willen worden n-naar een a ander regiment, waar ik a-actievere, interessantere d-dingen z-zou kunnen doen. Ik h-had gedacht d-dat d-dat normaal w-was in het leger. Ik zou g-graag in een of andere g-gevechtseenheid d-dienen; alles b-beter dan dit s-saaie werk.'

'Wil je dat echt, Geordie?', vroeg hij kalm, terwijl hij ophield met waar hij mee bezig was.

'J-ja, het is n-niet m-mijn gewoonte m-mijn tijd te v-verdoen met dingen te z-zeggen die ik n-niet meen. D-dat d-duurt me te l-lang.'

Hij moest hierom lachen en ging door met zijn oefeningen op het paard.

'Nou, je bent in ieder geval goed gemotiveerd. Ik heb gemerkt dat als je eenmaal iets wilt je ook doorgaat tot je het bereikt hebt. Bovendien leer je snel; lichamelijke bewegingen maak je je snel eigen, nietwaar?'

'J-ja, ik d-denk v-van wel. W-wat heb ik d-daaraan?'

'Dat merk je nog wel! Doe voorlopig niks. Geef je nergens voor op. We zullen je nog nodig hebben.'

Ik opende mijn mond om hem nog van alles te vragen, maar juist op dat moment kwam sergeant Geordie binnen en stopte de PTI, zeer tot mijn verbazing, met hetgeen hij aan het doen was en kwam hij direct naar mij toe.
'Een van ons zal in Stratford contact met je opnemen', fluisterde hij alvorens hij snel de zaal verliet.
'S-sorry, wat?', schreeuwde ik hem na, maar hij reageerde niet en verdween voor ik er erg in had. Ik ging er meteen van uit dat het een geintje was geweest.
'Wie was dat?', vroeg de sergeant.
'Ik h-heb geen f-flauw idee', antwoordde ik naar waarheid. 'H-hij l-liet me z-zien h-hoe ik m-met h-het p-paard kon oefenen. Hij l-leek m-me erg g-goed, n-niet. Ik d-dacht d-dat u h-hem wel z-zou k-kennen.'
'Nee, ik werk hier al meer dan twee jaar, maar ik heb hem nog nooit eerder gezien.'
'G-gaan w-we naar S-Stratford?', vroeg ik, van onderwerp veranderend.
'Hoe weet je dat? Ach laat ook maar, binnenkort weet iedereen het. Ja, al vrij snel, maar waar je naartoe gaat, weet ik niet', vertelde hij me.
Ik haalde mijn schouders op en ging door met trainen. Waar ze me ook heen zouden sturen, ik had er toch niets over te zeggen. Die vreemde vent bleef me echter achtervolgen. Al zijn praatjes over 'we' en 'een van ons', wat bedoelde hij daar in godsnaam mee? Wie was hij, waar had hij het over en waarom was hij in mij geïnteresseerd?
De volgende zaterdagmorgen vertrok ons peloton van Wrexham naar Stratford-on-Avon en deden weer nieuwe geruchten de ronde. We zouden naar het buitenland gaan. Er werd over niets anders meer gepraat. Ikzelf dacht alleen maar aan mijn 48-uursverlof. Ik wilde dolgraag bij mijn familie zijn.
Pas toen ik een week in Stratford was, moest ik weer aan die vreemde vent in de gymzaal denken. Tot nu toe had nog niemand zich met mij bemoeid of contact met me op genomen. Ik was er nu zeker van dat het een geintje was geweest!
Nog meer geruchten over ons vertrek naar het buitenland. De kranten stonden vol met artikelen over de dreigende situatie in het Midden-Oosten en mijn maats konden over niets anders meer praten. Maar mij kon het niks schelen: ik had eindelijk mijn verlofpasje gekregen en ik kon het nog steeds niet helemaal geloven. Ik zou naar huis gaan en dat was het enige waar ik aan kon denken. Ik was enorm opgewonden, hoewel ik ook terdege wist dat ik het merendeel van die achtenveertig uur in de trein zou zitten. Ik zou mijn moeder en mijn zusters tenminste weer eens zien, voor het eerst in drie maanden; voor mijn gevoel leken het wel drie jaar te zijn geweest – een afschuwelijke tijd.

Maar het ging niet door. Ondanks onze pasjes mochten we het kamp niet verlaten. Ons verlof was ingetrokken! In plaats van naar huis te gaan werden we naar een barak gebracht waar we een groot aantal prikken kregen waardoor onze armen al snel stijf en pijnlijk aanvoelden. Vervolgens gingen we naar een andere barak waar we een tropenuitrusting ontvingen. Een aantal uren later waren we in legertrucks op weg naar het vliegveld Southend en kregen we te horen dat we naar Aden zouden vliegen.
Het legerkonvooi reed direct de startbaan van het vliegveld op, waar we, toen we uit waren gestapt, duizenden manschappen zagen. Het was overal erg druk en ook zeer lawaaiig: het geluid van vertrekkende vliegtuigen en rondrijdende trucks. Duizenden marcherende voeten en spijkerschoenen weerklonken op de landingsbanen terwijl sergeanten hun bevelen rondschreeuwden. Mijn eenheid maakte onderdeel uit van een luchtbrug waarover, naar men zei, ongeveer 18.000 troepen naar het Midden-Oosten gevlogen zouden worden.
'Jezus, het lijkt wel of de Derde Wereldoorlog is uitgebroken', merkte iemand op toen we stonden te wachten om aan boord van ons vliegtuig, een tweemotorige Dakota, te gaan. Zover we op dat moment wisten, kon dat ook best wel eens de waarheid zijn.
Het vliegtuig was lawaaiig, vol en zeer oncomfortabel. We zaten in lange rijen langs de beide zijden en zeiden weinig tegen elkaar. Ieder van ons was met zijn eigen gedachten bezig. Dit was deels te wijten aan het lawaai dat het vliegtuig maakte, waardoor het moeilijk was zonder te schreeuwen met elkaar te communiceren en deels omdat we langzamerhand de effecten van de verschillende injecties begonnen te voelen, maar voor het grootste deel omdat het allemaal zo snel ging. Het ene moment stonden we op het punt naar huis te gaan, het volgende moment zaten we in een vliegtuig samen met tientallen andere soldaten waarvan we de meesten nog nooit hadden gezien, op weg naar – God mag weten wat – in het Midden-Oosten. We hadden allerlei berichten gehoord over wat daar gaande was en we wisten ook dat een groot aantal soldaten al gesneuveld was. Maar wat we precies konden verwachten, wisten we niet.
Of het ook echt de bedoeling was dat we in Malta zouden landen, weet ik niet. Ons vliegtuig week daar echter door motorpech naar uit. Toen ik uit het raam keek, zag ik dikke zwarte rook uit de bakboordmotor komen.
'Hé, moet je dat zien', zei ik terwijl ik mijn buurman aanstootte.
'Hu! Wat?'
'Kijk dan, die verdomde motor staat in brand! Dat redden we nooit!'
'Kr... de klere, Geordie, maak dat iemand anders wijs!', zei hij, denkend dat ik een grapje maakte.
'Nee, echt waar, kijk dan', drong ik aan terwijl de intercom opeens begon

te kraken: 'Sorry, heren. Er is iets mis met onze bakboordmotor. U hoeft zich echter geen zorgen te maken, we hebben er nog een. We zullen nu een tussenlanding maken op Malta', deelde de piloot ons met een aanstellerig, bekakt accent opgewekt mee.
Deze mededeling werd gevolgd door uiteenlopend commentaar van onze kant:
'Oh, verdomme, we gaan er al aan voordat we op onze bestemming zijn. Moet mij dat weer overkomen!'
'Maak je niet dik, joh, we hebben nog een motor, dat weet je toch!
'Ja natuurlijk, ouwe rukker. Toedeloe, daar gaan we!'
'Hou g.v.d. op, geen geintjes alsjeblieft.'
'O, Jezus, ik word kotsmisselijk.'
Door dit incident waren we in ieder geval weer even tot de werkelijkheid teruggebracht! We hielden nu om een andere reden onze mond – we waren allemaal doodsbang!
Onze landing op Malta was erg riskant en ik was een van de velen die dachten dat we het niet zouden halen. De piloot moest onder een ongelofelijk steile hoek landen en ik herinner me nog goed de enorme, bijna voelbare opluchting toen we de banden hoorden piepen terwijl het vliegtuig over de landingsbaan stuiterde en uiteindelijk tot stilstand kwam. We zagen allemaal wat pips om onze neus en grinnikten stom naar elkaar toen we beseften dat we het er heelhuids vanaf hadden gebracht.
'Godzijdank!', murmelde mijn buurman. 'Ik word nu waarschijnlijk doodgeschoten als ik dit verdomde vliegtuig verlaat.'
Ik herinner me niet veel van Malta, omdat het vliegveld het enige was dat we van dit eiland hebben gezien. Onmiddellijk nadat we uitgestapt waren, kregen we het bevel in andere vliegtuigen over te stappen, waardoor onze groep voor het grootste gedeelte werd opgesplitst. Men vertelde mij dat ik naar Cyprus zou vliegen, samen met enkele andere mannen uit Wrexham, waarvan er drie waren die opvielen vanwege hun nogal grappige, bijna identieke namen: Dave Hatfield, Dave Bradfield en Dave Buckfield.
Het was erg druk en lawaaiig op het vliegveld. Talrijke vliegtuigen maakten hier een tussenlanding om brandstof in te slaan en honderden manschappen landden hier of vertrokken van dit vliegveld. Ik had nog even tijd om een ansichtkaart te kopen en naar mijn moeder te versturen – op de kaart stond een afbeelding van het plaatselijke ziekenhuis – een voormalig fort. Ik kon niet veel anders schrijven dan: 'Moeder – Cyprus – heb geen verlof gekregen – schrijf en leg uit als we daar zijn', alvorens we weer verder gingen. Het zou nog twee jaar duren voordat ik weer terug in Engeland was en ik haar weer zou zien.

Ik voelde me alsof ik droomde toen we op Cyprus aankwamen. Het vliegveld schitterde van de lichten en toen we de deuren van het vliegtuig openden, kwamen ons een groot aantal exotische geuren, vermengd met benzine- en dieseldampen tegemoet. De avondlucht was warm en vochtig.

We hadden geen tijd om goed om ons heen te kijken. Zo gauw we het vliegtuig hadden verlaten, werden we naar klaarstaande trucks gedirigeerd en kregen we ongeladen geweren toegestopt. Alleen de pistolen van de officieren en een aantal van de geweren van het ons begeleidende escorte waren geladen.

Onze wagen maakte deel uit van een groot konvooi van met canvas overspannen Bedford-trucks, dat uiteindelijk in de pikdonkere nacht het vliegveld verliet. Niemand van ons wist waar we heen zouden gaan of wat we daar konden verwachten. Net buiten de poort van het vliegveld vingen we een glimp op van enkele marktkraampjes beladen met fruit. Ik herinner me vooral de sinaasappels en de watermeloenen, waarvan de kleuren feller waren dan ik ooit voor mogelijk had gehouden. Ook zag ik in het voorbijgaan kleine, witgeschilderde huisjes en smalle, rommelige straatjes, maar vanaf het moment dat we het bebouwde gebied rond het vliegveld verlieten, zagen we niets meer, behalve de met ons meerijdende trucks. Soms als iemand een sigaret opstak of als de achterkant van onze wagen door de lichten van onze volgers in de schijnwerpers werd gezet, konden we iets van de omgeving zien.

De canvas flap aan de achterkant van de truck was aan één kant opgerold, waardoor we zo nu en dan de lichten van een klein stadje of dorp in de verte konden ontwaren. De wegen waren over het algemeen vrij goed, maar er waren ook stukken die zo slecht waren dat we in de achterbak van de truck flink door elkaar werden geschud. Door dit geschud, na de lange, oncomfortabele vlucht, in combinatie met de drukkende warmte en de benzinedampen werden sommige van ons behoorlijk misselijk. Bovendien waren we erg moe van de lange tocht en uitgeteld van het effect van de vele injecties.

'Ik voel me geradbraakt. Ik wou dat we er al waren!', had de man tegenover mij gevloekt toen hij voor de zoveelste keer tegen me aangesmeten werd en op mijn knie terechtkwam, waarbij ik me bijna aan zijn sigaret brandde.

Toen we weer eens op een grote hobbel in de weg knalden, hoorden we een luide knal, waarna de vent naast me plotseling voorover viel, met zijn hoofd op de bodem van de truck. Het konvooi stopte onmiddellijk en ik hielp mijn buurman weer omhoog, met de gedachte dat hij door de schok van zijn zitplaats was gevallen. Toen hoorden we echter nog een aantal

knallen, waarna de lichten van de trucks werden uitgedaan! Terwijl ik mijn buurman overeind hielp, raakte ik met mijn hand zijn rug aan. Tot mijn verbazing voelde deze warm en vochtig aan. Direct begreep ik wat er was gebeurd: hij was neergeschoten! Op dat moment brak de hel los.
'Sluipschutters!', schreeuwde iemand.
'Uit de trucks, mannen. Dekking zoeken!'
Het leek wel alsof iedereen schreeuwde, gilde en vloekte toen we, bang en verward, uit de truck sprongen, waarbij we over onze geweren struikelden en tegen elkaar aan botsten en boven op elkaar op de grond terechtkwamen, waar we, omdat het pikdonker was, niets konden zien. Omdat we op een dergelijke situatie niet voorbereid waren, liepen we als een stel kippen zonder kop rond op zoek naar een plek waar we enige dekking zouden kunnen vinden. Het was verschrikkelijk. We lagen in het donker tegen een steile heuvel aan zonder dat we enig idee hadden waar we waren, terwijl de kogels in de trucks en de grond vlak voor onze voeten sloegen.
Ieder van ons had een geweer, maar geen ammunitie. Zelfs als we kogels gehad zouden hebben, zouden de meesten van ons waarschijnlijk toch niet geweten hebben hoe ze ze moesten gebruiken: we waren te bang om een van onze eigen mannen te raken. We wisten dat honderden van onze manschappen om ons heen lagen, maar we zagen niks. Boven het onafgebroken geluid van het geweervuur hoorden we officieren en sergeants schreeuwen:
'Blijf waar je bent, mannen, en hou je hoofd naar beneden!'
'Blijf dekking zoeken en verroer je niet.'
'Wat een gezeik, "verroer je niet", ik kan me helemaal niet verroeren, ik ben zo bang', mompelde een van de jongens naast mij. 'Trouwens ik zou verdomme niet weten waar ik naar toe zou moeten gaan!'
'Pas op waar je je handen neerzet. Er zitten hier slangen en zo', mompelde iemand anders.
'O, jee! Kogels en slangen', kreunde de eerste. 'Daar zat ik nou net op te wachten.'
'Sergeant! Sergeant!', schreeuwde ik. 'In de bak van de truck is iemand neergeschoten. Volgens mij is hij er slecht aan toe. Moeten we hem niet helpen?'
De sergeant hoorde mij en riep direct om een dokter. Ik vroeg me af hoe het met die jongen in de truck was; gezien de hoeveelheid bloed die ik gevoeld had, was het best mogelijk dat hij dood was.
De lucht boven en voor ons werd verlicht door geweervuur. Waarschijnlijk zaten de sluipschutters ergens op de heuvel tegenover ons. Sommigen van ons schoten blijkbaar terug, want iets verderop langs de heuvel zagen we af en toe geweervuur oplichten, gevolgd door een luide knal.

Het leek alsof we daar uren lagen. Tegen het ochtendgloren konden we eindelijk iets van de omgeving zien. Net als het grootste deel van het eiland was dit gebied vrij kaal en rotsachtig, met hier en daar een kleine, doornachtige struik. Hoe lichter het werd, hoe meer we in dit vijandige gebied konden onderscheiden.
Op de top van een heuvel tegenover ons zagen we de silhouetten van vier of vijf terroristen. Ze waren blijkbaar gevangengenomen want ze kwamen met hun handen op hun hoofd onze kant opgelopen. Gedurende de nacht hadden ze honderden Britse manschappen urenlang in gijzeling gehouden. Ook ontdekten we nu, terwijl het lichter werd, dat ze de hele tijd door Britse soldaten omsingeld waren geweest.
We kregen het bevel om zo snel mogelijk weer in de vrachtwagens te stappen. Toen ik in de achterbak van onze truck klom, zag ik een grote plas bloed op de plek waar die jongen die neergeschoten was, had gelegen. Blijkbaar waren de dokters erin geslaagd hem naar een veiliger plek over te brengen.
'Laat dat voor jullie allemaal een lesje zijn', waarschuwde de sergeant ons. 'Onderschat die klootzakken nooit. Ze zijn goed bewapend, goed getraind en uiterst gemotiveerd. Het maakt hun niks uit of ze nu soldaten, vrouwen of kinderen moeten doden. Pas dus goed op en zorg altijd voor rugdekking. Het is hier geen vakantiekamp.'
Terwijl de trucks zich langzaam in beweging zetten, keken we stil voor ons uit, zonder elkaar aan te kijken en meden we de grote plek bloed op de vloer. Niemand zei iets of vroeg waar we waren. Iedere gedachte aan een 'paradijselijk eiland' was die nacht met harde hand de kop ingedrukt. We hadden de harde werkelijkheid onder ogen gezien. Het was duidelijk dat we niet op vakantie waren!
Later hoorde ik dat de jongen die was neergeschoten, terug naar Engeland was gebracht. De kogel was zijn linkerschouder binnengedrongen en had aan de rechterkant van zijn borst zijn lichaam weer verlaten, waarbij hij flinke inwendige verwondingen had opgelopen. Het gerucht ging dat hij zijn rechterarm niet meer kon bewegen.
We waren perplex toen we in ons 'kamp' aankwamen – er was nog bijna niets! Wekenlang werkten we zelf om het kamp in dat voornamelijk kale gebied op poten te zetten. We moesten tenten opzetten, keukens inrichten, latrines graven en een omheining bouwen.
Het kamp, dat in een godvergeten uithoek lag en door prikkeldraad werd omheind, leek wel een gevangenis. In de directe omgeving was geen enkel dorp te bekennen. Bovendien hadden we geen flauw idee waar we ons ten opzichte van Nicosia, waar we geland waren, bevonden. Behalve over de rotsen schietende hagedissen waren er geen dieren te zien. Dag en nacht

was het onophoudelijke gesjirp van krekels en het gezoem van insecten te horen. Overdag was het verschrikkelijk heet, 's nachts was het warm en drukkend. Er was niks te zien en de enige plaats waar je naar toe kon gaan, was de kampkantine of het strand bij Episkopi, dat op grote afstand was gelegen.
We waren met ongeveer driehonderd manschappen, de 524ste compagnie en het D-peloton. Met zijn vieren deelden we een kleine tent, alles wat we aanraakten zat onder het stof en de insecten. Iedere tent was uitgerust met twee bedden met planken langs beide zijden, ongeveer vijftien cm boven de grond. Dit betekende dat we tenminste ook nog op iets anders dan de grond konden staan. Als we echter op de bedden stonden kwamen we met ons hoofd tegen de bovenkant van de tent aan en als we ons op hetzelfde moment in de smalle ruimte tussen de bedden probeerden aan te kleden, botsten we, half slaperig, continu tegen elkaar aan.
Bovendien kwam iedere morgen een eikel van een sergeant langs die al schreeuwend keihard met een stok op beide zijden van de tent sloeg. Hierdoor raakten we nog meer in de war, hoewel hij waarschijnlijk dacht dat we ons daardoor sneller zouden aankleden. We hadden echter geen enkele aanmoediging nodig om zo snel als mogelijk was de krappe ruimte van onze tent te ontvluchten en naar de kantine te gaan. Het leek alsof we altijd honger hadden!
Nadat we ons met veel moeite hadden aangekleed, moesten we ons nog wassen en scheren. We hadden hier een half uur voor. Dat lijkt veel, maar als je je met z'n honderden tegelijk moet proberen te wassen en scheren, heb je die tijd toch echt hard nodig. We maakten gebruik van houten troggen van ongeveer tien meter lengte. Om de meter bevond zich een pijp met een kraan.
De volgende gang was natuurlijk naar de toiletten (of de latrines zoals men in het leger zegt). Deze bestonden uit rijen ijzeren emmers met houten zittingen, waar een anderhalve meter hoge omheining van Hessisch jute omheenstond. Als we daar zaten spraken we, terwijl we elkaar niet aan probeerden te kijken, eindeloos over het warme weer om onze verlegenheid te verbergen, en probeerden we onderwijl de mieren die op onze benen wilden klimmen tegen te houden. Ook hadden we last van grote zoemende insecten, die eruit zagen als bijen, maar in werkelijkheid horzels waren. Hierna konden we eindelijk ontbijten.
Onder een groot vierkant afdak, waar wind en stof vrij spel hadden, kregen we onze kleine porties vettige eieren, zenige spek en ingedroogde pap, vermengd met stof en kiezelsteentjes. Nog voor we goed en wel ons ontbijt op hadden, moesten we alweer aan het werk, zonder dat we tijd genoeg hadden om elkaar gedag te zeggen. Voordat we de tent konden

verlaten moesten we eerst onze borden en kommen afwassen in twee kleine tinnen afwasteilen die op een schragentafel waren gezet. Omdat honderden mannen dezelfde teilen moesten gebruiken, was het water altijd zeer smerig, hoe vaak het ook door het keukenpersoneel werd verschoond. Alleen als je het geluk had als een van de eersten bij het water te zijn, kon je ervanuit gaan dat je spullen ook werkelijk schoon werden.

Na het ontbijt gingen we naar het exercitieterrein, een vlak terrein begrensd door tenten, met een vlaggenstok in het midden. Terwijl we daar in het gelid stonden, werden we gehinderd door kleine wervelwinden die 'stofduivels' werden genoemd. De wind was soms zo sterk dat we onze hoofddeksels en elkaar vast moesten houden. Door het opstuivende stof zagen we die stomme kleine sergeant op ons af komen, die zich al schreeuwend aan zijn orders probeerde te houden.

HOOFDSTUK 4

Aan het strand

Voordat we op dit eiland landdden, had ik nog nooit van Cyprus gehoord. Een ding was ons echter al snel duidelijk: we werden enorm door de Cyprioten gehaat.

De Grieks-Cyprioten, onder leiding van generaal Grivas, wilden zelfbestuur en aansluiting ('Enosis') bij Griekenland, terwijl bijna eenderde van de inwoners - van Turkse afkomst - hier fel op tegen was. In 1923 had Turkije een verdrag getekend waarin het afzag van iedere aanspraak op Cyprus, dat vervolgens in 1925 een Britse kolonie werd. Na de Tweede Wereldoorlog weigerde Groot-Brittannië Cyprus zelfbestuur te verlenen, met als gevolg dat vanaf 1955 het Grieks-Cypriotisch Bevrijdingsfront (het EOKA) de wapens opnam om het eiland te bevrijden. Deze strijd bereikte in 1957-1958 een hoogtepunt door het uitbreken van ernstige rellen en gevechten tussen de Griekse en Turkse facties. Vanwege de strategische ligging ten opzichte van het Midden-Oosten was Groot-Brittannië gedwongen een speciale noodwet uit te vaardigen en haar aanwezigheid op het eiland op te voeren om haar militaire installaties te beschermen en om te voorkomen dat de vijandelijkheden zich nog verder uit zouden breiden.

De Britse manschappen die naar Cyprus werden overgebracht, kregen te horen dat ze hier waren om de vrede tussen de Turken en de Grieken te bewaren en om de Britse eigendommen te beschermen. De meeste Grieken beschouwden ons echter als hun vijanden en deden alles om van ons af te komen, met of zonder geweld! Voor hen was het doden van Britse troepen niet genoeg; ook de families van de Britten moesten eraan geloven. De situatie toentertijd was te vergelijken met de situatie in Noord-Ierland een aantal jaren later.

Het maakte voor de terroristen niets uit dat mijn eenheid in de eerste plaats in Cyprus was om wegen te repareren en de gevechtstroepen te ondersteunen, in plaats van zelf aan de gevechten deel te nemen: ze zagen ons het liefst ook vertrekken. Dit was voor ons zeer frustrerend omdat

we, voorzover ik kon zien, op geen enkele manier op een dusdanig gevaarlijke situatie waren voorbereid. In feite werden we niet veel beter behandeld dan krijgsgevangenen en moesten we ons kamp bijna van de grond af zelf opbouwen.
De leefomstandigheden in ons kamp waren niet veel verbeterd sinds we hier aangekomen waren. De legerbonzen hadden het meest barre stukje rotsgrond dat ze in dit gebied konden vinden, uitgekozen om ons kamp aan te leggen. Ik verafschuwde het kamp en zou dat mijn hele diensttijd hier blijven doen.
Onze wasfaciliteiten waren net zo eenvoudig als onze toiletten. Regelmatig werd in mobiele, tweewielige tanks vers drinkwater naar het kamp gebracht. Omdat deze tanks echter het grootste deel van de dag in het volle zonlicht stonden, was het water nooit lekker koel. In het bijzonder het graven van latrines was vrij zwaar vanwege het harde, door de zon gebakken rotslandschap. Dat viel me behoorlijk tegen. Dit was niet wat ik van het leven in het leger verwacht had: ik had net zo goed als grondwerker buiten het leger kunnen werken en dan waarschijnlijk nog meer kunnen verdienen dan het schijntje dat ik als dienstplichtige ontving.
Omdat ik op onze eerste avond de activiteiten van de terroristen van dichtbij had meegemaakt, was ik nogal zenuwachtig toen ik op het toilet op de wc-pot (een kleine emmer) zat. Ik verwachtte ieder moment dat ze mijn hoofd eraf zouden schieten. Door die gedachten kon ik me niet erg ontspannen en ook mijn stotteren werd er niet minder door! Zelfs in mijn eigen, volle huis in Byker had ik meer privacy gehad dan hier. Ik vond het vreselijk als er, terwijl ik daar zat, nog iemand anders naar binnen kwam en naast me ging zitten.
Mijn maatje Dave Buckfield stormde op dat moment de latrine binnen. Hij had een pijnlijke uitdrukking op zijn gezicht, omdat hij, net als het merendeel van ons in het kamp, last had van dysenterie. Hij ging naast me zitten.
'Zo, Geordie, heb je het goede nieuws al gehoord?', zei hij met zijn zware Cockney-accent.
'W-wat dan?' Het enige goede nieuws dat ik me voor kon stellen, was dat ze me terug naar huis zouden sturen!
'We hebben het hele weekend vrij. We kunnen zonder begeleiding naar het strand gaan! Nou ja, niet helemaal, we moeten minstens met z'n drieën zijn, en een van ons moet een geweer meenemen. Heb je zin om mee te gaan?' Ik schudde mijn hoofd. 'Je zult wel moeten, anders kunnen we helemaal niet. We moeten namelijk met zijn drieën zijn. Kom op, het wordt te gek.'
Goed nieuws! Ik vond het helemaal geen goed nieuws; ik wilde naar huis,

weg van de hitte, de vliegen, de stank en de doodsaaie routine waar we ons de eerste weken in het kamp aan moesten onderwerpen. We hadden sinds onze komst nog geen moment voor onszelf gehad. Naar dit eerste 'vrije weekend' was dan ook met smart uitgekeken. De meesten van ons wilden naar het dichtstbijzijnde strand gaan dat op enkele kilometers van het kamp lag.

Hoewel ik over het algemeen vrij goed met mensen om kon gaan, was ik niet erg sociaal; ik was een buitenbeentje. Ik dronk niet, en had dat ook nooit in mijn leven gedaan, terwijl mijn maats juist behoorlijk veel innamen. Vanwege mijn gestotter hield ik me ook zo veel mogelijk afzijdig van de anderen. Ik was ook zeer teleurgesteld over het leven in het leger. Voor mij was het voornamelijk het eindeloos herhalen van stom geestdodend werk, waarna iedereen zich 's avonds vol liet lopen tot ze niet meer op hun benen konden staan. Gelukkig kon ik goed opschieten met Bill en Dave, de twee jongens met wie ik een tent deelde. Ze probeerden me dan ook over te halen met hen naar het strand te gaan.

'Kom op, Geordie, je zult het zeker leuk vinden.'

'Kom nou, man, laat je nou eens gaan!'

Uiteindelijk slaagden ze erin me over te halen met hen mee te gaan en op zaterdagmorgen verzamelden we enkele lakens om mee te nemen naar het strand, omdat men ons gewaarschuwd had dat het zand zo warm werd dat je er niet zomaar zonder iets op kon liggen. Voordat we het kamp konden verlaten, moesten we ons melden bij het 'stomme sergeantje' dat ons iedere morgen wakker maakte. Hij gaf ons een uiteenzetting over wat we konden verwachten als we naar het strand gingen en over hoe laat we terug moesten zijn. Daarna drukte hij ons op het hart onze kleren aan te houden zodat we niet zouden verbranden en ervoor te zorgen dat we niet per ongeluk ons geweer zouden gebruiken, hoewel ik niet begreep wat ze dachten dat we met de drie kogels die we hadden gekregen, zouden kunnen doen!

Na dit uitvoerige praatje liet hij ons eindelijk gaan. Toen we het kamp verlieten, hadden we het gevoel alsof we de gevangenis verlieten en weer in het 'normale' leven terugkeerden. Als we dat geweer niet hadden gedragen, zou men misschien zelfs gedacht kunnen hebben dat we geen soldaten waren, dat we gewoon een groepje jongens waren die al lachend en grappen makend op weg waren naar het strand, met het vooruitzicht daar een plezierige dag door te brengen.

We droegen alledrie onze door het leger verschafte kleding: de standaard korte broek, het legershirt met korte mouwen, de witte sokken en zwarte strandschoenen. De korte broek was vreselijk: een zakachtige wijde broek waarvan de pijpen tot over onze knieën flapperden. Om deze hobbezak er nog enigszins redelijk uit te laten zien, lieten de meesten van ons de pijpen door een plaatselijke Griekse kleermaker innemen. Hierdoor zagen de broeken er iets minder weerzinwekkend uit. Helaas hadden wij, omdat we nog pas sinds kort in het kamp verbleven, nog niet de gelegenheid gehad zelf kleren te kopen of de legerkleren aan te laten passen, zodat we nu al flapperend over de hete stoffige weg liepen.

Het duurde ongeveer twintig minuten tot we bij het strand kwamen, dat op enkele kilometers van Episkopi lag. Overal kwamen we manschappen tegen die in dezelfde richting liepen. Voor degenen van ons die midden in de winter Brittannië hadden verlaten, was de grote hitte wel even wennen; toch moest de echte zomer nog beginnen. We wisten dan ook niet hoe snel we op het strand moesten komen. Het enige wat we wilden, was een duik nemen in het water om af te koelen.

Uiteindelijk kwamen we bij een nogal lange tunnel die door de hoge rotskliffen was aangelegd. Op deze kliffen stonden een aantal huizen waar getrouwde militairen die hun vrouw hadden meegenomen, woonden. De tunnel was donker en vochtig. Zo gauw we echter aan de andere kant naar buiten kwamen, zagen we een prachtig, goudkleurig strand voor ons liggen. Het water van de zee had een diepblauwe kleur zoals ik nog nooit in mijn leven had gezien; het felle zonlicht glinsterde op het oppervlak. Het leek wel een scène uit een Hollywood-film.

De lange, gouden baai strekte zich vanaf de tunnel naar links uit en vormde daarbij een halvemaanvormig bekken dat aan drie zijden door steile verweerde rotsen werd begrensd. Ook iets links van de tunnel was een golfbaan die alleen toegankelijk was voor officieren. Vanaf de tunnel liep een pad over een breed, hier en daar met klein struikgewas bedekt terrein naar een aantal kleine hutjes op het strand. In deze hutjes werden verfrissingen, gekoelde dranken en hot dogs verkocht, hoewel het ook zonder dat voedsel al heet genoeg was! Als je naar het water wilde, moest je rennen, zo snel als mogelijk was, omdat je anders het risico liep dat je voetzolen door het hete zand verbrandden.

Het strand was ingedeeld op de manier die de sergeant ons had beschreven: een deel, vlakbij de tunnel, was bestemd voor officieren en hun gezinnen, op een andere deel mochten ook militairen met andere rangen komen en het derde deel was alleen toegankelijk voor gezinnen met kinderen. Dit laatste deel lag uit het zicht van eventuele scherpschutters op de omringende heuvels. Klaarblijkelijk was het al enige keren voorgekomen dat er op de militairen op het strand was geschoten. Om die reden werd ons bevolen ons geweer altijd bij de hand te houden. Dit betekende dat een van ons het geweer moest dragen voor het geval we ons moesten verdedigen en ook dat een van ons achter moest blijven als de andere twee

gingen zwemmen. We moesten dus altijd in een groepje van minstens drie personen naar het strand gaan.
We liepen over het drukke strand, ver weg van het gedeelte waar de officieren verbleven, naar een plekje ongeveer honderd meter van een van de hutjes vandaan waar een Coca-Cola-bord uithing. Tegen de tijd dat ik de lakens had uitgelegd, had Bill zich al uitgekleed en rende hij naar de zee.
'Blijf hier, Geordie, let op ons geweer en onze bagage', zei Dave. 'Ik ga een paar sandwiches en iets te drinken halen. Wij kunnen later nog wel zwemmen.'
Terwijl ik op het laken lag waarbij ik de kleren van Bill als kussen gebruikte, keek ik verveeld naar een stelletje jongens naast ons dat vrij luidruchtig een partijtje volleybal speelde. Toen Dave na enkele minuten terugkwam, liet hij zich, terwijl het zweet al van zijn gezicht droop, op het laken naast mij vallen.
'Jeminee', zuchtte hij. 'Het is zo warm dat je hier wel een ei kunt bakken.'
'W-waarom g-ga je niet zwemmen. Het w-water l-lijkt me heerlijk?', zei ik tegen hem. 'Ik l-let wel op d-de spullen. Ik ga wel zwemmen als j-je t-terug komt. Maar b-blijf niet de h-hele d-dag weg. Anders v-verb-brand ik hier l-levend!'
'Oké, bedankt, tot straks.' Hij gaf me een knipoog en ging ervandoor.
Ik nam een slok van het ijskoude drankje en rolde het flesje over mijn voorhoofd en mijn borst om iets af te koelen. Voor het eerst sinds we op het eiland waren geland, begon het er een beetje beter uit te zien en ik dacht dat als ik de meeste weekeinden op deze manier door zou kunnen brengen, mijn tijd in het leger nog niet zo slecht hoefde te zijn. Hoewel ik me nu beter op mijn gemak voelde, had ik nog steeds enorme heimwee en miste ik mijn moeder en zusjes enorm. Het idee dat het nog minstens achttien maanden zou duren voor ik ze weer zou zien, maakte het allemaal nog erger; anderhalf jaar op dit godvergeten eiland!
Ik dronk het flesje leeg en ging op mijn rug liggen. Het werd zelfs nog warmer en het strand was volgepakt met militairen. Sommigen lagen net als ik te niksen terwijl anderen voetbal of volleybal speelden. In het met touw omheinde gezinsgedeelte lagen de getrouwde mannen te zonnebaden of picknickten ze met hun familie. Het was vrij gemakkelijk de nieuwkomers uit Engeland eruit te halen; deze waren over het algemeen spierwit en zagen eruit als geesten. Voordat we op het strand kwamen, dachten we dat we er met onze gebruinde huid uitzagen als een stelletje gebronsde Hollywood-sterren. Toen we echter goed om ons heen keken, moesten we vaststellen dat we eigenlijk nog in de categorie 'bleekneuzen' vielen.
Zonnebrand werd beschouwd als een ernstige kwaal. Keer op keer werden we gewaarschuwd voor de kracht van de zon, die in combinatie met de

reflectie van de stralen op het zand en de zee voor grote problemen kon zorgen, niet alleen voor je huid maar vooral ook voor je ogen. Om ons hiertegen te beschermen, hadden we alledrie een zogenoemde legerzonnebril te pakken gekregen. Deze bestond uit een lang stuk celluloid met in het midden een v-vormige inkeping en aan beide kanten een gat waardoor een rubberen band was gehaald. Als je de band over je hoofd trok, met de v-vormige inkeping over de brug van je neus, viel het plastic over je ogen, waardoor ze effectief tegen de zon werden beschermd. Over het algemeen werden deze 'brillen' door motorrijders en bestuurders van open wagens gebruikt als bescherming tegen stof en insecten. Het plastic van deze brillen was echter, in tegenstelling tot dat van mij, doorzichtig. Mijn bril bestond uit een stuk, bijna ondoorzichtbaar, flessengroen gekleurd stuk plastic. Hij was zo donker dat ik nauwelijks kon zien welk spel er naast me gespeeld werd, terwijl de rest van het strand in een groenachtige mist verloren ging.
Vanuit die mist kwam opeens een figuur op me af, die ik steeds groter zag worden tot hij tussen mij en de zon kwam te staan waardoor er een schaduw over mijn gezicht viel. Ik deed mijn zonnebril af om hem beter te kunnen zien. Omdat de zon achter hem stond, had ik in het begin moeite hem goed te onderscheiden.
'Hallo, John, of moet ik Geordie zeggen', zei hij terwijl hij naast me op het laken kwam zitten.
Voordat ik iets had kunnen zeggen, hief hij zijn hand op en zei hij: 'Zeg maar niets. Luister alleen maar. Herinner je je die man waarmee je tijdens je basistraining in de gymzaal in Engeland hebt gesproken? Hij vertelde je dat we in Stratford contact met je op zouden nemen. Er kwam echter iets tussen waardoor we je toen niet hebben benaderd. Vervolgens werd je overgeplaatst naar Cyprus. Wel, Geordie, hier ben ik dan eindelijk.'
Ik had die man nog nooit eerder gezien en het feit dat hij mijn naam kende, verraste me zeer. Ik wist eerst niet waar hij het over had, maar opeens herinnerde ik me weer alles.
'Oh, oké. J-ja, ik h-herinner me h-hem', stamelde ik.
Omdat mijn ogen inmiddels weer aan het felle zonlicht waren gewend, kon ik hem voor het eerst duidelijk voor me zien. Het was een zeer gezonde, goed uitziende vent, bruinverbrand en gekleed in dezelfde legerbroek als de rest van ons. Zijn broek was echter door de kleermaker onder handen genomen; hij paste perfect.
'Hoe zou je het vinden om iets interessanters, iets meer opwindends te doen?' Hij pauzeerde even voor hij weer doorging. 'Denk er maar even over na. Wil je iets drinken?'
'Oh, j-ja, g-graag', antwoordde ik waarna hij opstond en wegliep.

Wat is dit? Wat bedoelt hij met 'iets opwindends'. Ik was het hier echter zo zat dat ik er alles voor over had het saaie leventje in het kamp te kunnen ontvluchten en aan de nachtmerrie van nog eens achttien maanden in die sfeer te moeten doorbrengen een einde te kunnen maken. Uit wat hij had gezegd, kreeg ik het idee dat ik misschien naar een actieve eenheid overgeplaatst zou kunnen worden, waar ik, misschien, patrouilles zou moeten lopen. Alles was beter dan wat ik nu deed. Ik begreep echter niet waarom hij zo geheimzinnig moest doen.
Ik keek achterom naar het Coca-Cola-kraampje en herinnerde me weer de woorden van mijn moeder: 'Verlegen mensen komen nergens, John. Brutalen hebben de halve wereld.'
Ik keek hoe hij weer op me af kwam rennen, met in iedere hand een flesje cola, en besloot in dat korte moment mijn kans te wagen en alles te doen wat hij me zou zeggen. Wat had ik te verliezen?
'J-ja, oké, i-ik p-probeer h-het', zei ik nog voor hij tijd had om te gaan zitten of om iets te zeggen. Hij lachte langzaam en gaf me een van de cola's.
'Fantastisch! Mooi, binnenkort neem ik weer contact met je op. Tot dan.'
Hierna rende hij terug in dezelfde richting als hij gekomen was.
Ik was verbaasd dat hij er al zo snel weer vandoor ging: ik had gedacht dat hij me iets meer zou vertellen of tenminste een datum en een plaats voor een volgende ontmoeting zou voorstellen. Ik stond op om te zien of ik hem nog ergens kon ontdekten, maar nee, hij was nergens meer te bekennen. Ik zette mijn zonnebril op en ging weer liggen, terwijl ik over het vreemde gesprek nadacht. Ik had de indruk dat het een officier was, omdat hij welbespraakt was en me goed opgeleid en vol vertrouwen leek. Ik wist echter niets over hem. Bovendien had hij me niet veel meer verteld dan die man in de gymzaal in Wrexham.
Om veiligheidsredenen moesten we uiterst voorzichtig in onze contacten met vreemden zijn. Er was een groot aantal terroristen op het eiland en overal lagen spionnen en infiltranten op de loer, op zoek naar voor hen bruikbare informatie. Om een of andere vreemde reden, die ik niet kon verklaren, wist ik echter instinctief dat ik deze vent kon vertrouwen. Bovendien, dacht ik, moest hij wel iets met het leger te maken hebben. Hoe zou hij anders in staat kunnen zijn iets voor mij te regelen? Het bleef echter vreemd dat hij alles wist over de man die ik in Wrexham had gesproken en over het contact dat ik in Stratford-on-Avon zou hebben.
Juist op dat moment renden Bill en Dave het strand op en lieten ze zich naast mij op de lakens vallen, waardoor ik in mijn gepeins werd onderbroken.
'Hé, het water is heerlijk, man, je moet er ook in gaan', zei Bill.
'Wie was die gozer met wie je aan het praten was?', vroeg Dave, terwijl hij zich afdroogde.

'Oh, die? I-iemand uit h-het k-kamp, Dave', antwoordde ik. Dit antwoord scheen hun nieuwsgierigheid bevredigd te hebben, want ze vroegen niet verder. Bovendien was de hele zaak zo vreemd dat ik zelf het hele geval al snel uit mijn hoofd zette.
Het was snikheet en ik stond op om naar het water te gaan. De zee lag er koel en uitnodigend bij. Ik liet het geweer bij hen achter en liep over het warme strand naar het water. Iedereen had het uitstekend naar de zin. Men speelde luidruchtige spelletjes, probeerde elkaar onder water te duwen of lag maar een beetje te soezen in het warme water – een enorm verschil met de Noordzee, die zelfs midden in de zomer nog ijskoud kon zijn. Ik had een paar zwemvliezen geleend en zwom hiermee naar een houten ponton dat iets voor het strand voor anker lag, vanwaar men in het kristalheldere water kon duiken.
Rond het ponton zwommen een aantal bruinvissen (of dolfijnen – ik kan ze nooit uit elkaar houden). Ze leken het heel prettig te vinden in de buurt van mensen te zwemmen. Ze raakten hen zelfs met hun neuzen aan. Af en toe riep iemand voor de grap 'Haai!', waarop iedereen in het water in paniek raakte en om zich heen keek om te zien waar het bewuste beest zich bevond. Wat mij betreft, hadden de bruinvissen net zo goed haaien kunnen zijn. In het begin was ik dan ook doodsbang voor ze.
We bleven tot het eind van de dag op het strand, toen iedereen langzamerhand zijn spullen bij elkaar begon te zoeken om naar het kamp terug te gaan. Het begon al donker te worden toen we vertrokken. De dag was omgevlogen. Nog half ontkleed liepen we terug naar het kamp door de donkere, koele tunnel, waarbij onze stemmen tegen de muren weerkaatsten. Het was nog steeds zeer warm en overal was het geluid van krekels te horen. In de verte zagen we de heldere lichten bij de poorten van het kamp, terwijl de rest van het kamp, afgezien van een paar kleine gloeilampen, grotendeels in het duister lag.
Terwijl we over het stoffige pad terugliepen, hadden Dave en Bill het erover of ze nog naar de kantine zouden gaan en dacht ik na over mijn gesprek met de man op het strand. Eigenlijk was het te gek voor woorden. Het idee dat iemand me de hele tijd 'in de gaten kon houden', zoals die man had gesuggereerd, sprak me niet erg aan. Telkens weer herhaalde ik voor mezelf wat hij tegen mij had gezegd, terwijl Dave en Bill naast mij liepen te ouwehoeren. Tegen de tijd dat we bij onze tent waren, realiseerde ik mij hoe blij ik eigenlijk was dat ik op deze manier uitgekozen was; dat iemand mij blijkbaar zeer hoog achtte. Hoewel ik helemaal niet wist waar het allemaal om ging, was ik zeer opgewonden bij de gedachte dat ik de gelegenheid zou krijgen iets 'anders' te doen.
Het was een warme, broeierige nacht. Ik lag maar te draaien, niet in staat

in slaap te vallen. Het gesprek op het strand bleef maar door mijn hoofd spoken. Plotseling bedacht ik me het volgende: het vliegtuig waarmee ik uit Engeland was gekomen, had op Malta een noodlanding moeten maken. Om die reden waren we in Cyprus terechtgekomen en niet in Aden, onze oorspronkelijke bestemming. Tenminste daar leek het op. Je weet het echter nooit helemaal zeker in het leger.

Hoe wist hij dat ik hier zou zijn? Zou hij ook contact met me gezocht hebben in Aden, als we daar geland waren? Was dat het oorspronkelijke plan? Wie zaten hier in godsnaam achter en hoe kregen ze hun informatie? En waarom hadden ze juist mij uitgekozen?

Het was een rusteloze nacht. Ik vroeg me bezorgd af met wat voor mensen ik te maken had gekregen en wat ze van mij zouden verwachten. Tientallen vragen spookten door mijn hoofd en het lukte me niet in slaap te vallen.

Vroeg in de morgen hoorde ik een hoop kabaal uit een nabijgelegen tent komen. Ik lag net een beetje te doezelen. Onmiddellijk schoot ik overeind om te zien wat er aan de hand was. In mijn haast vergat ik echter het muskietennet dat boven mijn bed hing. Terwijl ik me hieruit trachtte te bevrijden, struikelde ik over de planken op de grond, verloor ik mijn evenwicht en viel ik bovenop Bill die in een van de andere bedden lag te slapen. In paniek werd hij wakker.

'W-wat is dat? Wat gebeurt er, Geordie, wat gebeurt er? Wat is dat voor geluid, worden we aangevallen of zo?'

'W-wacht even, Bill, ik z-zit v-vast in d-dit k-klote-net.'

Uiteindelijk slaagde ik erin een gat in het net te maken en door de tentflappen naar buiten te kijken. Twee bewakers droegen iemand uit een naburige tent naar buiten. Aan zijn geschreeuw te horen moest hij doodsbang zijn. Toen ze langs de lamp in het midden van het exercitieterrein liepen, kon ik een soort grote ballon op zijn rug onderscheiden. In feite was het een enorme blaar waardoor de drager eruitzag als Quasimodo, de gebochelte van de Notre-Dame.

'Wat gebeurt er in hemelsnaam, Geordie?', vroeg Bill weer.

'Jezus, Bill, moet je kijken wat een grote blaar die vent heeft', antwoordde ik.

'Zijn eigen schuld', gromde Bill. 'Hij was gewaarschuwd. Laten we maar weer gaan slapen.' En, opgelucht dat we niet door terroristen aangevallen werden, ging hij weer liggen.

Ik klom mijn bed weer in en doezelde eindelijk weg. Voor mijn gevoel werd ik echter na vijf minuten alweer wakker gemaakt door ons 'stomme sergeantje' die op de zijkant van onze tent sloeg en zijn longen uit zijn borst schreeuwde.

Tijdens het appèl die maandagmorgen deelde de officier van dienst mij mee dat ik me bij luitenant Stevens moest melden. Zo gauw ik kon, ging ik naar zijn tent, klopte op de tentstok en wachtte.
'Wie is daar?'
'Urwin, m-meneer.'
'Oh, ja. Kom binnen.'
Ik sloeg de tentflap opzij en ging naar binnen. Luitenant Stevens zat achter zijn bureau te lezen. Het was een jonge, jongensachtige vent van ongeveer zevenentwintig jaar oud, tenger gebouwd en bijna 1 meter 80 lang. Ik kon het meestal goed met hem vinden. Hij leek zich ergens aan te ergeren. Hij was nogal kortaf en keek me wantrouwend aan.
'Wat heb je uitgehaald, Urwin? Hoe heb je het klaargespeeld om naar de officiersmess van het 518ste overgeplaatst te worden?, vroeg hij. Ik was net zo verbaasd als hij.
'De officiersm-mess, m-meneer? Ik h-heb geen idee, meneer.'
'Wel, daar ga je heen. Rapporteer dit dus zo snel mogelijk aan de 518ste compagnie. Daar krijg je nadere instructies', zei hij, waarna hij mij abrupt de deur wees.
Ik wist helemaal niets van de officiersmess. Behalve dan dat het over het algemeen als een lot uit de loterij werd beschouwd als je daar kon werken. Baantjes daar werden meestal vergeven als een soort 'beloning', vandaar luitenant Stevens' verbazing over mijn uitverkiezing. Ik mocht dan ook niet klagen; ik zou een hoger loon krijgen en niet meer hoeven te paraderen of op wacht te staan. Mijn eerste gedachte toen ik hoorde dat ik me bij luitenant Stevens moest melden, was dat dit iets met de man op het strand te maken had. Ik wist echter bij god niet wat er aan de hand was!
In de officiersmess van de 518ste compagnie werd ik met een mengeling van diep wantrouwen, ongeloof en rancune door de keukenstaf en het personeel ontvangen. Ze konden niet begrijpen waarom deze stotterende Geordie de functie van hoofdkelner had gekregen. Maar ja, ze hadden nu eenmaal hun orders en moesten me dus uitleggen hoe ik de tafels moest dekken en het eten moest opdienen. Ik was net zo verbaasd als zij en ik had net als zij geen idee, hoewel het zonder twijfel een verbetering was ten opzichte van het graven van latrines, waarom ze juist mij dat baantje hadden gegeven.
Ik wilde een 'echte soldaat' zijn en dit had ik niet verwacht na mijn gesprek met die man op het strand. Ik voelde me belazerd. Dit was noch grappig noch opwindend. Ik kon niet geloven dat hij dit had bedoeld. Bovendien, waarom zouden 'ze' (wie het ook waren) zich al deze moeite getroosten, al die geheimzinnigheid, om me een baantje in de officiersmess te bezorgen? Het leek me niet erg logisch.

Ik vroeg me af of een van deze officieren misschien mijn volgende contact zou zijn. Maar hoe zou ik dat te weten kunnen komen en waarom had die vent op het strand me dat niet verteld? Ik wou dat hij me wat meer informatie had gegeven. Ik had geen andere keus dan te wachten op wat er zou gebeuren. Ik hoopte dat alles snel duidelijk zou worden.
De officiersmess was een lange houten constructie bestaande uit vier geprefabriceerde eenheden die tezamen een vierkant vormden. Een grote rechthoekige ruimte, met ramen in twee tegenover elkaar liggende wanden en deuren in de andere twee, deed dienst als eetzaal. Middenin in deze zaal stond een lange, gepolitoerde tafel met stoelen; aan de langste vensterloze wand hingen vlaggen en onderscheidingsteken van het regiment. In diezelfde wand was ook een doorgang naar een kleinere, vierkante ruimte, waar zich een bar bevond. Merkwaardig genoeg zat er geen deur in deze opening. Vanuit de bar kon je naar nog een andere ruimte komen, waar een professionele snookertafel stond opgesteld.
Door de tweede doorgang, in de kortste vensterloze wand kwam je via klapdeurtjes uit in de keuken. Deze was zo breed als de korte wand van de eetzaal en zo lang als de barruimte erachter.
Ik was gekleed in het voorgeschreven uniform: wit jasje, rood vest, wit overhemd en zwarte das, zwarte broek met op elke pijp een rode bies. Tot mijn grote schrik was het mijn taak het menu aan de officieren voor te lezen en te wachten om hun individuele bestellingen op te nemen.
Het menu bestond uit soep, een hoofdgerecht en een nagerecht. Terwijl ik naar de kaart keek, voelde ik me steeds onzekerder worden; deels vanwege mijn stotteren en het feit dat ik me daar zeer wel van bewust was, maar ook omdat ik de helft van de gerechten niet kende, of niet wist hoe ik ze uit moest spreken!
De officieren kwamen in groepjes uit de barruimte, waarna ze zich al kletsend rond de tafel schaarden. Plotseling stopte een kerel met een enorme snor de papieren die hij aan het lezen was in zijn borstzak, keek vervolgens even naar me op en liet toen zijn blik over de tafel gaan.
'Welnu?', bulderde hij. 'Komt er nog wat van?'
'J-ja, m-meneer. N-nu d-direct, m-meneer', stamelde ik.
'Wat! Wat krijgen we nou?', schreeuwde hij uit. Hij keek eerst naar de anderen aan tafel, ging toen staan, draaide zijn stoel om in mijn richting en ging weer zitten. Vervolgens staarde hij me aan, waarbij hij voorovérleunde, met zijn benen wijdbeens op de grond en zijn handen op zijn knieën.
Ik was volledig van de kaart. Mijn eerste poging het menu voor te lezen liep op een totale mislukking uit. Ik kwam niet verder dan het woord 'soep'! Ik had moeten zeggen: 'Wat betreft de soep kunt u kiezen uit...',

maar alles wat ik uit kon brengen was: 'W-w-w-wat b-b-b-b-b-betreft d-de s-s-s-s-s-s-s...' Verder kwam ik niet. Ik moest blozen en voelde me enorm opgelaten.

Ik probeerde het nog een keer, maar met net zo weinig succes als de eerste keer. Sommige officieren vonden dit zeer vermakelijk. Die vent met die snor vond het echter helemaal niet leuk.

'Wat is hier in hemelsnaam aan de hand?', wilde hij op hoge toon weten, terwijl zijn gezicht langzaam rood aanliep. Tot mijn verbazing leunde een andere officier over de tafel en knikte naar hem. De officier met de snor leunde naar voren en luisterde naar hetgeen de jongere officier hem toefluisterde.

'Wat? Wat zeg je? Waarom krijg ik dat nu pas te horen?', zei hij. Vervolgens draaide hij zich naar mij om, leunde achterover in zijn stoel, sloeg zijn benen over elkaar en trok aan een punt van zijn indrukwekkende snor. Hij bleef me enige tijd aankijken om erachter te komen wat voor vlees hij in de kuip had.

'Oké, als je het niet kunt zeggen, probeer het dan te zingen!', zei hij hardop.

Ik vond dat het stomste wat ik ooit had gehoord. Maar hij meende het echt. Enigszins aarzelend, omdat ik me voor aap voelde staan, begon ik zingzeggend het menu voor te lezen, wat me, tot mijn stomme verbazing, goed afging, behalve het woord 'asperge'. Ik weet niet waarom, maar ik kreeg dat verdomde woord niet mijn strot uit.

Sinds die dag ging het steeds beter met mijn stotteren.

De meeste officieren waren redelijk vriendelijk tegen mij, vooral die oudere. Hij scheen het nogal leuk te vinden dat zijn remedie tegen het stotteren zo goed werkte en iedere dag knoopte hij wel een praatje met me aan. Helaas droeg mijn populariteit onder de officieren niet bij aan het verbeteren van mijn relatie met de andere personeelsleden. Deze leken alleen maar haatdragender te worden.

Vanaf het eerste uur hadden ze me gewantrouwd. Voornamelijk omdat ik als totale onbekende opeens een van de beste baantjes had gekregen. De reden hiervoor was hun onduidelijk. Over het algemeen lieten ze me echter met rust. De enige die hierop een uitzondering maakte was de sergeant-kok, een grote, dikke, lelijke vent die me constant aan mijn kop zeurde waarom ik zo goed met die oude officier kon opschieten. Hij geloofde me niet toen ik zei dat ik zelf geen idee had waarom die ouwe me zo graag mocht en waarom hij tegen mij veel vriendelijker was dan tegen het andere personeel, of waarom ik überhaupt dit baantje had gekregen. Iedere keer als hij me zag, begon hij er weer over.

Nadat hij me op een middag, na me weer eens uitgevraagd te hebben, eindelijk met rust liet, kwam een van de andere personeelsleden, die me met hem had zien praten, op me af en zei: 'Ik moet je waarschuwen, jochie. Pas op dat je niet al te vriendschappelijk met hem omgaat. Zorg altijd dat je in de rug gedekt bent en buk nooit als hij een lepel laat vallen.'

'Waarom? W-wat b-bedoel je?', vroeg ik.

'Waarom? Omdat het een gore flikker is, daarom, dus pas op. Hij werkt hier alleen maar omdat hij een goede kok is en in het gewone kamp niet werd geaccepteerd. Geef ze een vinger en ze pikken je hele hand', legde hij uit. 'Klerenichten, ik haat ze!', zei hij fel, de woorden bijna uitspuwend. 'Als ik het voor het zeggen had, zou ik die hele k... tegen de muur zetten en hun kop eraf schieten!'

Ik had geen idee waar hij het over had. Ik begreep echter wel dat het iets was waar hij zich zeer druk om maakte. Ik moest er dan ook zeker achter zien te komen wat hij bedoelde, naïef als ik was.

'Bedankt voor de waarschuwing. Ik zal hem z-zeker in de gaten houden', zei ik tegen hem, terwijl ik geen flauw idee had waar ik op moest letten of wat een 'flikker' was. Ik vermoedde dat het iets was dat ik zou moeten kennen. Maar ik durfde het aan niemand te vragen, zelfs niet aan mijn vrienden, bang dat ze me voor gek zouden zetten. Ze pestten me al zoveel met het feit dat ik minder ging stotteren en met het idee dat ik me te goed zou voelen voor hen nu ik met officieren omging.

In totaal werkte ik ongeveer twee weken in de officiersmess. In die tijd ging het iedere dag beter met mijn stotteren. Het leek wel een wonder hoe eenvoudig en in hoe korte tijd ik een gebrek dat ik al mijn leven met me meedroeg, aan het overwinnen was.

HOOFDSTUK 5

Inwijding

Ik pikte de basisbeginselen van het werken in de officiersmess redelijk snel op. Hoewel ik het niet erg leuk werk vond, was het beter dan wat ik tot nu toe had gedaan en had het duidelijk voordelen boven het andere werk. Maar toen ik de tafel voor de zondagslunch aan het dekken was, riep die dikke sergeant-kok me bij zich.

'Laat maar, Geordie, je kunt nu meteen weggaan. Morgen melden op het appèl', deelde hij me mee.

'Op het appèl? En waarom dan wel?', vroeg ik bedachtzaam, nog steeds op mijn hoede na die waarschuwing die ik over hem had gekregen.

'Hoe moet ik dat nou weten? Waarschijnlijk voor je volgende luizenbaantje', sneerde hij. 'Ik geef alleen maar door wat me is opgedragen, dus je zult het wel merken.'

Merkwaardig, dacht ik, net nu ik aan het werk begin te wennen en ik dat vervelende gestotter begin kwijt te raken. Bovendien baalde ik ervan dat ik de extra verdiensten en het goede eten kwijt zou raken.

'Maar, sergeant, en mijn eten dan?', vroeg ik, omdat ik nog niet had gegeten.

'Niks, en nou oprotten, Geordie', snauwde hij gemeen.

'Dat is mooi klote', mompelde ik binnensmonds terwijl ik me omdraaide om weg te gaan.

'Wat zei je?', vroeg hij, terwijl hij me een vijandige blik toewierp.

'Oh, niks. Laat maar. Ik zal wel nooit iets van het leger begrijpen', mopperde ik over mijn schouder.

Ik begreep niet waarom ze me opeens niet meer nodig hadden in de mess, maar ik had ook nooit begrepen waarom ze me er überhaupt naartoe gestuurd hadden. Hoewel ik er niet lang had gewerkt, had ik het werk snel onder de knie gekregen: zelfs de dikke sergeant-kok had dat moeten toegeven. Ik denk dus niet dat het was omdat ik niet goed in mijn werk was. Bovendien wisten ze van tevoren dat ik geen enkele ervaring had.

Typische legerlogica dacht ik toen ik terug naar mijn tent liep. Ik heb er

in ieder geval wel dat vervelende stotteren door afgeleerd.
Het was erg warm en ik bracht de rest van de dag door met rondhangen met Dave en Bill, waarbij we wat stomme foto's namen om naar huis te sturen. 's Avonds begon ik me echter weer ongerust te maken over wat er de volgende morgen zou gebeuren en wat voor rotbaantje ik nu weer zou krijgen.
'Morgen weer putjes scheppen, Geordie?', pestte Bill me.
'Waarschijnlijk wel', gromde ik. 'Aan alles komt een eind, zeker als het prettig is.'
Die maandagmorgen verscheen ik op appèl, wachtend op orders. 'Urwin!' schreeuwde de officier van dienst. 'Je wordt tijdelijk elders ingedeeld.'
'Sergeant, dat moet een vergissing zijn', zei ik terwijl ik de papieren die hij me had gegeven, bekeek.
'Volgens mij ook, Urwin. Ik had al een mooi werkje voor je uitgezocht. Je hebt het veel te goed gehad in de officiersmess. Ik ben benieuwd wie verantwoordelijk is voor deze belachelijke orders', brieste hij.
'Maar ik moet met een truck rijden.' Ik was zeer verbaasd. Sinds we hier waren aangekomen, had ik het kamp nauwelijks verlaten en ik had geen flauw idee hoe ik mijn weg op het eiland zou kunnen vinden. Dus hoe zou ik ergens naartoe kunnen rijden?
'Doe wat je wordt opgedragen, Urwin, en ga je direct melden', beet hij me toe, waarna hij wegliep. Ik deed zoals hij gezegd had en ging naar het vlakbij gelegen magazijn van de 518ste compagnie waar ik de officier van dienst, een sergeant, mijn papieren overhandigde. Hij wees me een truck aan.
'Oké, jochie. Meld je bij het magazijn in Dhekélia', beval hij, terwijl hij me de papieren gaf die ik nodig zou hebben om de poort door te komen. Ik sprong in de truck waar ik een aantal minuten op de bestuurder bleef wachten. Plotseling bonsde iemand vrij hard op de zijkant van de truck.
'Ben je nou nog niet weg? Waar wacht je in hemelsnaam op?', brulde de sergeant.
'Eh! Maar waar is die andere kerel, sergeant?'
'Welke andere kerel? Waar heb je het over?'
'Wel, de bestuurder', legde ik uit.
Hij keek me stomverbaasd aan. 'Welke bestuurder? Jij bent de bestuurder, idioot!'
'Ik? Nou maakt u een grapje, sergeant. Ik ben nog niet verder dan het strand geweest.'
'Klootzak!', beet hij me toe. 'Gebruik de plattegrond die boven je hoofd in dat vakje ligt. Je kunt niet verkeerd rijden. Er is maar een kloteweg die je kunt nemen. En het is vijf minuten rijden. Ga achter dat verdomde stuur zitten en KARREN NOU.'

Ik deed wat hij me gezegd had en reed weg, stomverbaasd dat ze me die truck in mijn eentje lieten besturen. Nadat ik ongeveer tien minuten in de richting Limassol had gereden, zag ik iemand langs de weg staan, naast een geparkeerde jeep. Voorzover ik kon zien, was hij alleen.
Toen ik dichterbij kwam, liep hij de weg op en stak hij zijn arm omhoog om me te laten stoppen. Ik keek om me heen, maar zag nog steeds niemand anders, behalve die ene vent. Ik vroeg me af of hij misschien motorpech had. We waren echter gewaarschuwd voor hinderlagen van terroristen. Ik besloot dan ook plankgas te geven en door te rijden. Ik wilde niet op mijn eerste ritje al in de val lopen.
Hij droeg een legershirt met korte mouwen en een korte broek en zag er op het eerste gezicht als de eerste de beste soldaat uit. Hij kwam me echter vaag bekend voor. Het was duidelijk dat hij verwachtte dat ik zou stoppen, omdat hij net zo lang bleef staan tot ik bijna bovenop hem knalde en hij nog net opzij kon springen. Toen ik hem voorbij reed, keek ik hem recht in zijn gezicht. Ik herkende hem onmiddellijk – het was die vent van het strand.
Onmiddellijk trapte ik op mijn rem en kwam ik in een wolk van stof tot stilstand. Ik keek in mijn zijspiegel, maar kon hem door het stof en het opgewaaide zand niet onderscheiden. Pas toen het stof weer een beetje gezakt was, zag ik hem naar me wenken en reed ik achteruit naar de plek waar hij zich met een zakdoek stond schoon te maken.
'Hallo, Geordie, ik ben het', zei hij kalm zonder zich druk te maken over het feit dat ik hem bijna omver gereden had, waardoor hij onder het bruine stof was komen te zitten.
'Herken je me nog?', ging hij verder. 'We hebben elkaar een tijdje geleden op het strand ontmoet.'
'Ja, natuurlijk herken ik je. Sorry', zei ik, terwijl ik op het stof op zijn kleren wees. 'Ik dacht dat je een of andere terrorist of zoiets was.' Ik herkende je pas toen ik langs je reed', legde ik uit. 'Bovendien dacht ik, omdat er helemaal niets gebeurde, dat je me vergeten was.'
Hij grijnsde breed en schudde zijn hoofd. 'Kom die wagen maar uit, Geordie. Laat hem hier maar staan', zei hij kalm.
'Wat! Hier achterlaten?', zei ik ongerust. Die truck was mijn verantwoordelijkheid en als er iets mee zou gebeuren, zou ik de klos zijn. 'Ik kan hem hier niet laten staan. Ik moet hem naar Dhekélia brengen.'
'Dat hoef je helemaal niet.'
'Oh nee, ik heb het zwart op wit!'
'Ja, natuurlijk', lachte hij. 'Maak je maar geen zorgen. Die auto blijft hier staan tot je weer terugkomt.'
'Wat bedoel je "tot je weer terug komt"? Waarvandaan?'

'Je zei toch dat je iets opwindenders wilde, dat je aan een verandering toe was. Nou, hier is je kans', zei hij met een grijns op zijn gezicht. Hij stapte in zijn jeep en gebaarde dat ik naast hem moest gaan zitten, op de passagiersstoel.

'Kom op, Geordie, stap in. Wees maar niet bang. Die truck blijft hier staan tot je weer terug bent, dat beloof ik je.'

Ik weet niet waarom, maar ik geloofde hem op zijn woord. Er was iets waardoor ik hem onmiddellijk vertrouwde: voor die truck zou gezorgd worden, dat wist ik zeker. Hoewel hij eruitzag als een officier, gedroeg hij zich totaal anders dan de officieren die ik eerder in het leger was tegengekomen. Ik voelde me fantastisch en totaal op mijn gemak bij hem. Ik liet de truck langs de weg staan en sprong in de jeep. Toen we wegreden, keek ik nog een keer om, niet in staat te begrijpen wat ik zojuist had gedaan.

We reden door rotsachtige heuvels en een woest landschap naar een soort niemandsland, althans dat leek het mij, waar we ongeveer twintig minuten over een smalle, stoffige weg reden. Nadat we een bocht rond een steile, met rotsen bezaaide heuvel hadden gemaakt, zagen we, tot mijn stomme verbazing, opeens een oude roestige vliegtuighangar die op geruime afstand van de weg was gelegen. Voor het gebouw lag een redelijk groot terrein dat waarschijnlijk vroeger als landingsbaan had gediend. Het was echter een nogal vreemde plek voor een vliegveld, zo midden tussen de heuvels. Misschien werd het wel gebruikt voor helikopters of zo. Behalve de hangar stonden er nog een aantal bijgebouwen en loodsen in de buurt, allemaal nogal vervallen en verwaarloosd; waarschijnlijk in geen tijden meer gebruikt. De slecht onderhouden betonnen landingsbaan was hier en daar gebroken of opengebarsten en uit de gaten groeiden verdorde bruine plukjes gras. Vlakbij lagen enkele grote hagedissen loom in de zon te soezen terwijl andere in het droge gras rondkropen alvorens ze voor ons op de vlucht sloegen.

Hij parkeerde de jeep, stapte uit en liep naar een kleine deur in de zijmuur van het gammele oude gebouw.

'Kom mee, Geordie', zei hij tegen mij waarna we naar binnen gingen. Binnen was het net zo vervallen als buiten; vuil, roestig en kapot. Hoewel ik geen idee had gehad wat ik hier zou aantreffen, was ik toch zeer verbaasd toen bleek dat het gebouw niet leeg was.

Drie mannen waren een of andere vorm van ongewapend gevecht aan het trainen. Ze waren jong, zagen er zeer gezond uit en hadden lenige, gespierde lichamen. Ik schatte dat ze ongeveer vijf of zes jaar ouder waren dan ik. Ze hadden lange broeken aan, en gymschoenen, en ze waren zeer behendig. Ze maakten weinig lawaai tijdens hun oefeningen en schreeuwden niet tegen elkaar. Ik had nog nooit zoiets gezien. Ze maakten gebruik van echte messen en van iets dat op een bajonet leek. Al hun bewegingen leken volgens een vaststaand patroon uitgevoerd te worden (pas later ontdekte ik dat dit niet zo was; ze probeerden echt elkaar te grazen te nemen.)

Twee van hen zagen er, door hun donkere haar en diepgebruinde lichamen, uit als Cyprioten; de derde zag er nogal bleekjes uit. Plotseling kreeg ik een verschrikkelijke gedachte: misschien waren het wel terroristen? Ik was bang en nerveus, en maakte me zeer bezorgd over wat er met me zou gebeuren. Ik besefte dat ik, ondanks alle waarschuwingen, met open ogen in de val was gelopen. Ik had geen flauw idee waar ik was en toen ze plotseling ophielden met hun training en op me af kwamen lopen, raakte ik dusdanig in paniek dat ik me omdraaide om de deur uit te rennen. De man van het strand had echter de schuif al dichtgeschoven. Ik kon geen kant meer op.

Hij legde zijn hand licht op mijn schouder en zei op zijn rustige, vertrouwenwekkende toon: ‘Laat me je aan je toekomstige teamleden voorstellen, Geordie.’

Terwijl ik me nog steeds ongerust voelde, draaide ik me om naar de drie mannen die nu vlak achter mij stonden. Toen ik ze zo dicht bij elkaar zag staan, viel het me nog meer op hoe gespierd ze wel waren. Ze gaven me de indruk dat ze door niets of niemand tegengehouden konden worden, dat ze, als ze dat wilden, dwars door een stenen muur konden lopen. En er was nog iets anders, iets heel vreemds: ze knipperden bijna nooit met hun ogen. Ze bleven me recht aankijken op een doordringende en directe manier, alsof ze dwars door me heen keken.

Ik verwachtte dat ze mijn hand zouden kneuzen als ik ze een hand zou geven, maar dat viel mee. Ze hadden een stevige maar zeer vriendelijke handdruk. Hun algehele uitstraling was overigens zeer vertrouwenwekkend en ik voelde me dan ook, naast hen, absoluut niet op mijn plaats.

‘Hallo, Geordie, we weten al alles van je’, zei de iets kleinere man in het midden.

Oké, dacht ik, als dat zo is, wat doe ik dan nog hier?

‘Noem me maar Dynamo’, ging hij verder, waarna hij glimlachend op me toeliep en mijn hand schudde. ‘Dit is Spot en dat is Chalky.’ Terwijl ze me begroetten, namen ze me aandachtig op.

‘Leuk dat je er bent, Geordie’, zei Chalky en hij grinnikte.

Degene die Spot werd genoemd, knikte alleen maar even met zijn hoofd toen hij mijn hand schudde. Ze spraken op een rustige, vertrouwenwekkende toon. Tot mijn verrassing hadden ze een gewoon Engels accent.

‘Spot, breng een kop thee voor Geordie naar boven’, zei de man van het strand, terwijl hij me voorging op een kleine, houten trap. Terwijl ik hem volgde, wierp ik een blik op de ruimte waar ze hadden getraind en zag ik een paar paspoppen waarvan de hoofden met kleine veren aan de nek waren bevestigd. Ik had geen idee waarvoor ze werden gebruikt. Dat gold ook voor de oude houten deuren met messen eringestoken die tegen een van de muren stonden opgesteld.

Dynamo en Chalky waren intussen teruggelopen naar het midden van de ruimte waar ze tussen een aantal knolrapen stonden die op schouderhoogte aan touwen aan de lampen erboven hingen. Het zag er erg vreemd uit. Ik was zeer nieuwsgierig te weten wat de bedoeling hiervan was.

Bovenaan de trap gingen we een zeer kleine, smoezelige kamer in waar een tafel en twee houten stoelen met hoge rugleuningen stonden. Door een venster met kapotte ruiten, waar alleen nog maar enkele stukje glas van over waren, konden we in de oefenruimte kijken. Ik zag dat de beide mannen weer aan het trainen waren (hoewel ik niet begreep waarom ze deze uitgewoonde ruimte hadden gekozen om hun oefeningen te doen). Nog vreemder was het dat het Britse leger deze afgelegen, vervallen en verwaarloosde plek als oefenterrein gebruikte.

Ik zat gefascineerd te kijken. Ik kon mijn ogen niet afhouden van het tafereel beneden mij en ik stond te popelen om naar hen toe te gaan en te leren wat ze aan het doen waren. Ik was hierdoor zo in beslag genomen dat ik me niet bewust was dat er iets aan me werd gevraagd. Pas toen er op mijn schouder getikt werd, kwam ik weer bij mijn positieven.

'Wil je thee, Geordie?', vroeg de man van het strand glimlachend. 'Waarom ga je niet zitten?'

Terwijl ik naar Dynamo en Chalky had staan kijken, had ik niet gemerkt dat ook Spot de kamer binnengekomen was. Ik ging op de stoel zitten die de man van het strand me aan had gewezen. Onmiddellijk sprong ik echter weer op toen ik beneden enkele harde klappen hoorde. Ik keek door het raam en zag dat de knolrapen nu alle kanten uit slingerden. Sommige waren in tweeën gespleten, bij andere waren er grote happen uit geslagen. Ze werden blijkbaar gebruikt om wapens op uit te proberen. Ik kon echter niet zien welke wapens dat waren. Spot was intussen weer naar Dynamo en Chalky teruggegaan. Gezien de grote schade aan de knolrapen vroeg ik me af wat voor wapens ze hadden gebruikt. Ik ging weer zitten en keek de man van het strand vragend aan.

'Onder de indruk?', vroeg hij kalm.

'Ja. Hoe doen ze dat? Waarmee hebben ze in hemelsnaam die knolrapen verwoest?', vroeg ik hem.

'Laat dat nog maar even zitten, dat kom je nog wel te weten. Overigens, mijn naam is Ken.'

Op de tafel waar we aanzaten, stond alleen mijn kop thee. Het was waarschijnlijk een zeer oude tafel, op sommige plaatsen waren de knoesten uit het hout geduwd en overal zaten krassen in het oppervlak en waren met messen namen in het blad gekrast.

'Je begrijpt natuurlijk wel dat we je niet zomaar hiernaartoe hebben gebracht. We hebben er lang over nagedacht. Bovendien heeft het ons heel wat moeite gekost je hier te krijgen', zei Ken, 'We hebben je behoorlijk lang geobserveerd voordat we je uitgekozen hebben. Ik heb nu geen zin om je uitgebreid te vertellen hoe we tot die beslissing zijn gekomen, maar weet wel dat we nooit over een nacht ijs gaan', zei hij nadrukkelijk, waarna hij even pauzeerde alvorens door te gaan. 'Denk er dus niet al te veel aan, Geordie. Er is echter een belangrijk ding dat je moet weten: niets van wat je hier ziet of hoort mag naar buiten komen. Officieel bestaat deze plek helemaal niet.'

Op een of andere manier dacht ik er zelf ook zo over. Ik had het gevoel te dromen. Het leek wel een nachtmerrie.

'Maar waarom ben ík hier?', vroeg ik hem, nog steeds in de war.

'Wel, zoals Dynamo al terecht opmerkte, we weten alles van je, Geordie. Nadat we je lange tijd hadden geobserveerd, waren we ervan overtuigd dat jij de noodzakelijke eigenschappen en talenten hebt om met ons mee te doen. Als je de juiste training volgt, zul je een volwaardig lid van onze groep worden.'

Nu wist ik zeker dat ik droomde. Had ik dezelfde vaardigheden als die andere kerels? Het was vast een grapje.

'Ik moet je nog wel enkele dingen uitleggen. En omdat ik nogal veel te vertellen heb, zal het nog wel even duren voor we hier klaar zijn', ging Ken verder. Ik merkte op dat het nu erg stil was geworden. Vanuit de oefenruimte was geen geluid meer te horen. Waarschijnlijk waren ze opgehouden met trainen en waren ze naar een andere ruimte gegaan, hoewel ik niet had gehoord dat ze weg waren gegaan. Ken en ik waren nu helemaal alleen. Spot had waarschijnlijk de grote theepot gebracht die in een hoek van de kamer stond; het leek er inderdaad op dat we nog geruime tijd in deze ruimte zouden blijven.

Ken sprak weer tegen mij. 'Luister goed naar wat ik te zeggen heb.'

'Oké, Ken, maar hoe staat het met mijn truck.'

'Maak je daar maar geen zorgen over, Geordie, die blijft daar net zo lang staan tot je weer terug bent', verzekerde hij me. 'En we zullen ervoor zorgen dat je op tijd terug bent; je papieren zullen in orde zijn en niemand zal vermoeden dat je ergens anders bent geweest. Vertrouw me maar.'

Ik bad in stilte dat hij de waarheid sprak. Zo niet, dan zat ik behoorlijk in de problemen.

'Ik merk dat je niet meer stottert. We wisten wel dat ons plan zou werken!', voegde hij er met een spottend lachje aan toe.

‘Oh! Dus jullie zater hier achter! Hoe hebben jullie dat in hemelsnaam klaargespeeld?’ Ik wist wel dat er iets vreemds aan de hand was. Geen wonder dat luitenant Stevens niet begreep waarom ik was aangenomen. Wie waren die kerels dat ze dit allemaal konden regelen?

‘Laat maar, het is niet echt belangrijk’, zei Ken.

We praatten enige tijd met elkaar, waarbij hij op een kalme, vriendelijke manier allerlei vragen aan mij stelde, onder meer over mijn plichtsbesef en mijn trouw aan het vaderland. Ik beantwoordde zijn vragen zo goed als ik kon. Ik voelde me echter nog niet op mijn gemak en vroeg me af waar dit allemaal toe zou leiden.

Met zijn armen op de tafel keek hij me enige tijd zonder iets te zeggen aan. Vervolgens leunde hij voorover en keek hij me recht in mijn ogen aan. Het maakte me zenuwachtig. Ik kon er niet tegen dat hij me aankeek. Zonder zijn ogen van mij af te houden haalde hij een muntstuk uit zijn zak en begon het op de tafel rond te draaien, terwijl hij me recht aan bleef kijken.

‘Kijk me aan, Geordie’, zei hij rustig. ‘Luister goed naar me. Concentreer je. Je moet goed begrijpen waar je aan begint. We zijn allemaal wel eens bang geweest in ons leven. Als je je daar niet goed op voorbereidt, kan je dat je leven kosten. Als je wordt geconfronteerd met iemand die jou wil doden, moet je te allen tijde voorkomen dat je de controle verliest. Als jouw angst de controle overneemt, zul je zeker gedood worden. Dus, Geordie, als je goed naar me luistert en je je concentreert op wat ik zeg, ben ik ervan overtuigd dat we er iets aan kunnen doen. Vraag me niet hoe, concentreer je maar. Ben je bang om dood te gaan?’, vroeg hij ontspannen en zakelijk, terwijl hij nog steeds met dat muntstuk aan het spelen was.

Ik begreep niet waar dit goed voor was. ‘Daar heb ik nog nooit zo over nagedacht, geloof ik.’

‘Oké, waarschijnlijk heb je nog nooit gehoord van “Een-Stap-Verder”, Geordie. Dit is een proces waarbij je op een totaal andere manier naar het leven leert kijken. We hopen dat je hierdoor ieder probleem aan zult kunnen en nooit meer angst zult hoeven te voelen.’

‘Ik begrijp het niet’, zei ik. Eerlijk gezegd had ik geen idee waar hij het over had.

‘Ik ook niet, Geordie, ik ook niet’, zei hij, terwijl hij me nog strakker aankeek. ‘Ik merk dat het je enigszins verontrust, nietwaar?’

‘Ja, dat kan je wel zeggen!’, antwoordde ik met nadruk.

‘Wil je nog doorgaan?’

‘Eh, ik weet niet precies waar dit alles toe moet leiden, maar wat ik tot nu toe gezien heb, heeft me wel erg nieuwsgierig gemaakt. Dus ga maar door.’

‘Ah, ik verwachtte al dat je dat zou zeggen. Oké, laten we doorgaan.’

Op vlakke toon, zonder enige emotie, begon hij over het leven te praten. Urenlang sprak hij over de gevolgen van het ouder worden, over hoe snel de tijd voorbijgaat en over hoe snel ik zou kunnen sterven. Gedurende de rest van de dag roerde hij steeds weer dezelfde onderwerpen aan, waarbij hij benadrukte dat je bij alles wat je deed altijd een duidelijk doel voor ogen moest hebben, ook voor de simpele dingen. Uur na uur probeerde hij me te overtuigen van het feit dat het leven het niet waard was geleefd te worden. Ik begreep niet waar hij mee bezig was of wat er gebeurde; ik had het idee dat ik gek werd.

'Waarom zou je nog doorgaan, waarom eigenlijk?' bleef hij me maar vragen. 'Aan het eind van de dag ga je dood, wat je ook doet. Het leven is zinloos. Zonder dat je er iets tegen kunt doen, wordt je ouder en ouder.'

Na een aantal uren haalde hij een map te voorschijn, met afbeeldingen om zijn woorden kracht bij te zetten. Er waren afbeeldingen van oude mensen, zieke mensen, mensen met enorme misvormingen, met verborgen gebreken, met verwaarloosde ziektes. Hij wees me op de onvermijdelijkheid van dit alles. Tot diep in de nacht bleef hij doorpraten. Zijn stem haperde nooit, veranderde nooit van snelheid of buiging. Ik begon langzamerhand totaal in de war te raken, mijn hoofd deed pijn en mijn lichaam was verstijfd. Ik wou dat hij ophield, maar hij ging maar door en door, eindeloos met dat muntstuk spelend terwijl hij me continu aan bleef staren.

Nog urenlang ging hij door met me telkens te zeggen dat het leven zinloos was. En gedurende de hele tijd bleef hij me maar met die op mijn zenuwen werkende blik aankijken. Uiteindelijk begonnen de woorden in elkaar over te lopen en werd zijn stem een lang, monotoon geluid dat van ver weg leek te komen. Ik was zo moe dat ik mijn ogen nauwelijks nog open kon houden. Ik wilde dat hij ophield, maar hij ging maar door en door. Ik was niet meer in staat me te concentreren en zijn gezicht was nog slechts een onduidelijke vlek aan de andere kant van de tafel: het leek alsof zijn gelaatstrekken waren versmolten tot een roze klodder waaruit een constant, dreunend geluid kwam.

Plotseling stopte hij met het draaien van de munt, deed zijn hand onder de tafel en haalde een dienstpistool te voorschijn dat hij voor me op tafel legde, met de handgreep mijn kant uit.

'Hiermee los je al je problemen op', zei hij zeer rustig terwijl hij het pistool in mijn richting duwde. Alles wat hij had gezegd drong plotseling tot me door en ik zag dat hij gelijk had. Ik was pas achttien jaar oud, maar ik wilde niet langer een onnuttig leven leiden dat slechts tot ziekte en de dood zou leiden. Sterven, waarvoor! Het leven was doelloos, waarom zou je er dan mee doorgaan als je uiteindelijk toch dood gaat.

Tranen stroomden over mijn wangen, waardoor mijn gezichtsvermogen nog verder afnam en ik nauwelijks het pistool op de tafel voor me kon zien liggen. Al tastend vond ik het echter en pakte het op. Mijn hand trilde; voor mijn gevoel was het pistool loodzwaar, bijna niet te tillen.

Ken zat nog steeds zeer rustig tegenover mij. Onafgebroken keek hij mij aan; ik kon zijn blik onmogelijk ontwijken. Ik zette de loop van het pistool tegen mijn slaap en terwijl ik de trekker over probeerde te halen, zat hij me stilletjes toe te lachen. Er gebeurde echter niets: mijn vinger leek niet krachtig genoeg te zijn om de trekker over te halen. Langzaam stond hij op, pakte mijn pols vast en nam het pistool uit mijn handen.

'Doe niet zo stom, Geordie', zei hij zacht. 'Er is nog een andere manier.'

Volledig uitgeput en totaal in de war liet ik mijn hoofd op mijn armen op de tafel rusten en sloot ik mijn ogen, niet in staat te spreken.

Ken pakte het pistool en onze kopjes op, schoof zijn stoel met een krassend geluid naar achteren, stond op en liep langzaam naar de theepot in de hoek. Hij vulde mijn kopje met thee, schonk er ook voor zichzelf een in en kwam weer terug naar de tafel, waar hij het pistool weer verborg.

Hoewel ik niet lichamelijk in elkaar was geslagen, voelde ik me wel zo. Ik was totaal uitgeput en ik kon me nog niet voor de volle honderd procent op mijn omgeving concentreren. Alles leek onwerkelijk, mijn lichaam en mijn geest wilden niet meewerken, en ik begreep niet wat er met me gebeurde.

Hoewel ik duidelijk zijn lippen zag bewegen, duurde het voor mijn gevoel seconden voor zijn woorden mij bereikten. Ik was doodmoe. Het liefst zou ik voor altijd willen slapen, met mijn hoofd op de tafel. Hij zei echter dat ik mijn thee op moest drinken. Hij voelde zich duidelijk zeer op zijn gemak. Hij leunde achterover in zijn stoel en dronk zijn thee. Gelukkig keek hij mij niet meer continu aan.

Langzamerhand begon ik weer iets helderder na te denken en voelde ik me minder gespannen. Totdat hij, zonder dat ik er op verdacht was, weer van tactiek veranderde. Hij leunde voorover, plaatste zijn ellebogen op de tafel en keek me weer recht aan.

'Je kunt het niet opgeven, Geordie. Natuurlijk ga je ooit eens dood, net als iedereen, dat is onvermijdelijk. Maar je moeder heeft je niet zomaar op de wereld gezet. Alle pijn die ze daarbij heeft geleden, kan toch niet voor niets zijn geweest', ging hij rustig verder. 'Je wilt haar toch niet teleurstellen?'

Nu was ik echt in de war. 'Maar net zei je nog dat het leven helemaal geen zin heeft', zuchtte ik pathetisch.

'Ja, dat is zo. Maar dat hoeft het helemaal niet te zijn. Bekijk het eens op deze manier: niemand weet hoe lang hij nog te leven heeft, dus wat hebben we te verliezen? Je bent hier niet toevallig terechtgekomen, Geordie, je bent erg belangrijk voor ons. De dingen die jij zal gaan doen, betekenen voor gewone soldaten een nachtmerrie. Je kunt je nog bedenken, maar als je met ons meedoet, garandeer ik je dat je morgen voor niets meer bang zult zijn! We begrijpen dat je hetgeen hier is gebeurd heel graag aan iemand anders zou willen vertellen, maar niemand zal je geloven en bovendien zul je je maar een klein deel herinneren van wat hier is voorgevallen.'

Ken bleef de rest van de nacht doorpraten. Hij vertelde me nu hoe belangrijk het leven was: precies het tegenovergestelde van wat hij daarvoor had gezegd. Ik was zo in de war en zo ongelooflijk moe; ik begreep niet hoe ik op deze manier van mijn angst af zou komen.

'Oké, Geordie, waarschijnlijk vind je het moeilijk om te geloven, maar ik denk niet dat je nu nog bang bent om risico's te lopen of de dood tegemoet te treden', zei Ken tegen mij. 'Je weet nu dat de dood onvermijdelijk is. Maar omdat je niet meer bang bent om te sterven, hoef je je niet meer met dat onvermijdelijke bezig te houden; vanaf nu is je enige doel in leven te blijven.'

'Je weet niet wat er eventueel na de dood komt. Vooralsnog zijn hemel en hel hier op aarde. Dus maak er het beste van', ging hij verder. 'Het beste kun je dus zo veel mogelijk van het leven genieten. Je zult ouder worden, maar je kunt dat proces enigszins onder controle houden door jezelf fit te houden en actief te zijn, door jong van geest en lichaam te blijven, door niet te roken of te drinken en door een open geest te houden. Dus als je je bevrijdt van de angst voor de dood en je jezelf beschermt tegen allerlei dingen door volledige controle over iedere situatie te verkrijgen, hoef je niet bang te zijn om dingen te doen, om risico's te lopen. Het is de angst voor de dood die ons weerhoudt. De dood blijft onvermijdelijk, maar de manier waarop je sterft, heb je zelf in de hand.'

Hoewel ik nog steeds niet alles wat hij had gezegd voor de volle honderd procent begreep, begon ik langzamerhand iets van waarheid te onderkennen in wat hij zei. Bewustzijn helpt je controle te krijgen. Hij was uren bezig geweest me geestelijk af te breken en vervolgens weer uren om me weer op te bouwen. In die tijd was er iets zeer vreemds met me gebeurd. Het was alsof ik die nacht met een schok volwassen was geworden, alsof ik op een bepaalde manier was ingewijd in het leven, ontgroend was. Zonder dat hij dat zei, wist ik instinctief dat dat hetgene was wat hij gehoopt had, of waarschijnlijk zelfs geweten had.

Ik voelde me ongelooflijk licht, bevrijd, alsof er een enorme last van mijn schouders was genomen. Het volgende dat ik me bewust werd, was het luide gekletter van pannen. Ik werd met een schok wakker. Ik lichtte mijn hoofd verdwaasd op van de tafel en realiseerde me dat ik op een bepaald

moment in slaap moest zijn gevallen. Spot, Chalky en Dynamo droegen pannen met voedsel naar binnen die ze voor me op de tafel zetten.
'Kom op, Geordie, ouwe jongen, er zijn nog bergen werk te verzetten!', zei Dynamo opgewekt.
'Oh, nee, kan ik niet nog wat verder slapen?', mompelde ik terwijl ik, nog steeds niet helemaal vertrouwd met mijn omgeving, de slaap uit mijn ogen probeerde te wrijven.
'Nee, daar is geen tijd voor. Het leven is maar kort', zei hij, terwijl hij me ruw aanstootte.
'Het is je gelukt? Hoe voel je je?', vroeg Spot.
'Wat is me gelukt?'
'Laat maar, daar hebben we het later nog wel over. Hier, eet wat', zei Chalky, terwijl hij een bord naar me toe schoof.
Oh, wat rook dat lekker! Ik keek naar het bord, niet in staat me te herinneren hoe lang het geleden was dat ik voor het laatst had gegeten. Waarschijnlijk meer dan vierentwintig uur: geen wonder dat ik zo'n honger had. Ze hadden pap voor me gemaakt, een grote pot hete thee, worstjes, eieren, bacon en geroosterd brood. Ik at alles op.
Dynamo sloeg me op mijn rug. 'Als je klaar bent met eten, hebben we nog een verrassing voor je!', zei hij grinnikend.
Ik keek op mijn horloge. Het was iets over negenen. Ik was sinds negen uur de vorige dag in deze kamer geweest. Ik was doodmoe, had hoofdpijn en mijn blaas stond op springen. Toch voelde ik me, om onverklaarbare redenen, licht in mijn hoofd en ongewoon opgetogen. Terwijl we zaten te eten en te praten, voelde ik me zeer op mijn gemak bij hen. Ik had het gevoel onder vrienden te zijn.
'Als je klaar bent, ga dan met de anderen mee naar beneden om je uitrusting in orde te maken, Geordie', zei Ken. Ik was verbaasd dat hij er nog zo goed uitzag. Behalve een stoppelbaard wees niets erop dat hij de afgelopen vierentwintig uur behoorlijk intensief in de weer was geweest. Spot keek me aan en lachte. 'Nou, Geordie, nu hoor je er echt bij. Al besef je dat misschien nog niet helemaal.'
Ik wist nog steeds niet wat er precies was voorgevallen en wat ze met 'ons' bedoelden, maar wat hij zei, was wel ongeveer wat ik zelf in gedachten had. 'De grote verandering in mijn leven.' Vanaf het moment dat ik mijn 'teamgenoten' had ontmoet en het proces van 'Een-Stap-Verder' had ondergaan, was het alsof ik uit een diepe slaap was ontwaakt. Door 'Een-Stap-Verder' leek ik voor het eerst echt geboren te zijn; bijna een soort van hergeboorte. Degene die gisteren deze kleine kamer was binnengelopen, was zonder twijfel iemand anders dan degene die hier nu zat. En hoewel er nog veel onduidelijk was, wist ik een ding zeker: ik voelde me springlevend.

Dynamo liep ijsberend door de kamer. Het leek alsof hij veel te veel energie had en een manier zocht die snel kwijt te raken. Toch klonk hij als hij sprak niet gehaast of ongeduldig; zijn stem was net zo kalm en zeker als die van de anderen.

'Kom op, Geordie, schiet eens op', zei hij met een, tot mijn verbazing, sterk Schots accent.

Ondanks de zeer korte tijd dat ik in hun gezelschap was, voelde ik me al erg op mijn gemak met hen. Ik vond de manier waarop ze met elkaar omgingen erg prettig, de grapjes die ze met elkaar maakten en de manier waarop ze erom moesten lachen. Ik was er dan ook van overtuigd dat ik veel lol met die kerels zou kunnen hebben.

Ik maakte snel mijn maaltijd af en ging, met mijn mok thee in mijn hand, met hen mee de korte houten trap af naar de trainingsruimte. Ken was er niet.

Ik keek naar de drie jonge mannen: ik kende ze niet, maar ik wist instinctief dat dit het soort mensen was waar ik al mijn hele leven naar op zoek was: echte mensen. Dat ze wilden dat ik onderdeel van hun team werd, kon ik maar nauwelijks geloven; maar feit was dat ik vierentwintig uur met Ken in die ruimte had doorgebracht, en dat was niet omdat hij mijn stem zo prettig vond. Misschien was ik naïef maar stom zeker niet, ondanks wat mijn vader mij altijd had verteld.

'Hoe voel je je nu, Geordie?', vroeg Dynamo.

'Vreemd: normaal gesproken zou ik me doodmoe moeten voelen, maar ik voel me juist fantastisch.'

'Mooi! Kom maar hier dan.'

Dynamo liep naar een bank waar een canvas tas lag. Hij pakte de tas op en opende hem. De inhoud bestond uit een vreemd soort riem, drie messen en een 9 mm Browning MK1 semi-automatisch pistool. Ook zag ik een uit twee delen bestaande stalen handboog en een metalen kruisboog, met de merkwaardigste pijlen die ik ooit had gezien. Ze hadden geen punt en waren voorzien van twee kleine zwarte rubberen veren en een grote veer, als het roer van een vliegtuig, en aan het uiteinde een wartel. Ook lagen er een groot aantal verschillende pijlpunten die op de pijlen geschoven konden worden.

Spot en Chalky waren nu ook binnengekomen en spraken met Dynamo over de inhoud van mijn tas, waarbij ze het herhaaldelijk over de 'machine' hadden. Omdat ik natuurlijk erg nieuwsgierig was, vroeg ik: 'Wat is dat voor machine waar jullie het over hebben?'

'Dat zul je nog wel merken. Het is niet zo gemakkelijk uit te leggen', antwoordde Chalky. 'Als je de bewegingen van de "machine" goed in je vingers hebt, kun je met die technieken beter met de sash en de rest van je

uitrusting omgaan en deze met dodelijke precisie toepassen.'
Nogmaals, ik had geen idee waar hij het over had. Hoewel ik zeer nieuwsgierig was, had ik al begrepen dat ik mijn ongeduld beter kon onderdrukken. Ze zouden, zo had ik al begrepen, me pas op de hoogte stellen als zij het tijd vonden dat ik daar kennis van zou nemen.
'Was dat hetgene waar jullie gisteren mee bezig waren toen ik hier binnenkwam?'
'Klopt', knikte Dynamo instemmend.
'Wat is er met die knolrapen gebeurd, waarmee hebben jullie ze in stukken gesneden? En wat is een "sash"?', vroeg ik, brandend van verlangen om nog meer te weten te komen.
Dynamo glimlachte, liep een aantal meters bij ons vandaan, gaf me een knipoog en maakte een beweging alsof hij op de gesp van zijn riem sloeg. Onmiddellijk hoorde ik een ruisend, fluitend geluid alsof iemand met een zweep sloeg en zag ik dat zijn bovenlichaam als een tol in de rondte begon te draaien, waarna de overgebleven stukken van de dichtstbijzijnde knolraap uit elkaar vielen. Hij draaide zich om en kwam iets dichter naar me toe. Opnieuw hoorde ik het fluitende geluid, maar ik kon niet zien waar het vandaan kwam. Totaal verbijsterd zag ik vervolgens hoe het bovenlichaam van Dynamo met een ongelooflijke snelheid bewoog, waarna een kleine mok en een fles, die vlakbij mij op een tafel stonden, in het niets leken te verdwijnen.
'Dat is wat wij de sash noemen, Geordie', zei hij grinnikend, terwijl een onduidelijke vorm terugveerde rond zijn lichaam. Hij sloeg op zijn borst waardoor zijn riem, als dat tenminste hetgene was wat hij net had gebruikt, weer op zijn plaats werd bevestigd.
Ik stond perplex. Ik kon niet geloven wat ik zojuist had gezien: het was allemaal zo snel gegaan. Ik had nog nooit iemand zich zo snel zien bewegen. Zijn bewegingen waren zo krachtig, zo nauwkeurig, bijna mechanisch in hun precisie, maar toch zo vloeiend en soepel geweest. Ik had nadat ik van school kwam twee jaar op een boerderij gewerkt en ik wist precies hoe moeilijk het was een knolraap in stukken te snijden, zelfs met een scherp mes. Het wapen dat hij zojuist had gebruikt, zag eruit als een gewone riem. Toch was hij er als een mes mee door de boter gegaan.
Ik verbaasde me erover dat ze zoveel vertrouwen in me hadden dat ze me een dergelijk vernietigend wapen zouden laten gebruiken. De verrassing bij je vijand moet enorm zijn, zeker als hij in de waan is dat je hem ongewapend tegemoet treedt. Zelfs als hij zelf wel bewapend is, zal hij niet genoeg tijd hebben om zijn wapens te gebruiken en zal hij in stukken gereten worden alvorens hij beseft wat er gebeurt.
Enige tijd spraken ze nog met me over de diverse wapens die ze gebruik-

ten. Ze bleken alle bestemd te zijn voor gebruik in een gevecht van man tot man. En voor de zoveelste maal vroeg ik me af wie ze in godsnaam waren en wat ze precies van mij verwachtten.

Mijn eerdere nervositeit en angst om deze mensen te ontmoeten was nu volledig verdwenen. Ik voelde me een ander mens, meer ontspannen en meer op mijn gemak dan ik me ooit in mijn leven had gevoeld. Het werkte verslavend en ik wilde dolgraag nog meer ontdekken en leren om uit te vinden waarom ik me zo voelde. Chalky knikte naar mij.

'Alles in orde, Geordie?', vroeg hij glimlachend.

'Ja, zeker, wat voor verrassingen heb je nog meer voor me in petto?', antwoordde ik.

'Wel, begrijp me goed. Door alles wat je hier zal leren, zal je leven en je denken ingrijpend veranderen', zei hij. 'Het goede nieuws is dat ik denk dat je nooit meer voor iets bang zal zijn. Het slechte nieuws is dat je eerst de bewegingen van de "machine" zult moeten leren alvorens je van je uitrusting gebruik zult kunnen maken. En aangezien het heden altijd de beste tijd is, beginnen we nu meteen met de basisbeginselen.'

Hij liep van de bank naar het midden van de ruimte en gaf me een teken hem te volgen. 'Welnu, concentreer je', zei hij rustig. 'Er zijn honderdvijftig basisbewegingen, waarmee ongeveer zevenduizend combinaties gemaakt kunnen worden. Die bewegingen heb je nodig om alle wapens die je hier ziet liggen, te kunnen gebruiken. Oké, doe maar precies hetzelfde wat ik doe.'

Zevenduizend combinaties van bewegingen! Daar ben ik zeker de rest van mijn leven mee bezig! Maar ik deed wat hij me gezegd had en volgde iedere beweging die hij me voordeed. Hij begon met een serie vloeiende, genummerde bewegingen. Tot mijn verbazing pikte ik het vrij snel op en was het niet erg moeilijk om elk van zijn handelingen na te bootsen. Chalky was duidelijk ook zeer verrast en tevreden over de snelheid waarmee ik leerde.

De rest van die dag en een groot deel van de avond lieten ze me zien wat ze onder de 'machine' verstonden. Het hield een vastgestelde serie ongewone hand- en lichaamsbewegingen in waarbij het hoofd en de nek rechtop werden gehouden waardoor deze samen met de schouders en het bovenlichaam als een geheel bewogen. Om de een of andere reden vond ik deze bewegingen vrij natuurlijk en had ik geen moeite ze uit te voeren. De anderen keken hiervan op en ze waren zeer onder de indruk van de snelheid waarmee ik ze me eigen maakte.

'Hé, Geordie, we wisten wel dat je het snel onder de knie zou krijgen', zei Chalky met uitgestreken gezicht in zijn prachtige Yorkshire-dialect.

'We hebben de juiste man uitgekozen', knikte Spot als bevestiging, net zo serieus als Chalky.

De hele dag moest ik lachen om de grappen en capriolen die ze uithaalden en de manier waarop ze telkens van dialect veranderden (waar ze zeer goed in waren). Ik had geen idee waar ze in werkelijkheid vandaan kwamen. Ken had me al gewaarschuwd dat het geen enkele zin had om dat soort dingen te vragen, omdat ze uit veiligheidsredenen nooit iets anders dan hun bijnamen zouden vertellen, net zoals dat het enige was dat ze van mij wisten.
Later die avond gaven ze me nog een demonstratie wat je kan doen met die 'machine'-bewegingen in combinatie met de sash en het 9 mm MK1-pistool, waardoor ik te weten kwam waar de paspoppen en de bewegende doelen voor dienden.
Ken vertrok omstreeks negen uur met de jeep, waarna ze mij een kleine tent gaven om in te slapen, welke ik naast die van hen opzette, een aantal meters vanaf het gebouw dat ik voor een hangar had aangezien. Met zijn vieren zaten we nog een tijdje te praten terwijl we genoten van de koele avondlucht na de verzengende hitte van de dag. Door mijn hoofd spookten vele vragen en ik wilde zo veel mogelijk van hen te weten zien te komen.
Ze vertelden me een hoop over de wapens en de rest van de uitrusting maar over andere dingen hielden ze hun mond: dat zou ik snel genoeg te weten komen. Over zichzelf lieten ze ook niets los. Door hun gedrag kreeg ik echter wel enig idee met wie ik te doen had.
Dynamo was één brok energie. Hij was iets kleiner dan ik, ongeveer een meter zeventig, hij had donker haar en een goedontwikkeld lichaam. Van wat ik overdag van hem had gezien, wist ik dat hij zeer lenig en bijzonder fit was.
Spot-On, of kortweg Spot, zag er erg sterk uit en had donkerbruin haar. Hij was de grootste van de drie, waarschijnlijk bijna een meter tachtig, en ik schatte dat hij even oud was als Dynamo, ongeveer vierentwintig jaar. Hij was klaarblijkelijk een bijzonder goed scherpschutter en al zijn schoten, of het nu met een kruisboog, een pistool of een geweer was, waren altijd raak ('Spot-on'), vandaar zijn bijnaam.
Het bleek dat Chalky, waarvan ik gedacht had dat hij White zou heten, zijn bijnaam te danken had aan het feit dat zijn huid, wat hij ook deed of hoe lang hij ook in de zon zat, altijd zeer bleek bleef. Hij zag er dan ook een beetje flets uit, maar had net als de anderen donker haar, een gespierd lichaam en ook was hij zeer fit. Hij leek me iets ouder te zijn dan de anderen, ongeveer achtentwintig, en hij was net zo lang als ik.
Ken was een lenige, fitte, een meter tachtig lange man, de spraakzaamste van het stel. Ik schatte hem dertig jaar oud.
Die nacht voelde ik me zowel doodmoe als uitgelaten. Voor de eerste keer

in mijn leven was ik in echt goed gezelschap, mijn soort mensen zo u wilt; mensen die een gemeenschappelijke band hadden en plezier met elkaar konden hebben zonder te vervallen in smerige opmerkingen of grove taal. Voor het eerst betekende het horen bij een groep voor mij dat ik niet over vrouwen, seks of drank hoefde te ouwehoeren: ik genoot er met volle teugen van.

Ken bracht ons de volgende morgen ons ontbijt en de rest van de dag trainde ik met Dynamo, Spot en Chalky, waarbij we de dingen die ik de vorige dag had geleerd, nog eens doornamen. Omstreeks drie uur 's middags bracht Ken me terug naar de plaats waar ik achtenveertig uur daarvoor de truck had achtergelaten. Het leek wel weken geleden dat ik daar was geweest. De truck stond daar nog, zoals Ken me had beloofd. Op de bestuurdersstoel lag zelfs een stapeltje papieren, volledig ingevuld en in orde! Wat het ook was dat ik had moeten doen: of iemand anders had het in mijn plaats gedaan of ze hadden maar iets verzonnen zodat ik geen moeilijke vragen hoefde te beantwoorden als ik naar het kamp zou terugkeren.

'Wanneer zie ik jullie weer?', vroeg ik hem, popelend om met de training door te kunnen gaan.

'Je moet nu naar het kamp terug. Anders loop je te veel in de gaten', antwoordde hij. 'We willen niet het risico lopen dat iemand achterdocht krijgt. Maar omdat we je hard nodig hebben, zullen we je waarschijnlijk ergens in de volgende week weer oppikken: die tijd hebben we nodig om allerlei dingen te regelen. Het zal niet moeilijk zijn je uit het kamp te halen. Jullie werken toch altijd al buiten de poort, waarvoor we hen natuurlijk erg dankbaar moeten zijn', voegde hij er lachend aan toe. 'Maak je maar geen zorgen', verzekerde hij mij. 'We regelen snel iets. Ik heb van Chalky veel goeds over je gehoord; hij beweert dat je sneller leert dan we gehoopt hadden.' Hij pauzeerde even en glimlachte. 'Maar ja, we wisten natuurlijk wel hoe goed je zou zijn. Zie je later!'

Hierna keerde hij de jeep en reed weg. Ik keek hem enige tijd na terwijl hij over de stoffige weg uit het zicht verdween en klom toen in de truck. Ik voelde me fantastisch en wilde het liefst zo snel mogelijk naar het kamp terug om iemand te vertellen wat ik had meegemaakt. Maar toen ik de motor startte, bedacht ik me dat ik niemand kon vertellen waar ik was geweest of wat ik had gedaan. Bovendien, wie zou me geloven? Ik kon het zelf nauwelijks geloven.

Hoewel Ken me had verzekerd dat alles in orde was en niemand iets zou vermoeden, was ik er toch niet helemaal zeker van hoe ik ontvangen zou worden bij mijn terugkeer. En aldus reed ik, enigszins ongerust, terug naar het kamp dat ik na ongeveer tien minuten rijden in het zicht kreeg.

Voor de poort stond een aantal voertuigen te wachten. De bewakers hielden iedereen aan, controleerden hun papieren en onderzochten de wagens op explosieven, zoals ze altijd deden. Hoewel ik wist dat er de afgelopen dagen dingen gebeurd waren waardoor ik anders tegen de wereld aan was gaan kijken, had ik dat tot nu toe nog niet in de praktijk ervaren. Maar plotseling stak ik, terwijl ik achter een stafvoertuig in de rij stond en een van de bewakers van zijn papieren naar me opkeek, mijn hoofd uit het raampje en schreeuwde ik naar hem: 'Hé, schiet eens op!'
Zoiets zou ik vroeger nooit hebben gedurfd en ik kon nauwelijks geloven dat ik het was die dat had gezegd. De twee officieren in het stafvoertuig draaiden zich om en keken me aan. Om de een of andere reden deed me dat echter niets. Ik staarde gewoon terug. Ik maakte me geen enkele zorg, zelfs niet toen een woedende bewaker op me afkwam.
'Hé jij, wat is dat voor lawaai? Wat zei je daar, verdomme?', vroeg hij woedend. Ik gaf hem mijn papieren die hij, nadat hij een snelle blik op de truck had geworpen, begon te bekijken. 'Nou jij bent al lekker vroeg terug!', zei hij beschuldigend, maar hij gaf mijn papieren zonder verder commentaar aan me terug en wenkte me dat ik door kon rijden.
Ik reed direct naar het depot van het 518de toe om de truck terug te brengen, gaf mijn papieren af en haastte me terug naar de 524ste compagnie om me te wassen alvorens ik thee ging drinken. Toen ik over het exercitieterrein liep, kwam ik die 'stomme kleine sergeant' tegen. Hij kneep zijn ogen wantrouwend dicht toen hij mij herkende.
'Wel, wel, nu al terug, Urwin? Morgen laat ik je weer aan de latrines werken, jochie', bromde hij terwijl hij doelbewust op me toeliep.
'Geen denken aan. Rot op!' Tot mijn grote verbazing had ik mijn gedachten zacht maar duidelijk onder woorden gebracht. Hij bleef met een ruk stilstaan en staarde me ijzig aan, maar of hij had niet precies gehoord wat ik had gezegd of deed liever maar alsof. Na een aantal seconden draaide hij zich namelijk op zijn hielen om en taaide hij af. De rest van die week hield hij zich echter aan zijn woord: ik moest in de verzengende hitte latrines graven; zwaar werk waarvan je rug kapot ging.
Ik dacht voortdurend aan Dynamo, Chalky en Spot en herhaalde, terwijl ik in de hitte aan het graven was, in gedachten alle oefeningen die ik van hen had geleerd. Ik had geen idee wanneer ze weer contact met me op zouden nemen. Daar baalde ik wel van maar veel anders dan af te wachten kon ik niet doen.
Ik had het gevoel dat ze me in die achtenveertig uur hadden laten zien hoe het leven geleefd kon worden. Net als een ter dood veroordeelde gevangene was ik nergens meer bang voor, ik had niets meer te verliezen, ik kon niet nog zwaarder gestraft worden. Als je de rest van je leven in de

gevangenis moet doorbrengen, heb je immers niets meer te verliezen, nietwaar?
Ik had geen angst meer voor de dood. Elk risico dat ik nu nog zou nemen, zou hierdoor veel minder gevaarlijk zijn. Als ik toch doodga, kan ik dat het best doen terwijl ik iets risicovols doe, iets opwindends, kan ik beter met volle teugen leven dan te wachten tot ik door ziekte of ouderdom wordt uitgeschakeld.
In krap achtenveertig uur hadden ze mijn leven voor altijd een andere wending gegeven.

HOOFDSTUK 6

De machine

De eerste dagen na mijn inwijding was ik behoorlijk in de war. Ik probeerde te begrijpen en te aanvaarden wat er was gebeurd. Ik had het gevoel alsof er een hoge muur om me heen was gesloopt waardoor ik nu alle kanten uit kon kijken. Maar ik begreep niet waarom en hoe iemand door alleen maar te praten dit bij mij teweeg had gebracht. Ken had toch niet iets in mijn thee gedaan, vroeg ik me voor de zoveelste keer af? Ik denk niet dat ik ooit volledig zal begrijpen wat er met me is gebeurd, en misschien is dat maar goed ook.

Over een ding was ik echter wel zeker: de oefeningen die ik in die korte tijd van Dynamo, Chalky en Spot had geleerd, waren voor altijd in mijn geheugen gegrift. Toen Ken die eerste keer op het strand naar me toe was gekomen, had hij me gevraagd of ik misschien iets opwindenders zou willen doen, maar zelfs in mijn stoutste dromen had ik niet kunnen voorzien dat hij dit bedoelde. Ik stond dan ook te popelen om weer terug te gaan en nog meer te leren.

Alles leek me nu onwerkelijk te zijn. Ik had het gevoel van alles en iedereen onthecht te zijn. Ik liep halfverdoofd rond. Helaas bleef dit niet onopgemerkt.

'Hé, wat is er met jou, Urwin, loop je te dromen dat je naar huis gaat? WAKKER WORDEN, JOH', schreeuwde de voorbijkomende sergeant me toe.

Hij had het niet meer bij het verkeerde eind kunnen hebben. Naar huis gaan was wel het laatste waar ik nu aan dacht. Voor het eerst sinds we hier geland waren, dacht ik niet aan mijn huis of mijn familie; nog een teken dat Kens 'praatjes' effect hadden. Tot die tijd had ik, net als de meeste andere jongens, voortdurend hieraan lopen denken.

Op dit moment kon ik echter aan niets anders denken dan de oefeningen en die sash. Jezus, dacht ik, wat een wapen! En dan waren er ook nog die vreemduitziende pijlpunten. Waar werden die in godsnaam voor gebruikt? Ik voelde me als een kind op kerstavond, nauwelijks in staat te wachten tot de volgende morgen.

De sergeant deed er alles aan het me 'naar de zin te maken'. Als er een gat gegraven moest worden, liet hij het me graven. Het leek of hij ons continu in de gaten hield om te zien of we wel genoeg te doen hadden en iedere keer dat hij in onze buurt was, maakte hij wel een of andere hatelijke opmerking. Ik was geen gelovig mens, maar tegen het eind van de week bad ik bijna dat Ken me zo snel mogelijk weer op zou pikken.

'Zo, lekker weekje gehad, Geordie?', zei de sergeant, na afloop van het werk. 'Ik zie je maandagmorgen vroeg wel weer. Ik heb nog een "luizenbaantje" speciaal voor jou in gedachten', grijnsde hij en liep weg.

Bill, die in dezelfde groep zat als ik, hoorde het ook. 'Zo, Geordie, je bent nogal populair. Hij vindt je vast heel aardig. Dat doet-ie niet voor iedereen', grapte hij.

'Dat klopt, door de manier waarop hij me steeds probeert voor te trekken, kun je wel zien dat ik een van zijn lievelingetjes ben', lachte ik terug.

'Die zeikerd!', bromde een van de anderen. 'Volgens mij heeft zijn vrouw hem net geschreven dat ze er met iemand anders vandoor is.'

'Nee, volgens mijn heb-ie last van aambeien', grinnikte Bill.

'Ja, en dat reageert hij af op mij. Daar is helaas niets aan te doen. Ik zal ermee moeten leven.'

'Heb-ie ook zijn lolletje, Geordie', zei Bill.

'Ja, laat-ie maar uitkijken, als dat zo doorgaat, maak ik dit gat twee meter diep, speciaal voor hem.'

Het lag voor de hand te denken dat de sergeant de pik op me had, maar dat was niet zo: het was gewoon het normale gedrag van een sergeant. Ze schenen het allemaal heerlijk te vinden de hele dag op ons te schelden.

In die week en ook in het daaropvolgend weekend oefende ik in het geheim, als de anderen naar de kantine waren en ik het rijk voor mij alleen had, de oefeningen die Chalky en de anderen me hadden geleerd. Volgens hen zou mijn leven in de toekomst afhangen van de manier waarop ik die oefeningen in de praktijk kon brengen. Ik was enorm trots dat deze mannen mij hadden uitgekozen en ik was vastbesloten ze niet teleur te stellen. Ik wilde dan ook alle bewegingen perfect onder de knie hebben, voordat ze me opnieuw op zouden pikken, wanneer dat dan ook maar mocht zijn.

Maandagmorgen stond ik tijdens het appèl te duimen dat ik weer buiten het kamp te werk gesteld zou worden, en dat ik dan, als het aan mij lag, weer door hen opgepikt zou worden. Ik was ervan overtuigd dat als ik nog een week met die schreeuwende sergeant zou moeten doorbrengen, ik de bewegingen die ik had geleerd, op hem zou toepassen. De officier van dienst riep verschillende namen op en gaf ieder een taak, tot er uiteindelijk nog maar vier van ons over waren. Omdat iedereen die tot nu toe was opgeroepen, een baantje buiten het kamp had gekregen, zonk mij de

moed in de schoenen en gaf ik de hoop op dat ik ook buiten het kamp zou werken. De sergeant riep ons op en keek in zijn papieren.
'Dit moet een vergissing zijn', mompelde hij, terwijl hij de lijst met namen doornam. 'Niet iedereen kan buiten het kamp werken. Wachten jullie hier maar even, ik ben zo terug', beval hij en marcheerde over het exercitieterrein naar kapitein Myers. Hij wees op de lijst met namen en daarna op ons en vanaf de plek waar wij stonden, hadden we de indruk dat ze een behoorlijk verhitte discussie voerden. Plotseling schreeuwde de officier iets tegen de sergeant die onmiddellijk zijn mond hield, salueerde, zich omdraaide en met een rood aangelopen hoofd naar ons toe kwam rennen. Het leek of hij ieder moment uit elkaar kon ploffen.
'Oké', schreeuwde hij. 'Jullie drieën gaan naar Famagusta en jij Urwin bent toegewezen aan een kamp net buiten Limassol. Nou, inrukken allemaal! Stap achter in die truck, Urwin!'
Hij was razend dat hij me naar een baantje buiten het kamp moest sturen en ik wist niet hoe gauw ik in de truck moest klimmen. Ik grijnsde en zwaaide naar hem toen we wegreden. Mooi dacht ik, dadelijk ben ik weer in mijn eentje; misschien pikken ze me wel op.
'Jammer van de verrassing die u voor me in petto had, sergeant', riep ik brutaal. 'Misschien de volgende keer?'
Hij keek me boos aan. 'Vergeet niet, Urwin, dat je hier nog een hele lange tijd moet doorbrengen. Je kunt me niet altijd ontlopen', schreeuwde hij, waarna hij wegliep, tierend en scheldend op iedereen die hij tegenkwam. Kapitein Myers was nog op het exercitieterrein en toen onze truck naar de poort reed, draaide hij zich om en keek hij me aan. Hij lachte naar mij en knikte goedkeurend. Ik was zeer verrast. Wat betekent dat nu weer, vroeg ik me af; heeft hij soms ook iets met De 16 te maken?
Terwijl we verder reden, overdacht ik die mogelijkheid. Waarschijnlijk was iemand in het kamp op de hoogte van mijn missie, hoe zou het anders mogelijk zijn dat ik buiten het kamp kon werken zodra Ken en de anderen dat wilden? Maar wie kon dat zijn, kapitein Myers of misschien wel luitenant Stevens? Ik ging in gedachten alle officieren en onderofficieren na die ik kende, maar niemand van hen sprong er echt uit als kandidaat. We hadden nog maar korte tijd richting Limassol gereden toen ik uit mijn gepeins werd gehaald doordat de truck abrupt stopte op een kruispunt net buiten de stad en de korporaal mijn naam riep. Ik klom uit de achterbak en liep naar voren waar hij uit een raampje van de cabine leunde.
'Oké, Geordie, het kamp ligt iets verder die kant uit, je ziet het vanzelf wel', zei hij tegen mij.
Ik keek naar de verlaten weg die hij had aangewezen. 'Wat moet ik daar eigenlijk doen?', vroeg ik.

'Hoe moet ik dat nou weten? Meld je maar bij de poort. Hier', zei hij, terwijl hij me een aantal papieren gaf. 'We pikken je hier vrijdag om vier uur 's middags weer op. Veel plezier.' Hij sloeg met zijn hand op de buitenkant van de deur, waarna de truck onmiddellijk weer wegreed.

Ik stond daar enige tijd tot de truck uit zicht was en begon toen in de richting te lopen die hij me had aangewezen. Daar zag ik tot mijn grote verbazing een jeep met Chalky erin staan. Hij grijnsde van oor tot oor. Ik had hem niet zien of horen aankomen.

'Hallo, Geordie, stap maar in', zei hij vrolijk.

'Verdorie! Waar kom jij vandaan?', vroeg ik terwijl hij de jeep keerde en wegreed.

'Herinner je je dat gedichtje van Ken, Geordie, "Ik zag een man die er niet was"? Je moet altijd maar de helft geloven van wat je ziet!', zei hij, waarbij hij raadselachtig refereerde aan de enigszins aangepaste versie van een bekend gedicht dat Ken me had voorgedragen toen hij over de werkwijze van De 16 had gesproken.

Omdat ik niet veel buiten het kamp was geweest sinds onze aankomst op Cyprus, was de route die Chalky nam nadat we de hoofdweg hadden verlaten en in de richting van de heuvels reden, volslagen onbekend voor mij. Er woonden hier bijna geen mensen en op de droge en kale heuvels groeide slechts hier en daar een boompje. Dat waren echter de enige overeenkomsten met de weg die Ken had genomen.

Net als Ken reed Chalky ongeveer een half uur keihard door, waarbij ik me wanhopig vasthield om niet uit de jeep geslingerd te worden. Langzamerhand verbeeldde ik me dat sommige delen van het landschap me vagelijk bekend voorkwamen, en toen we een bocht rond de voet van een heuvel maakten, wist ik weer precies waar ik was. We waren weer bij de vervallen oude hut die ze voor hun trainingen gebruikten. We waren er echter via een geheel andere route naartoe gereden.

Chalky verminderde geen snelheid, maar reed recht op het gebouwtje af en trapte pas op het laatste moment op de rem. We kwamen abrupt tot stilstand in een wolk van stof en aarde, op enkele meters afstand van de roestige oude deur, waarbij we enkele hagedissen, waarvan sommige ongeveer dertig centimeter lang waren, op de vlucht joegen. Net als de vorige keer leek de hele plaats verlaten te zijn.

Chalky greep onmiddellijk het windscherm vast en sprong er, tot mijn verbazing, overheen, bovenop de al behoorlijk ingedeukte motorkap van de jeep.

'Kom op, Geordie, ergens anders kun je ook wel bruin worden. Er is werk aan de winkel', lachte hij over zijn schouder, waarna hij in het gebouwtje verdween. Ik liep snel achter hem aan naar binnen. Mijn ogen moesten

enkele seconden wennen aan het licht binnen, na het felle zonlicht buiten.
Dynamo en Spot waren al aan het trainen en ik keek enkele minuten hoe ze bezig waren. Ik was gefascineerd, iedere beweging van hen nam ik in me op. Het was fantastisch en ik wilde er niets van missen. Hun bewegingen waren zo nauwkeurig, zo vloeiend dat ik onmiddellijk begreep waarom dit de 'machine' werd genoemd. Het was ongelooflijk om te zien. Ik wilde net zo zijn als zij en ik was vastbesloten dat niets me tegen zou kunnen houden.
Uit de manier waarop ze met elkaar omgingen, concludeerde ik dat ze elkaar redelijk goed moesten kennen en dat ze al geruime tijd met elkaar samen hadden gewerkt. Zelf wist ik nog niets van hen, behalve hun bijnamen. Ik wist niet waar ze in dienst zaten (als ze al in dienst zaten), ik wist niet wat hun echte naam was, of ze getrouwd waren of uit welk deel van Groot-Brittannië ze afkomstig waren, omdat ze steeds van dialect veranderden. Het enige wat ik wist, was dat ik speciaal was uitgekozen om het vierde lid van dit team te worden, welk team weer onderdeel uitmaakte van De 16.
Terwijl ik naar ze stond te kijken, nam ik alles in me op wat ik zag. Na enige tijd stopte Dynamo met wat hij aan het doen was en kwam hij op me af.
'Oké, Geordie, ga zitten en neem een kop thee. Dan zal ik je laten zien hoe we hier te werk gaan.' Ik volgde hem naar kleine, oude tafel en deed wat hij me gezegd had.
'Zoals je waarschijnlijk wel weet,' zei hij lachend, 'vormen we een geheime eenheid. We zijn tot nu toe erg succesvol geweest. Dit is te danken aan het feit dat slechts een handvol mensen van ons bestaan op de hoogte is. Door die mensen zijn we in staat onze acties uit te voeren. Begrijp je?'
Ik knikte. 'Ja, natuurlijk.'
'Goed! Ken heeft je verteld dat zodra je met je training zou beginnen, wij je zouden uitleggen wat we doen en waarom. Wel, we zijn zoals je kunt zien geen dansclub!', lachte hij. 'We zijn een groep van zestien, op een specifieke, unieke manier getrainde mannen die momenteel overal in het Midden-Oosten operaties uitvoeren; je zou kunnen zeggen dat dit een oefengebied voor ons is, maar daarover later meer. We opereren meestal met zijn vieren. Tot nu toe waren we echter met zijn drieën: jij bent de vierde man. Vraag me niet hoe het komt dat we met zijn drieën zijn!' Hij grinnikte even toen hij merkte dat ik dat juist wilde vragen. Hij pauzeerde even en dronk nog wat van zijn thee, waarna hij me kort aankeek alvorens rustig verder te gaan.
'Je zou, bij gebrek aan een beter woord, kunnen zeggen dat we moorde-

naars zijn. Wij voeren operaties uit waar het leger en de overheid zich niet openlijk mee in kunnen laten. We behoren tot geen enkel land, of liever gezegd: geen enkel land zal ons bestaan erkennen, als je begrijpt wat ik bedoel.'

Ik knikte weer. Hoewel ik niets anders had verwacht, kwam het toch als een schok voor mij toen hij dit hardop zei. Mijn moeder had me gezegd dat ik in het leger moest gaan om iets van de wereld te zien en een beter mens te worden, maar ik denk niet dat ze dit in gedachten had!

'Dus, Geordie,' ging hij door, 'feitelijk ben je nog steeds lid van het Pioneer Corps. Niemand zal geloven dat je iets anders doet. En dat is precies wat we willen. Wat je ook bij ons doet, en hoe succesvol onze acties ook zullen zijn, nooit zul je daar erkenning voor krijgen. Als er ooit iets mis zal gaan tijdens een van onze operaties...' Hij pauzeerde even terwijl hij me recht aankeek. 'Ik denk dat je wel begrijpt wat ik daarmee bedoel, nietwaar?'

'Ja, ik denk het wel. Niemand zal het te weten komen, ze zullen me als een deserteur beschouwen of zoiets, bedoel je dat?'

'Ja, zoiets. Bedenk altijd, en dit is belangrijk, dat deze eenheid niet bestaat, wij bestaan niet en jij bestaat niet.' Hij pauzeerde even voor hij verder ging. 'Je kunt nog terug; het is nog niet te laat', waarschuwde hij mij, terwijl hij voorover boog en zijn armen op de tafel liet rusten. 'Maar zo gauw we je getraind hebben, is er geen weg meer terug. Je moet dus nu een keuze maken. Wat zal het zijn?'

'Nou, dat is nogal eenvoudig! Ik zou dit voor geen goud willen missen!', zei ik enthousiast. 'Ik heb geen zin nog langer in dit uniform rond te lopen en alleen putjes te graven, tenten op te zetten en de rest van de tijd afgebekt te worden.'

'Oké, er is echter nog iets dat je moet weten. We doen dit niet voor niets. We eisen dat je je volledig bij ons aansluit, en dat voor minstens drie jaar. Je kunt daar nog over nadenken. Maak je daar voor dit moment nog maar geen zorgen over; dat komt later nog wel.'

Dat had ik niet verwacht. 'Als ik het doe, bestaat er dan nog de mogelijkheid dat ik verlof krijg om mijn familie te zien?', vroeg ik.

'Ja, natuurlijk. Maak je daar maar niet druk over; dat regelen we later wel.'

'Dynamo?', onderbrak ik hem. 'Kan ik je, voordat ik met de training begin, nog iets vragen?'

'Ja, natuurlijk, wat wil je weten?'

'Jullie wisten van tevoren wat ik zou antwoorden, is het niet? Jullie wisten dat ik geen nee zou zeggen na wat ik die dag heb gezien?'

'Nee, natuurlijk niet. Ik heb je al gezegd dat we precies wisten hoe je in elkaar zit, Geordie, we weten alles over je, meer nog dan je over jezelf weet.

We zouden nooit zo ver met je zijn gegaan als we maar de geringste twijfel hadden gehad dat je misschien zou afhaken. Ik weet dat dat misschien verwarrend voor je is, maar het zal je allemaal duidelijk worden, wacht maar af.'

Terwijl we met elkaar spraken, waren Chalky en Spot vlakbij aan het trainen en het verbaasde me te zien hoe ze in hun gedrag op elkaar leken. Het was onmogelijk een verschil te zien in de manier waarop ze met elkaar trainden van de manier waarop Spot en Dynamo met elkaar aan het trainen waren toen ik hier aankwam. Ze leken alle met dezelfde intentie te werk te gaan en over een eindeloze bron van energie te beschikken.

Dynamo begon weer te praten. 'Zo liggen de zaken. We maken wat ogenschijnlijk onmogelijk is mogelijk, en dat doen we voor het grootste deel met de uitrusting die je al eerder hebt gezien. We doen dit werk al een lange tijd en, zoals ik al zei, niemand heeft enig idee dat we bestaan en dat willen we zo houden. Nog iets anders voor we verder gaan?'

'Ja, nog een ding. Ik heb nog nooit iemand van jullie horen schreeuwen of vloeken op elkaar zoals ze de hele tijd bij mij in het kamp doen. Waarom?'

'Wel, dat is nogal eenvoudig: we hoeven elkaar niet op te jutten met wat we doen. We doen het uit vrije wil en met trots. Bovendien hoeven we nergens bang voor te zijn, om die reden dus.'

'Wat heeft dat met schreeuwen te maken?'

'Wel,' zei hij, terwijl hij achterover in zijn stoel ging zitten en een been over het andere kruiste, 'je moet het zo zien, Geordie. Als je niet met een bepaalde situatie overweg kunt, leidt dat tot een gebrek aan vertrouwen wat uiteindelijk resulteert in angst en paniek. Met schreeuwen en vloeken kun je je gebrek aan moed camoufleren. Mensen die op die manier zijn getraind, weten niet beter en nemen zelf ook hun toevlucht tot schreeuwen en vloeken. Over het algemeen betekent dat dat ze iets te verbergen hebben, en dat is in de meeste gevallen angst. Ze handelen zo omdat ze hopen dat het, omdat het hen bang maakt, ook de ander of de vijand bang zal maken. Als je het vertrouwen hebt, en de vaardigheid en de technieken, om met een bepaalde situatie om te gaan, heb je controle over die situatie. En omdat je controle over de situatie hebt, heb je geen angst en hoef je je ook niet te bewijzen. Voor de meeste soldaten geldt dat ze zonder wapens niets hebben om op terug te vallen. Dat spreekt voor zich, denk je niet, Geordie? Bovendien, vloeken kun je het beste bewaren voor andere situaties, als je bijvoorbeeld met een hamer op je vingers slaat, nietwaar?'

Hij pauzeerde even, glimlachend, en dronk zijn kop leeg. 'Nog een ding, we hebben geen behoefte aan krachtpatsers of hoogopgeleide idioten in ons team. Het soort mensen waar wij mee werken, is open van geest en

kan snel nadenken, het zijn atleten en doorzetters. Ze kunnen snel iets leren en handelen als onderdeel van het team en, het belangrijkste, hebben hetzelfde doel. We drinken niet, we hebben nooit gedronken, we hebben het niet nodig omdat we geen problemen hebben, dus kunnen we zonder. We moeten altijd alert zijn. We kunnen ons geen borrelpraat veroorloven', zei hij lachend, voor hij weer verder ging.
'Ja, natuurlijk wisten we dat je ja zou zeggen. We wisten van tevoren precies wat voor vlees we met je in de kuip zouden hebben! Je moet weten, Geordie, dat je onderdeel bent van een team van zeer goed opgeleide mannen, niet zomaar een nummer. Misschien besef je je dat nog niet maar, gezien je vorderingen tot nu toe, zul je dat, zo gauw je je training hebt afgerond, zeker weten. Nergens op de wereld worden soldaten op deze manier opgeleid, daar kun je zeker van zijn. Hierdoor zijn we in het voordeel, en zolang anderen niet weten welke technieken we gebruiken, zullen we dat voordeel behouden. We moeten deze technieken wel gebruiken, omdat we er alleen voor staan. Als het mis gaat, is er niemand die ons komt redden. Omdat onze operaties geheim zijn en zich in het hol van de leeuw afspelen hebben we niets om op terug te vallen. Niemand zal ons te hulp komen als we in moeilijkheden komen; hoe zouden ze ook? Want bedenk wel, we bestaan niet.'
'Naar welk land we ook gaan, altijd zullen we ons zo veel als mogelijk kleden en eruit proberen te zien als de plaatselijke bevolking. We gaan nooit in uniform of tot de tanden bewapend met een enorme uitrusting op onze rug. Dat zou al onze moeite overbodig maken, nietwaar?', lachte hij, terwijl hij met zijn hoofd schudde.
'En als je een geweer draagt of een rugzak, zie je er niet alleen uit als een domme gans, maar je kunt je ook niet meer snel bewegen; je wordt in al je mogelijkheden beperkt. Bovendien kun je nooit genoeg munitie meenemen voor je geweer, en als je al de munitie hebt verschoten die je mee kunt nemen, heb je niets meer aan dat geweer. Dat soort dingen is meer iets voor een legereenheid, totaal ongeschikt voor het werk dat wij doen. Alles wat we nodig hebben, moeten we in het land waar we naartoe gaan, zien te vinden, of we kopen het, of we vinden het ergens en "lenen" het! Om die reden is het van levensbelang dat we over mensen beschikken die snel en accuraat een situatie in kunnen schatten, de verschillende mogelijkheden tegen elkaar af kunnen wegen en zich snel aan een veranderde situatie kunnen aanpassen.'
Hij stond op van de tafel en schonk zich nog een kop thee in. 'Jij ook?' Maar voor ik antwoord kon geven, had hij mijn kop al volgeschonken en ging hij weer zitten.
'Oké, waar waren we? Oh ja! Het is niets nieuws om in vermomming te

opereren: het grootste probleem is als we onder die omstandigheden worden opgepakt. Zonder twijfel zal men ons als spionnen beschouwen en neerschieten, waarschijnlijk na ons gemarteld te hebben om te weten te komen met welk doel we op die bewuste plaats waren. Zo is het en niet anders, Geordie. Als we om een of andere reden in de positie komen dat we ontdekt kunnen worden, als dat onvermijdelijk is, kunnen we niets anders doen dan dat laten gebeuren. Omdat we er niet als soldaten uitzien en we geen zichtbare wapens dragen, verkleinen we de mogelijkheid dat we ter plekke worden neergeschoten. Als je eruitziet als zijzelf, zullen ze je gemakkelijker benaderen, met argwaan natuurlijk. Ze zullen waarschijnlijk willen weten wat je van plan bent en als ze doorkrijgen dat je niet bent waar je je voor uitgeeft, loop je het grootste gevaar. Omdat we dezelfde kleren dragen als de vijand, kunnen we ze zeer dicht benaderen, en ons zelfs onder hen mengen. Het probleem is echter, met name in Arabische landen, dat als ze ons goed observeren, ze al snel door zullen krijgen dat we niet zijn waar we ons voor uitgeven. Op dat moment moeten we onmiddellijk beslissen welke actie we zullen ondernemen. De mensen in die landen zijn zeer emotioneel: ze raken snel in paniek en grijpen dan naar hun wapens. We kunnen ons wat dat betreft geen enkel risico veroorloven. Ze kunnen ons direct neerschieten en het enige wat we daar tegen kunnen doen, is hen voor te zijn. Volg je me nog?'

'Ja, ik begrijp het.' Het werd me allemaal steeds duidelijker; Dynamo gaf me zonder het te weten antwoord op een hoop vragen die ik had willen stellen.

Hij duwde zijn stoel naar achteren en stond op. 'Je hebt nog een hoop te leren, Geordie, en de beste tijd daarvoor is nu, dus laten we aan de gang aan. Kom maar mee.'

Ik deed wat hij me opdroeg en liep met hem mee naar de plek waar Spot en Chalky aan het oefenen waren geweest terwijl wij aan het praten waren. Dynamo wees op hen.

'Dit is geen gewoon ongewapend gevecht, Geordie, dit is een wetenschap! Laat me je het uitleggen. Jij, of liever gezegd wij, moeten in staat zijn iedere situatie het hoofd te bieden waarin we terechtkomen; deze manier van vechten, in combinatie met de wapens die we gebruiken, maakt dat mogelijk. Wij vieren moeten op een dusdanige manier op elkaar ingespeeld raken dat we, als we met een, twee of zelfs tien gewapende tegenstanders worden geconfronteerd, er zeker van zijn dat we ze uit kunnen schakelen. Om dat te kunnen doen moeten we vlakbij hen zijn, op een afstand van slechts enkele tientallen centimeters. We maken hierbij gebruik van het verrassingselement: we zijn niet gekleed als soldaten en dragen ook niet openlijk wapens. Tien zwaarbewapende mannen die vier ongewapende

mannen tegenkomen, zullen geen gevaar vermoeden en zullen denken dat ze de situatie volledig onder controle hebben. Ze zullen niet op hun hoede zijn en geen idee hebben dat de vier mannen waarvan zij denken dat het hun gevangenen zijn, hen zonder meer uit kunnen schakelen. Luister je nog?', vroeg hij, maar hij hief zijn hand op om te voorkomen dat ik een vraag zou stellen. Ik knikte en hij ging verder.
'Hoewel we kunnen doen alsof we gevangengenomen zijn en onze "overmeesteraars" kunnen laten geloven dat ze de boel onder controle hebben, kunnen we het ons in geen geval veroorloven dat ze ons vastbinden. Als dat gebeurt, bestaat de kans dat ze je in elkaar slaan of je voor je kop schieten en dat risico kunnen we niet lopen. Als het gevaar bestaat dat dat kan gebeuren, moeten we direct actie ondernemen. We hebben geen andere keus: we kunnen niet toestaan dat ze ons op de een of andere manier fysiek geweld aandoen omdat we daardoor verzwakt worden en misschien niet meer terug kunnen vechten. Dus, iedere aanwijzing dat een van hen gewelddadig zou kunnen worden of naar zijn geweer dreigt te grijpen, of ons wil trappen, slaan of wat dan ook, is het tijd om hem uit te schakelen. En om dit te kunnen doen hebben we de "machine" nodig! Deze is helemaal toegespitst op het controleren van een situatie waarin de tegenstander de controle denkt te hebben. Bedenk altijd dat een situatie waarin je door een groepje mannen bent omsingeld, uit kan lopen op gevangenschap of nog erger.'
'Het hele scala aan bewegingen dat we je zullen leren, is te gebruiken bij iedere vorm van gevecht, of je nu aangevallen wordt met een mes, een knuppel, een geweer, een pistool, een revolver of wat ook maar. Ik weet dat je denkt dat dit volkomen onmogelijk is. Maar neem bijvoorbeeld het geval waarin je met een mes wordt aangevallen', zei hij, terwijl hij een vlakbij liggende bajonet oppakte. 'Als die vent je in je gezicht probeert te raken en dan plotseling van richting verandert en het op je maag gemunt heeft, is het onmogelijk om dat te weten alvorens hij daadwerkelijk begint te bewegen. Die hele actie van hem zal niet meer dan een fractie van een seconde in beslag nemen. Jij doet er echter een fractie van een seconde langer over om door te krijgen wat zijn bedoeling is. In die tijd hangen je ingewanden al uit je buik.'
Om te demonstreren wat hij bedoelde, bracht Dynamo de bajonet in zijn rechterhand vliegensvlug naar de linkerkant van mijn gezicht. Instinctief deed ik mijn handen omhoog om hem af te weren en leunde ik iets achterover, weg van het mes. Maar ik was te laat; de bajonet raakte al mijn wang.
'Als je deze aanval wilt afweren, moet je voordat hij het ook werkelijk doet, al weten wat hij gaat doen. Dit zul je in de loop van de tijd wel leren.

Alleen door te anticiperen op iedere beweging die hij met het mes kan maken, kun je hem tegenhouden. Je zult moeten leren wie je vijand is, hoe hij te werk gaat en wat hij meestal in een bepaalde situatie zal doen. Je zult leren hoe je aan de bewegingen die iemand maakt, kunt zien of hij een mes of een geweer draagt, en daar dan naar handelen.'
Dynamo glimlachte. 'De bewegingen die je zult leren, zullen je de mogelijkheid geven al die delen van je lichaam die kwetsbaar zijn voor de aanval van je tegenstander, op een en hetzelfde moment te beschermen. Bovendien leer je hoe je zijn aanval in je eigen voordeel om kunt buigen om hem te ontwapenen en hem uit te schakelen, waarbij je zijn eigen wapen gebruikt. Gezien de vorderingen die je tot nu toe hebt gemaakt, denken we dat het slechts een paar weken zal duren voor je al de bewegingen onder de knie zult hebben. Dat komt goed uit want we hebben je al heel snel nodig.'
'Chalky!', riep hij. 'Pak die bajonet en val me met een snelle snijdende beweging aan op de linkerkant van mijn lichaam, op mijn gezicht of waar je ook maar wilt, zodat ik Geordie precies kan laten zien hoe je zo'n beweging kunt afweren.'
Chalky pakte de bajonet op en deed wat Dynamo had gevraagd. De reactie van Dynamo was ongelooflijk. Hij leek de beweging van Chalky te kennen nog voor deze hem had uitgevoerd. Zijn bewegingen hadden iets robotachtigs, toch voerde hij ze met ongelooflijke snelheid en precisie uit. Hij stopte de messteek die Chalky met zijn rechterhand op zijn maag had gericht, met een zeer ongebruikelijke beweging waardoor hij achter Chalky terechtkwam en hij hem kon ontwapenen.
'Zo doen wij dat', zei hij. 'Ik heb het op deze manier gedaan om je te laten zien hoe je de ontwapende tegenstander als schild kunt gebruiken voor het geval er nog een aanvaller is. Binnenkort zullen we je laten zien hoe je met behulp van de "machine" meerdere aanvallers tegelijkertijd kunt uitschakelen zonder dat ze doorhebben wat er precies gebeurt. Natuurlijk wist ik in dit geval wat Chalky zou gaan doen omdat ik het hem zelf had gevraagd. Ik wist echter niet waar hij me zou aanvallen en ook niet wanneer. Maar ook als hij van gedachten zou zijn veranderd en me op een totaal andere manier zou hebben aangevallen, zou ik, of liever de "machine", hem afgeweerd hebben.'
'Er zijn tien tot vijftien manieren om deze specifieke beweging af te weren,' zei Chalky, 'om Dynamo, als hij op de een of andere manier omsingeld is, in de juiste positie te brengen om zich te kunnen verdedigen. Het maakt in dit geval ook niet uit of de aanvaller een geweer of een mes gebruikt. Het belangrijkste is ervoor te zorgen dat je tegenstander je niet kan neerschieten. Je moet hem zo dicht mogelijk bij je laten komen,

zonder hem in paniek te brengen. Als dat lukt, ben je in staat hem en eventuele andere tegenstanders uit te schakelen.'

Ik was erg onder de indruk van wat Dynamo had laten zien. Het was ongelooflijk en ik popelde om het zelf te leren.

'Nog een ding, Geordie', zei hij. 'Wij doen dingen die anderen niet kunnen doen. Wij slagen in acties die gewone legereenheden niet kunnen uitvoeren, of wij steunen het leger zonder dat men weet dat wij dat doen. Wij gaan altijd zo te werk dat geen enkel land er verantwoordelijk voor lijkt te zijn. Als wij iemand elimineren, zorgen we ervoor dat niemand onze sporen na kan gaan. We kunnen het ons niet veroorloven dat de aandacht op ons gericht wordt en het hele land jacht op ons gaat maken. Om die reden proberen we altijd onze acties eruit te laten zien alsof er een ongeluk is gebeurd of iemand zelfmoord heeft gepleegd. We werken dus in totale geheimhouding.'

'Oké, ik zie aan je gezicht dat je begrijpt wat ik bedoel en dat je je graag bij ons wilt aansluiten. Dus laten we geen tijd verliezen.'

Chalky nam me mee naar een tafel waar een van de canvas tassen op lag. Hij haalde er twee messen, een sash en een MK1 uit.

'Hier, Geordie. Deze wapens zul je in het vervolg altijd bij je dragen. Je zult er dus keihard mee moeten oefenen. Je zult ontdekken dat al deze wapens afgestemd zijn op de bewegingen van de "machine". Nu moet je alleen nog leren ze te gebruiken.'

De training was ongelooflijk intensief: vanaf 's morgens vroeg tot 's avonds laat waren we vier tot vijf uur achter elkaar aan het oefenen, namen dan een korte pauze en gingen vervolgens weer vier tot vijf uur door. Hoewel het smoorheet was in de oude hut, wilde ik van geen stoppen weten. Dat was het merkwaardige van de situatie: des te meer ik leerde, des te gretiger ik werd om nog meer te leren; ik voelde me een verslaafde. Ik begon steeds beter te begrijpen wat het begrip 'machine' inhield.

Met wie van hen ik ook aan het trainen was, de bewegingen waren altijd precies hetzelfde, volkomen identiek. Het was bijna beangstigend. Zelfs toen ik pas ongeveer zeventig bewegingen had geleerd, voelde ik al dat er iets in mij veranderde. Ik voerde ze niet alleen exact uit, maar ik merkte ook dat ze een onlosmakelijk deel van mij werden. Na een bijzonder lange sessie met Spot pauzeerde ik even om het zweet van mijn gezicht te vegen.

'Ben je het zat?', vroeg hij. 'Wil je even stoppen?'

'Absoluut niet', antwoordde ik.

Spot grinnikte. 'Je hebt het goed te pakken, hè. Ik herinner me nog goed dat dat bij mij ook zo was. Ik kon op een bepaald moment ook niet meer

stoppen. Merkwaardig gevoel hè, alsof je iedereen de baas kan? Je voelt je prima, maar wacht maar af tot je al de bewegingen onder de knie hebt. Dan voel je je fantastisch. Misschien gaat het bij jou hetzelfde als bij Dynamo. Die hebben we een paar dagen vast moeten binden', lachte hij.
'Wordt het zo erg?', vroeg ik, terwijl ik ook moest lachen.
'Nog erger dan dat! Je hebt er geen idee van waar je aan bent begonnen.'
'Wat bedoel je precies?'
'Nou ja, ik wil je niet ontmoedigen...'
'Dat lukt je nooit,' onderbrak ik hem.
'Oké, dan. Ik herinner me nog de eerste actie waar ik aan meedeed', ging hij door. 'Toen we teruggingen, voelde ik me enige tijd bijzonder vreemd. Ik voelde me schuldig dat ik iemand had gedood. Tegelijkertijd was ik ook zeer tevreden dat het zo goed was gegaan. Ik denk dat wij allen ooit datzelfde gevoel hebben gehad. Tegen de tijd dat ik mijn tweede actie moest uitvoeren, gebeurde er echter iets anders. Het is misschien moeilijk te begrijpen, maar ik voelde een soort opwinding in me opkomen. Bij het idee dat ik naar een vijandig land zou gaan waarvan je wist dat de inwoners je het liefst voor je donder zouden willen schieten, begon de adrenaline door mijn aderen te stromen. Het gevoel dat je in vermomming een zwaarbewaakt gebied binnengaat en letterlijk onder de ogen van de vijand een operatie uitvoert – een moordaanslag of iets anders – in het besef dat het je leven kan kosten en je komt daar zonder kleerscheuren weer uit vandaan, is ongelooflijk!' Spot keek enige tijd bedachtzaam voor zich uit alvorens verder te gaan.
'Wat ik vooral fantastisch vind, is het verrassingselement, in het bijzonder als ze denken dat het onmogelijk is door hun linies heen te breken. Om op je bestemming aan te komen en te ontdekken dat de situatie anders is dan op de foto's die je van tevoren hebt gezien en dan je plannen te moeten aanpassen, heerlijk! Het idee dat je onder hun ogen problemen die je tegenkomt, tot een goed einde moet zien te brengen, dat je iets dat onmogelijk lijkt mogelijk kunt maken: daar krijg ik een kick van! Dat de dingen die je hebt geleerd, je altijd van pas komen. Begrijp je?'
Ik knikte. Zijn enthousiasme was aanstekelijk.
'Kijk, we vallen aan op een manier die ze totaal niet verwachten, waardoor ze geen idee hebben wat er gebeurt. Op de een of andere manier lijkt het daardoor of we vals spelen. Je zou je bijna schuldig gaan voelen. Dat geeft een kick, en ook het feit dat we meestal al weer op weg naar huis zijn voordat ze ontdekken wat er is gebeurd. Ik herinner me nog een actie, ik kan je niet zeggen waar dat was, waarbij we achteraf vernamen dat ze niet wisten wat ze aanmoesten met de plotselinge dood van een bewaker en een aantal waardevolle documenten die vermist werden. Ze wisten niet pre-

cies wat er gebeurd was. Via de inlichtingendienst kwamen we erachter dat iemand dacht dat hij iets had gezien, maar helemaal zeker was hij daar niet van. Dat ontlokte bij Ken de uitdrukking: "Er was een man die er niet was. Ook vandaag was hij er niet. Ik wou dat die man verdween." '
'Zoiets zei hij ook tegen mij toen ik hier de eerste keer was', zei ik.
'Ja, Geordie, dat is zo'n beetje ons motto, als je begrijpt wat ik bedoel. Het is ongeveer hetzelfde idee als wanneer iemand in je kamer is geweest: er is ogenschijnlijk niets veranderd, maar je weet zeker dat er iemand is geweest, nietwaar? Of als iemand tien minuten voor jij thuiskomt je huis heeft verlaten: je weet dan instinctief dat diegene kort voor jou het pand heeft verlaten.' Ik knikte. Ik wist precies wat hij bedoelde.
Plotseling stootte hij me aan. 'Hé, Geordie, herinner je je nog die pauze die je niet wilde? Wel die heb je nu toch gekregen, of je nu wilt of niet. Ik heb namelijk zeker een half uur tegen je aan zitten praten om je allerlei dingen uit te leggen. Laten we dus maar weer snel aan het werk gaan!'
En zo ging mijn training met hen weer verder. Ik vond het geweldig, ik leerde hoe ik me moest bewegen, hoe ik moest denken; ik werd een totaal ander mens. Soms was ik hele weken bij hen, waarbij ik alleen de weekeinden in het kamp doorbracht. Op andere tijden trainde ik slechts enkele dagen met hen en verbleef ik de daaropvolgende twee weken in het kamp. Ik wist nooit precies wanneer ik ze weer terug zou zien. Bovendien had ik het idee dat niemand in het kamp enige argwaan koesterde.
Degenen in het kamp die mij de hand boven het hoofd moesten houden, deden dat klaarblijkelijk zeer goed. Ze werden daarbij echter wel geholpen door de ontegenzeglijk slechte organisatie binnen het leger. Als je eenmaal je orders had ontvangen en naar een ander kamp was gestuurd, scheen niemand zich nog druk om je maken, als je maar weer op tijd terug was en je papieren in orde waren.
In het begin begonnen ze vaak te lachen als ze zagen hoe ik iets dat ze me gevraagd hadden, uitvoerde. Als ze vervolgens hoofdschuddend wegliepen, kreeg ik al snel het idee dat ik het helemaal verkeerd deed, of dat ze me voor de gek hielden. In de war schoot ik Chalky aan.
'Waarom moeten jullie zo lachen?', vroeg ik hem, terwijl ik naar mijn broek keek om te zien of daar iets mis mee was. 'Wat is er zo grappig?'
'Niks, Geordie! Doe het alleen een beetje rustiger aan, dat is alles. Je zet ons voor lul!', zei hij. 'Nee, alle gekheid op een stokje, ik maak maar een grapje. Je leert verdomme veel sneller dan wij ooit hebben gedaan!'
'Nog dertig of veertig bewegingen en je bent klaar', voegde Dynamo eraan toe.
'Klaar voor wat?', wilde ik weten.
'Daar kom je snel genoeg achter. Ieder moment kunnen we weer iets te

doen krijgen en dan moet je er klaar voor zijn. Gezien de snelheid waarmee je vorderingen maakt, zul je al snel zover zijn dat je enkele inwijdingstesten kunt ondergaan!'
'Inwijdingstesten? Ik dacht dat ik die al had gedaan!'
'Nee, de testen die ik nu bedoel, zijn om te zien hoe snel je dingen op kunt pikken, hoe snel je je aan verschillende situaties aan kunt passen, hoe snel je leert een rivier over te steken, enzovoort', legde hij me uit.
Ik was opgelucht dat ze voornamelijk moesten lachen om de verbazingwekkende snelheid waarmee ik me dingen aanleerde en me snel aanpaste aan situaties die voor anderen misschien ondenkbaar waren. Hoewel ze me niet aan hoefden te moedigen, was het een geweldig gevoel tenminste eens in mijn leven voor iets geprezen te worden. Ik was zelf ook verbaasd over de snelheid waarmee ik me de bewegingen eigen maakte en hoe gemakkelijk ik overnam wat ze me lieten zien. Niet voor de eerste keer vroeg ik me af hoe iemand ooit had kunnen weten dat ik hiertoe in staat was, terwijl ik dat zelf nooit had geweten.
Hoewel ik het relatief gemakkelijk vond om de bewegingen van de 'machine' na te doen, duurde het toch enige tijd voordat alles op zijn plaats viel. Tot die tijd leken mijn bewegingen geen enkel effect te hebben. Maar na enkele dagen oefenen begreep ik dat alles met elkaar samenhing, de bewegingen, de combinaties, de wapens, de messen en de sash.
Het doel was mij om te vormen tot een soort vechtmachine. In het begin had ik geen idee hoe deze oefeningen dat ooit konden bewerkstelligen: het waren de meest normale bewegingen die ik ooit had gezien. Ik dacht zelfs even dat ze misschien overdreven over het effect van mijn oefeningen. Maar na een aantal trainingssessies begon ik langzamerhand te begrijpen hoe de 'machine' werkte en wat ik ermee zou kunnen bereiken. Uiteindelijk kon ik de honderdvijftig basisbewegingen voor afweren en aanvallen combineren tot de zevenduizend welomschreven handelingen waar Dynamo me over had verteld. De macht die ik ontwikkelde terwijl ik de bewegingen leerde, was enorm en de manier waarop ik nu in staat was me te bewegen was ongelooflijk. Ze hadden gelijk, er was geen andere manier om het te beschrijven: ik handelde als een soort machine.
Het werd me langzamerhand duidelijker. Ik wist nu dat ik zonder mijn vuisten te gebruiken, zonder te slaan of te schoppen, iemand vrij eenvoudig kon doden of anderszins letsel toe kon brengen; iemands nek of ledematen breken bleek een fluitje van een cent te zijn. Hoewel het effect van mijn acties enorm krachtig was, vergden ze relatief weinig moeite en energie, waardoor ik me nooit uitgeput voelde. Het was ongelooflijk!
Het bleek de juiste manier om een aantal mannen uit te schakelen zonder naar de wapens of explosieven te grijpen. Ik kon me geen manier voor-

stellen hoe je dat met meer succes zou kunnen doen. Degene die deze manier van vechten had uitgedacht, wist precies wat hij aan het doen was. Het was een ingenieus uitgedacht systeem. Alle onderdelen van je uitrusting fungeerden als een verlenging van je lichaam, waarbij alles zo goed op elkaar aansloot als de stukjes van een legpuzzel. Bovendien had je nog de messen en de sash om het geheel te completeren.

Toen ik begon met het oefenen met de sash, dat wonderbaarlijke deel van mijn uitrusting, was ik stomverbaasd over wat ik ermee kon doen. Hoewel ik nog niet alle bewegingen had geleerd en ik alleen de knolrapen tot mijn beschikking had om op te oefenen, was het ongelooflijk waar ik met de sash toe in staat was. Het werken met dit wapen sloot naadloos aan op wat ik tot nu toe had geleerd. Het gaf me de mogelijkheid iedere tegenstander die ik niet met mijn handen kon bereiken, uit te schakelen. Ik kon me voorstellen hoe verrast de aanvaller zou zijn als hij zou kunnen zien wat het effect van dit wapen was. Dat effect zou hij echter nooit zien want in enkele seconden zou hij aan stukken gereten zijn.

Het hele systeem zat zo ongelooflijk goed in elkaar dat het duidelijk was waarom het zo geheim werd gehouden. Het was het soort kennis waarvan je niet wilde dat iemand anders ervan op de hoogte was. Daarentegen twijfelde ik er sterk aan of iemand van mijn kameraden in het kamp er ooit in zou slagen deze technieken onder de knie te krijgen: ze deden er al weken over om een beetje te leren marcheren.

Volgens mij was het ontwapenen van iemand die jou zonder gewetenswroeging zou kunnen doden, een behoorlijk moeilijk karwei. Nog veel moeilijker was het echter een persoon tegen te houden die daadwerkelijk op je probeert te schieten, en er zelfs voor te zorgen dat hij precies doet wat jij wilt.

Ik was nu vrij gemakkelijk in staat te voorkomen dat een groep aanvallers het vuur op me zou openen. In dat geval zou ik namelijk een van hen uitschakelen en me dusdanig bewegen dat als ze het vuur op me zouden openen ze zonder twijfel elkaar zouden neerschieten. Dit was een ander onderdeel van mijn training: leren hoe ik elke situatie en de handelingen die eruit voortkomen, onder controle kan krijgen.

Het was fantastisch om te zien hoe wij vieren als groep samenwerkten. Omdat we steeds precies wisten waar de anderen zich bevonden, konden we onze bewegingen op elkaar afstemmen en ervoor zorgen dat we elkaar niet in weg liepen. En omdat ik geleerd had mijn hoofd tegelijkertijd met mijn lichaam te bewegen als ik me in een andere richting draaide, was ik in staat continu het overzicht te behouden, waardoor ik iedere aanval kon zien aankomen. Hierdoor kon ik ook maximaal van de uithoeken van mijn ogen gebruikmaken.

Ik leerde te beslissen wie ik als eerste moest aanvallen als ik omsingeld zou zijn. Door achterwaarts op mijn slachtoffer af te lopen, zou ik hem in de verleiding brengen mij in de rug aan te vallen, waardoor ik de situatie onder controle had en ik me in de positie kon manoeuvreren die ik nodig had om iemand anders aan te vallen, waarbij ik de eerste persoon, indien nodig, als schild zou kunnen gebruiken. Door zo te handelen zou ik altijd de situatie onder controle hebben. Door me op die manier te verplaatsen was ik in staat op ieder moment 360 graden om me heen te kijken. Ieder die ik op die manier aanraakte, zou uitgeschakeld zijn, of gewond, zodat hij me niet nog een keer zou kunnen aanvallen. Iedereen die ik niet direct op deze manier zou kunnen bereiken, zou ik met behulp van de sash uit kunnen schakelen.

Het was een schitterend systeem, net zo mooi uitgedacht en ingewikkeld als een schaakspel.

HOOFDSTUK 7

Klaar voor actie

Zodra ik de bewegingen van de machine beheerste, begonnen ze me onderricht te geven in de speciale manieren om lijnen terug te trekken, waarbij we een groot aantal verschillende pijlpunten gebruikten om ravijnen en schijnbaar ondoorwaadbare rivieren te overspannen.

Tijdens een van die oefeningen besloot Dynamo dat het tijd was dat ik enkele inwijdingstesten zou moeten ondergaan.

'Oké, we zijn al behoorlijk opgeschoten, Geordie, en je hebt de training met de machine en de wapens sneller tot een goed einde gebracht dan we verwacht hadden. Dat is altijd meegenomen; zoals we je al eerder hebben verteld, weten we nooit wanneer we weer opgeroepen worden en als dat het geval is, moeten we op volle oorlogssterkte zijn: er zijn echter nog een aantal dingen die je moet weten.'

'Zoals je weet, kiezen we altijd moeilijke plekken uit om over te steken, zodat we zeker weten dat iemand die niet over onze vaardigheden en kennis beschikt, ons niet kan volgen. Herinner je je nog dat ik je een tijdje geleden zei dat je nog enkele inwijdingstesten zou moeten doen om te bekijken hoe snel je het oversteken van rivieren en dergelijken zou kunnen leren?' Ik knikte.

'Wel, dat gaan we vandaag doen. Zie je, Geordie, we wilden niet alleen dat je de bewegingen van de machine zou leren, maar we wilden ook weten of je na kon denken, en dat gaan we dus testen vandaag', zei hij grinnikend. 'Als je de opdracht niet binnen een uur uit kunt voeren, hoef je er niet op te rekenen dat je vandaag nog een kop thee krijgt.'

'Ja, ja,' zei ik lachend, omdat ik wel wist dat hij me peste met de hoeveelheid thee die ik iedere dag dronk, en dat ik altijd in was voor nog een koppie. 'Wat moet ik doen?'

Hij wees op het andere eind van het gebouw. 'Zie je daar dat ei bovenop dat stuk hout?'

'Ja, natuurlijk!' Ongeveer twaalf meter van mij vandaan stond een ongeveer vier cm dik en vijftien cm lang houtje met daarbovenop een ei. Het

was duidelijk dat bij de geringste beweging het ei zou vallen en breken.
'Oké. Nou blijf hier even staan.' Ik deed wat hij gezegd had en keek naar het ei, waarbij ik me afvroeg wat hij van plan was; waarschijnlijk wilde hij een of andere grap uithalen. Dynamo kwam terug met een bol touw, een karabiner en een klein stukje hout.
'Beweeg je niet, Geordie', zei hij, terwijl hij om me heen met het stokje een cirkel in het stof trok. 'De bedoeling is dat je het ei vanaf het stuk hout, zonder het te breken natuurlijk, in deze cirkel moet zien te krijgen. Het ei mag in geen geval de grond raken en je mag de cirkel niet verlaten. Bovendien mag niemand je helpen. Hier heb je een bol touw en een karabiner. Je krijgt vijf minuten om nog iets anders te zoeken dat je zou kunnen gebruiken. Begrepen?'
'Ik word toch niet belazerd, hè?'
'Nee, helemaal niet! Het is heel serieus, jochie, en je tijd gaat nu in!'
Er was niet veel meer te vinden dan een oud olievat dat we als vuilnisbak gebruikten. Er zat alleen een in elkaar getrapte kartonnen doos in die we hadden weggegooid. Alles beter dan niks, dacht ik, hoewel ik op dat moment geen idee had waar ik hem voor zou kunnen gebruiken. Zo gauw ik de doos had opgepakt, gaf Dynamo het teken dat mijn tijd voorbij was.
'Oké, je tijd is om. Ga in de cirkel staan.'
'Je maakt een grapje', zei ik. 'Ik heb alleen dit stuk karton.'
'En een bol touw en een karabiner, meer heb je toch niet nodig?', zei hij, nog steeds lachend.
'Heb jij dit ook moeten doen?'
'Ja, natuurlijk, wij allemaal', grinnikte hij. 'Oké, ik geef je drie kwartier. Begin maar.'
Ik ging zitten. Als zij het konden, kon ik het ook, dacht ik. Ik zat ongeveer tien minuten na te denken, terwijl ik naar de structuur van het gebouw keek om uit te vinden wat ik kon gebruiken. Ik wist hoe ik het touw op die plaats kon krijgen en weer terug, maar ze hadden me niet geleerd hoe je een ei op kon hijsen zonder het te breken.
Toen zag ik het plotseling. Ik was er redelijk zeker van dat het me door van het stuk karton weer een doos te maken en het touw en de karabiner te gebruiken, zou lukken. Met mijn mes maakte ik een lange snee in de bodem van de doos en haaks daarop twee kleinere sneetjes, een aan elk uiteinde van de lange snee, waardoor ik twee flappen kreeg. Nadat ik de karabiner aan het touw had vastgemaakt, wierp ik deze over de steunbalk vlak boven het ei. Door het touw te manipuleren op de manier die ze me hadden geleerd, was ik in staat de karabiner weer naar me toe te krijgen.
Vervolgens maakte ik vier kleine gaten in de bovenkant van de doos, waardoor ik het tweede stuk van het touw haalde. Hierna maakte ik de

karabiner zowel aan het touw vast als aan de bovenkant van de doos om deze enigszins te verzwaren. Vervolgens manoeuvreerde ik met de twee touwen de doos dusdanig dat hij ongeveer vijf centimeter boven het ei kwam te hangen. Ik liet de doos over het ei zakken; door het toegevoegde gewicht van de karabiner bovenop de doos zakte hij er mooi overheen. De twee flappen gingen open, het ei kwam in de doos terecht en vervolgens sloten de twee flappen zich weer.

Ik hoefde nu alleen nog maar de doos weer naar me toe te trekken. Ik dacht even dat ik het verpest had toen het stukje hout omviel en ik het ei niet meer zag. Ik ging er al van uit dat het gevallen was, maar zeer tot mijn verrassing en die van mijn collega's zat het nog in de doos. In iets meer dan een half uur had ik het karwei geklaard.

'Briljant, Geordie', riep Chalky uit, terwijl ze allemaal applaudisseerden.

'We hebben dit allemaal wel eens gedaan, maar niemand kwam met de oplossing die jij hebt bedacht', zei Spot.

'Dan heb ik nu zeker wel een kop thee verdiend, niet?'

Dynamo lachte. 'Dit is nog maar het begin, probeer dit nu maar eens. Blijf in die cirkel staan en beweeg je niet.' Hij liep naar de andere kant van de ruimte en zette een kleine tafel neer op de plaats waar het stukje hout en het ei hadden gelegen. Hierna kwam hij weer terug en gaf hij me een baksteen omwikkeld met een stuk jute.

'Oké. Maak deze steen stevig vast onder de tafel. Als je daar mee klaar bent, mag er niets, geen draad of wat dan ook, zijn dat jou met de steen of de tafel verbindt. Je hebt net zoveel tijd als voor de vorige test. Pas als je dit hebt opgelost, krijg je je thee.' Hij pauzeerde even en grinnikte. 'Daarna heb je er nog maar drie te doen.'

Ik begreep nu waarom hij de eerste test de gemakkelijkste had genoemd! Ze hadden me uitgelegd dat deze opdrachten tot doel hadden mijn beoordelingsvermogen, de mate waarin ik initiatieven nam, mijn snelheid van denken en mijn feitelijke denkproces te testen. Een hele mond vol, nietwaar.

Ik werd hierdoor gedwongen op een geheel ander manier te denken dan ik gewend was en iedere opdracht vereiste weer een andere invalshoek. Hoewel ik dit soort dingen nog nooit had gedaan, kreeg ik na de eerste taak de smaak al direct te pakken. En ik merkte dat ik het bijzonder leuk vond om te doen. Iedere volgende taak was weer moeilijker dan de vorige, maar ik merkte dat als ik mijn gedachten maar de vrije loop gaf, ze in feite steeds gemakkelijker werden om uit te voeren. Een in het bijzonder was echter een regelrechte breinbreker en ik brak mijn hoofd erover hoe ik hem op moest lossen.

Toen Dynamo me zo gul een kop thee aanbood, had ik kunnen weten dat er een addertje onder het gras zat. Hij zette de kop neer op een vlak stuk hout van ruwweg vijftig bij vijftig centimeter dat op ongeveer vijftien meter van mij af lag. 'Als je je thee wilt drinken voordat hij koud is, moet je het kopje zonder te morsen naar de cirkel brengen waar je nu in staat. Het kopje moet echter op het hout blijven staan en je mag de grond niet raken', riep hij naar mij vanaf de andere kant van de ruimte.

Ik had eerst geen idee wat ik moest doen. Ik bleef in de cirkel staan en brak mijn hoofd over dit probleem. Toen hij echter naar me toekwam en me twee draadvormige kleerhangers gaf, wist ik direct hoe ik het op moest lossen.

Het waren moeilijke opdrachten. Ik had echter het gevoel dat ik voor het eerst in mijn leven mijn hersens echt had gebruikt. Ik was zeer tevreden dat ik alle testen nog diezelfde middag tot een goed einde had gebracht. Ik voelde me zeer voldaan.

'Uitstekend gedaan, jochie', zei Chalky, terwijl hij me op mijn schouder klopte.

'Erg slim', zei Spot langzaam, waarbij hij het laatste woord extra nadruk gaf.

'Om eerlijk te zijn ben ik sprakeloos over de manier waarop je die testen hebt uitgevoerd. Ik vind het ongelooflijk en dat meen ik echt. Jouw snelle manier van denken en je beoordelingsvermogen komen ons uitstekend van pas en te oordelen naar wat we tot nu toe van je gezien hebben, is het duidelijk dat je over een natuurlijke aanleg beschikt om je dit soort dingen zeer snel eigen te maken', zei Dynamo tegen mij.

Ik vond het prettig te horen dat ze zo tevreden over me waren, maar ik voelde me ook enigszins verlegen. Dat ik echter van zulke ongelooflijk slimme mannen dit soort complimenten kreeg, was natuurlijk fantastisch. Hun scherpe, intelligente geesten stonden nooit stil. Altijd waren ze op zoek naar oplossingen. Alles wat ze deden, deden ze, naar mijn mening, op een slimme, doordachte manier: ook voor de hand liggende dingen als het stappen uit een voertuig, het lopen op een trap of zelfs het oppakken van een pen. Het leek wel of ze dit soort alledaagse dingen gebruikten om een bepaald doel te bereiken.

'Omdat we je met alle onderdelen van je uitrusting willen laten trainen, gaan we morgen de heuvels in', ging Dynamo verder.

'Te gek!', riep ik uit. 'Het lijkt me fantastisch om daar te trainen nu ik enig idee heb waar alles voor gebruikt kan worden.'

'We moeten je nog heel wat leren, Geordie', zei Chalky. 'Het probleem is echter dat we in dat gebied nooit meer dan een paar dagen achtereen kunnen blijven. De Britse troepen patrouilleren daar regelmatig en het zou een ramp zijn als ze ons daar zouden tegenkomen. We zijn al een paar

keer in het verleden op het nippertje aan ze ontsnapt.'
'Wat bedoel je, wat gebeurde er dan?'
'Kijk, het zijn onze eigen mensen maar ze mogen in geen enkel geval weten wat we doen.'
'Bedoel je dat je ze...?', zei ik verbijsterd.
'Ja', onderbrak Spot me, voor ik mijn zin had kunnen afmaken. 'We hebben geen andere keus; zie je, zij zullen waarschijnlijk denken dat we terroristen zijn en ons zonder pardon neerschieten. Het risico dat ze op ons beginnen te schieten kunnen we simpelweg niet nemen.'
'We moeten dat soort situaties dus tegen elke prijs vermijden', voegde Dynamo daaraan toe. 'Houd altijd in gedachten dat we eigenlijk niet bestaan. We kunnen het ons niet veroorloven dat iemand ons ontdekt, in het bijzonder niet iemand van onze eigen mensen. Bovendien zijn we ze al, zoals Chalky zei, een of twee keer bijna tegen het lijf gelopen.'
'Dus laten we hopen dat dat niet nog een keer gebeurt', zei Chalky bedachtzaam. 'De belangrijkste reden dat ik dit onderwerp nu aansnijd, is dat we het oversteken van een rivier alleen aan de voet van de heuvels kunnen oefenen. Dat is namelijk de enige plaats waar de rivieren breed en diep genoeg zijn om aan ons doel te kunnen voldoen. Omdat er elders op het eiland geen enkele echt geschikte oefenplek meer is, zullen we het hiermee moeten doen.'
'Oh, Geordie, zou je iets voor me willen doen?', vroeg Dynamo. 'Zou je naar buiten willen gaan en van achteren de jeep willen halen.' Ik liep naar buiten en stond net op het punt in te stappen toen ik plotseling boven me een geluid hoorde en Chalky van het dak naar beneden gleed, waarna hij me vastgreep en me bij de jeep vandaan trok.
'Sorry, Geordie', zei hij verontschuldigend. 'Maar dit doe ik altijd als ik met de jeep wegga. Je kunt die klotebevolking hier voor geen cent vertrouwen. Ze zitten overal met hun klauwen aan, weet je.'
En toen boog hij zich voorover en haalde hij zijn mes van onder de bestuurdersstoel vandaan, waar hij het met de punt omhoog had vastgemaakt, zodat het net tegen de onderkant van de bekleding kwam. Iemand die plompverloren op die stoel was gaan zitten, zou wel van een zeer koude kermis thuisgekomen zijn!
We brachten vier dagen op en rond het Troodosgebergte door. Ze leerden me een aantal overlevingstechnieken en we oefenden in het abseilen en het oversteken van rivieren of ravijnen, waarbij we de vreemduitziende pijlpunten gebruikten waar ik me eerder zo over verwonderd had. Er waren geloof ik zeven of acht verschillende typen en wat je ermee kon doen, was op zijn minst zeer ingenieus.
Geen wonder dat ze alles geheim wilden houden, dacht ik, toen ze me het

nut van de verschillende pijlpunten uitlegden. Plotseling begon ik in te zien waarom ze zulke vreemde vormen hadden. Ik was gefascineerd en voelde me als een klein kind met een nieuw stuk speelgoed.
Terwijl we door het gebied trokken, zochten ze een aantal verschillende plaatsen uit om me de werking van mijn uitrusting te demonstreren en me vertrouwd te maken met de diverse onderdelen ervan.
'Zoals we je al eerder hebben uitgelegd,' zei Chalky, 'stellen deze uitrustingsstukken ons in staat de schijnbaar onmogelijkste taken uit te voeren en geven ze ons de mogelijkheid ons via de meest onverwachte routes te verplaatsen. Laat ik maar beginnen met je te vertellen hoe iedere pijlpunt wordt genoemd en waar hij voor wordt gebruikt.' Hij pakte er een op en gaf hem aan mij.
'Deze wordt een 'single-shot-pickup' genoemd. Hij wordt gebruikt om een dunne draad over een rivier of van het ene gebouw naar het andere te schieten, voor het geval er maar één zekeringspunt is. Vervolgens kunnen we dan een gewoon touw eraan vastknopen en dat via het dunne draad naar de overkant en weer terug trekken. Deze twee worden altijd in combinatie met elkaar gebruikt', zei hij terwijl hij me twee andere liet zien. 'Dit is een 'stub-end' en dit is een 'pickup', en dan hebben we er hier nog een die de 'gripper' wordt genoemd. Ze worden allemaal voor hetzelfde doel gebruikt als de 'single-shot-pickup', namelijk om een dunne draad touw over een kloof te schieten, waarna het dikkere touw kan volgen.'
Het was mooi spul. De meeste hadden ze zelf ontworpen en uitgedacht.
'Dat we zo'n groot aantal verschillende types hebben, komt omdat we goed voorbereid willen zijn en iedere situatie het hoofd moeten kunnen bieden. We moeten namelijk een lijn kunnen schieten in zeer uiteenlopende gebieden en terreinen', legde Spot uit. 'Door deze pijlpunten in combinatie met een gewone boog of een kruisboog te gebruiken, afhankelijk van de afstand die we moeten overbruggen, en door ons vast te maken aan een dikker touw en ons met katrollen naar de andere kant te verplaatsen, kunnen we zeer snel een obstakel of afstand overbruggen, zonder natte voeten te krijgen.'
Hoewel de training net zo zwaar en intensief was als daarvoor, voelde ik me in mijn element en genoot ik van ieder onderdeel ervan. Ik popelde om me alles eigen te maken en het geleerde eventueel in de praktijk toe te kunnen passen.
De volgende week bracht ik weer in het kamp door, maar omdat Dynamo me had gewaarschuwd dat er elk moment het bevel voor een operatie kon worden gegeven, ging ik ervan uit dat ik alweer snel door hen opgepikt zou worden. En dat klopte ook: de volgende maandag stond Chalky me op de weg op te wachten.

Terwijl de oude gedeukte Amerikaans jeep over de hobbelige en stoffige weg reed, waarbij we een spoor van witte stofwolken achterlieten, draaide hij zich, grinnikend van oor tot oor, naar mij toe.
'Dit zou weleens je geluksdag kunnen zijn, jochie', schreeuwde hij boven het geluid van de motor uit. 'Je zat toch te popelen om de machine in actie te zien? Nou, vandaag krijg je de kans daartoe. Dat wilde je toch zo graag?'
'Wat, wat is er gebeurd? Wat moeten we doen?', schreeuwde ik terug waarbij ik me verwoed aan mijn stoel probeerde vast te houden terwijl we over het hobbelige terrein reden. Chalky gaf niet meteen antwoord omdat op hetzelfde moment een van de voorwielen met een grote knal tegen een grote steen aankwam. De jeep slingerde enorm en sloeg bijna om. Ik kwam hard tegen de stalen rand van wat ooit het windscherm was geweest terecht en werd bijna op de motorkap geworpen. Chalky lachte toen hij de wagen weer onder controle had en ik viel terug in mijn stoel, terwijl ik over mijn gekneusde ribben streek. Hij vond dit klaarblijkelijk erg leuk.
'Wat we moeten doen?', herhaalde hij, terwijl hij mijn accent nadeed. 'Je begint al net zo te praten als wij. Wacht nog maar een paar minuten. Je hoort het wel als we in de hut zijn', gilde hij, nog steeds lachend.
Na ongeveer tien minuten stopte hij met gierende remmen de auto voor de gammele trainingshut en stapte op zijn gebruikelijke manier via de motorkap uit.
'Wat denk je wel?', zei ik. 'Altijd heb je het erover dat ik zo waardevol voor je ben, terwijl je zojuist ons beide bijna de dood in hebt gereden.'
Chalky lachte alleen maar. 'We hadden geen tijd te verliezen, Geordie, er is werk aan de winkel. Bovendien konden we het ons niet veroorloven dat we door een Britse patrouille gezien zouden worden.'
Plotseling hoorde ik een ploffend geluid aan de achterkant van de jeep en voelde ik een koud stuk metaal tegen de achterkant van mijn nek drukken, waarna een bekende stem vlakbij mijn oor 'Hebbes!' zei. Ik draaide me om en keek in het grinnikende gezicht van Dynamo. Hij richtte een .303 geweer op mij.
'Waar kom je in godsnaam vandaan?', vroeg ik. Ik had hem niet aan horen komen en zag niets in de buurt waar hij zich zou hebben kunnen verstoppen.
'Ik controleerde alleen maar of jullie niet gevolgd werden', zei hij. 'Maar er komt een dag dat ik dit niet meer met je zal kunnen uithalen.' Hij sprong van de jeep af en liep achter Chalky het gebouw in. Ik vroeg me af of hij ons misschien vanuit de heuvels had zien aankomen. Maar aangezien hij zijn camouflagepak aanhad, had hij zich ook ergens anders schuil kun-

nen houden. Ik zette die gedachte echter van me af en moest, ondanks mijn pijnlijke ribben, lachen. Ik volgde hen naar binnen.

'Hé, doe die deur achter je gat dicht!', schreeuwde Spot. Door de komst van de jeep was er veel stof opgewaaid en iedere keer dat de deur openstond, kwam dat naar binnen. Tot mijn verrassing zat Ken bij Spot aan tafel. Ik had hem niet meer gezien sinds die nacht van 'Een-Stap-Verder', ongeveer vier maanden geleden. Chalky had me verteld dat Ken degene was die ons onze orders bracht en het transport, en wat we ook maar nodig hadden, regelde.

'Hallo, Geordie, kom erbij!', zei hij. 'Leuk je weer te zien. We zijn nu compleet, dus kunnen we beginnen. Ik heb een karweitje voor jullie.'

Spot lachte naar mij toen Chalky en Dynamo zich ook bij ons voegden. Dynamo schoof met zijn voet een stoel naar mij toe en gebaarde me naast hem te komen zitten. 'Nou, Geordie, nu gaan we lol maken', zei hij, terwijl hij in zijn handen wreef.

Chalky zag blijkbaar dat ik zeer verbaasd was. 'Ja, Geordie, lol. Als je een paar van dit soort operaties hebt meegemaakt, weet je precies wat we bedoelen', zei hij.

Ik pakte een paar sandwiches van een schaal die Spot liet rondgaan en schonk een kop thee in. Hoewel ik nu onderdeel van het team was, had ik de indruk dat de operatie die we gingen uitvoeren, al voor mijn aankomst was besproken, en alleen om mij op de hoogte te stellen werden de details nog eens doorgenomen.

'Oké, mannen', begon Ken. 'In de bergen zit een groep die wij verantwoordelijk houden voor het transporteren van het merendeel van de wapens op dit eiland. Zoals we uit het verleden weten, gaan ze meestal als volgt te werk: ze vallen aan en gaan er dan direct weer vandoor. Ze maken daarbij gebruik van geweren of zelfgemaakte bommen en apparaten om brand mee te stichten. Hun doelen zijn voornamelijk Britse militairen en militaire installaties. Jullie hebben waarschijnlijk wel gehoord over die incidenten waarbij Britse militairen en hun gezinnen werden gedood.'

Ik had natuurlijk in het kamp de geruchten vernomen over de moord op een aantal Britse militairen, in het bijzonder het gerucht over een Britse militair die voor de ogen van zijn zoontje in Nicosia was neergeschoten. Klaarblijkelijk hadden de terroristen het nu ook op de gezinnen van de militairen gemunt. Het gerucht ging dat de vrouw van een sergeant samen met haar dochter was vermoord terwijl ze aan het winkelen waren. Het merendeel van deze ogenschijnlijk lukrake terroristische aanslagen vond op klaarlichte dag plaats; ze hadden tot doel de Britse troepen die op Cyprus waren gelegerd, te demoraliseren en een sfeer van paniek te creëren. Toch werden deze geruchten niet door het leger bevestigd, omdat

men wilde voorkomen dat Britse militairen als dolle stieren wraak zouden nemen op de plaatselijke bevolking.
‘De inlichtingendienst heeft ons bericht,’ ging Ken verder, ‘dat het aantal terroristen groeiende is. Men denkt dat er nu ongeveer tweehonderd actief zijn op het eiland, nog afgezien van de sympathisanten van het EOKA. Het merendeel van hen houdt zich verborgen in het Troodosgebergte, waar ze ook hun training ontvangen.’
‘Er zijn toch wel genoeg troepen op het eiland om hen aan te kunnen pakken?’, vroeg Chalky.
‘Jawel, het leger heeft het aantal patrouilles in dit gebied opgevoerd en wegversperringen opgeworpen’, ging Kent verder. ‘Over het algemeen doen ze het, gezien de omstandigheden, helemaal niet slecht, maar ze hebben niet genoeg manschappen en ze kunnen zich, tot op zekere hoogte, niet alles permitteren. Dus roepen ze onze hulp. Het grootste probleem is volgens mij echter dat ze deze mensen en de hulp die ze krijgen, schromelijk onderschatten.’
‘Waar het hier om draait, is dat die klootzakken schijnbaar bezig zijn hun tactiek te veranderen. Volgens onze informatie verwachten de Grieken dat de Turken elk moment het eiland kunnen binnenvallen. Ze bereiden zich dan ook voor op een aanval. Onze inlichtingendienst denkt dat ze nu ook van betere wapens worden voorzien. Wat voor soort wapens dat zijn en waar ze vandaan komen, weten we niet, maar het schijnt niet ondenkbaar te zijn dat ze nu over granaten en mijnen beschikken. We hebben echter een redelijk goed idee waar die kerels zich ophouden. Onze taak is om uit te zoeken wat voor soort wapens ze precies hebben en deze vervolgens vernietigen. Bovendien,’ gniffelde hij, ‘viert Geordie deze maand zijn verjaardag: het zou mooi zijn als hij zich hierop kon voorbereiden met een feestje in het Troodosgebergte en we hem de kans zouden geven te laten zien wat hij kan!’
De tafel was bedekt met kaarten en papieren. Ken pakte een van de kaarten en wees met zijn vinger een specifieke lokatie aan. ‘Volgens onze rapporten houden die klootzakken zich in de grotten in dit gebied op. Ze veranderen vaak van lokatie maar er zijn tekenen dat ze zich de laatste vierentwintig uur hier schuilhielden. We denken dat ze vrachtwagens vol wapens en explosieven naar dit gebied brengen, waarschijnlijk gesmokkeld vanaf het vasteland van Griekenland’, zei Ken. ‘Oké. Zijn er nog vragen?’
Ja, talloze, dacht ik, maar omdat ik mijn onkunde en onervarenheid niet wilde tonen, hield ik mijn mond. Hoewel ik niet bang was, voelde ik me toch enigszins ongemakkelijk omdat het mijn eerste operatie was. Maar door de training die ik had ontvangen, had ik er toch alle vertrouwen in

en popelde ik om aan de slag te gaan. Ik wist dat ik het kon!
'Wat voor tegenstand kunnen we verwachten?', vroeg Dynamo. 'Kun je ons een idee geven van de aantallen?'
'Volgens de inlichtingendienst gaat het om een groep van ongeveer tien tot twaalf man. Jullie krijgen geen ondersteuning van de andere leden van het team: jullie moeten het met zijn vieren klaren.'
'Wel, laten we hopen dat de inlichtingendienst het bij het rechte eind heeft', mompelde Chalky.
'Oh, en hou Geordie goed in bedwang, jongens', lachte Ken terwijl hij hen een knipoog gaf. 'We willen niet dat hij uit zijn bol gaat en enkele plaatselijke boeren om zeep helpt, nietwaar?', voegde hij eraan toe.
We overlegden enige tijd over de uitrusting, de route en het vervoer dat we zouden gebruiken en besloten alleen het essentieelste mee te nemen.
'Het lijkt mij dat we ze hard moeten aanpakken en zo snel als mogelijk is er weer vandoor moeten gaan', stelde Dynamo voor.
Ken knikte. 'Precies. Dit gebied is onbekend voor ons, dus heeft het weinig zin al te uitgebreide plannen te maken. Beschouw het maar als een extra training. Oké, mannen, ik laat het verder aan jullie over. Ik zie jullie later wel weer.' En met die mededeling ging hij ervandoor.
Ieder van ons had een eigen kledingkast in het gebouw. Uit het groot aantal uitrustingsstukken dat we daarin hadden opgeslagen, kozen we alleen die stukken die we voor deze operatie nodig hadden. We wisten met wat voor soort terrein we te maken zouden krijgen en wilden geen overbodige last met ons meenemen. We verzamelden onze touwen, klimgordels, pistolen, munitie, messen, karabiners en een nieuw camouflagepak, samen met onze MK1's, sashes, een veldfles vers water en een stel droge biscuits, die we 'hondenkoekjes' noemden.
Omdat dit een zeer clandestiene, onofficiële operatie was, mochten we er absoluut niet als Britse militairen uitzien. Bovendien zou het Britse leger, als we onverhoopt gepakt zouden worden, toch in alle toonaarden ontkennen dat het van ons bestaan op de hoogte was.
Ik deed mijn legeruniform, een korte broek en khaki shirt, uit en trok hetzelfde soort kleren aan als de anderen altijd droegen: een wit overhemd, jeans, een oud legerjasje en een paar Amerikaanse veterlaarzen die we liever droegen dan onze gewone legerlaarzen. Deze Amerikaanse gevechtslaarzen hadden een zachtere zool en waren hoger dan de laarzen die we van het leger hadden gekregen, waardoor ze ideaal waren om onze messen in te verbergen. Ten slotte deed ik het op een riem lijkende wapen om mijn middel, de sash, het meest dodelijke deel van onze uitrusting.
Terwijl ik mijn uitrusting bij elkaar zocht, vroeg ik me nogmaals af hoe deze organisatie toch in elkaar zat. Hoe kwamen al deze spullen hier

terecht en wie hield een oogje in het zeil als we weg waren? Het leek mij dat de kledingkasten uit het gebouw verwijderd zouden worden als we weggingen. Iedere keer dat ik hier kwam, stonden ze namelijk op een iets andere plek. Hoewel ons trainingskamp zich in een godvergeten uithoek bevond, bestond er altijd de mogelijkheid dat iemand van de plaatselijke bevolking of zelfs een legerpatrouille hem bij toeval zou ontdekken. Door onze uitrusting te verwijderen zouden we de kans op ontdekking zeker verkleinen.

We stopten onze bagage elk in een identieke tas, die we al klaarzetten om weg te kunnen gaan, samen met een kaart van het gebied. Omdat we pas om een uur 's nachts zouden vertrekken, rustten we de rest van de dag en de avond uit.

Toen het tijd was om te vertrekken gooiden we onze tassen achter in de jeep en reden we weg. Er viel een miezerregentje en het was ijskoud in het open voertuig. Ken had ons de coördinaten gegeven van de plaats waar de terroristen zich zouden ophouden, en terwijl we reden, zaten de anderen met elkaar te ouwehoeren en grapjes te maken en bespraken de operatie en de route die we zouden nemen. Ik zei niet veel tijdens die reis. Ik was niet bang of nerveus, maar toch enigszins bezorgd over wat er zou kunnen gebeuren. Maar ik had alle vertrouwen in mijn collega's die heel wat meer ervaring hadden dan ik. Ik wist dat ze me niet mee zouden hebben meegenomen als ze er niet volledig van overtuigd waren dat ik er klaar voor was.

Na tienen was er een avondklok op het eiland en we moesten zorgen dat we geen wegversperringen van het leger tegenkwamen of anderszins op Britse troepen zouden stuiten, die ons zonder twijfel voor terroristen zouden aanzien. Om dit te bereiken moesten we weinig gebruikte, smalle, kronkelende weggetjes nemen; hoewel deze net zo gevaarlijk waren als de hoofdwegen, omdat we er geen idee van hadden of we misschien een stel terroristen tegen zouden komen die deze wegen om dezelfde reden gebruikten.

Het was aardedonker op de steile bergwegen en we moesten relatief langzaam rijden omdat we onze koplampen niet konden gebruiken uit angst door terroristen of een legereenheid ontdekt te worden. Maar zo nu en dan brak het maanlicht door het zware wolkendek heen en konden we een glimp opvangen van de steile afgrond die zich op enkele tientallen centimeters van de wielen van de jeep bevond, terwijl we langzaam maar zeker steeds hoger klommen.

De korte perioden dat de maan scheen, was het zicht zeer helder en konden we net de verse sporen van een groter voertuig onderscheiden op die plaatsen waar enkele grotere stenen los waren gereden en de weg was

beschadigd. Dynamo begon nu iets harder te rijden. Hij scheen zich totaal niet bewust te zijn van de gevaren op die smalle weg die nu gedeeltelijk door een opkomende mist aan het oog werd onttrokken. Bovendien veranderde de fijne miezerregen in een flinke regenbui.
'Mooi is dat!', zei Chalky. 'Dat hadden we nou net nodig. Die regen wist alle sporen uit.'
'Maakt niet uit. Dit moeten ze zijn, niemand is zo gek om hier 's nachts te gaan rijden; zeker het leger niet!', zei Dynamo, terwijl hij strak voor zich uittuurde.
Spot zat naast me achterin. 'Hoe voel je je, Geordie?', vroeg hij.
Ik draaide me naar hem om en grinnikte, terwijl het water van mijn neus droop. Hij leek zo rustig en ontspannen te zijn, net als de anderen trouwens. Ik had het koud en ik was doornat, maar de adrenaline stroomde door mijn aderen en ik deed alle moeite om maar niet te laten zien hoe 'opgewonden' ik was. Ik wist dat mijn acties die dag zonder twijfel de dood van iemand tot gevolg zouden hebben, de eerste dode waar ik verantwoordelijk voor was. Maar ik was er klaar voor.
'Ik voel me goed, Spot', antwoordde ik. 'Prima!'
Ik wilde nog wel even doorgaan, om te bewijzen dat ze me niet ten onrechte hadden uitgekozen, om ze te tonen dat ik echt een van hen was, onderdeel van het team, en klaar voor actie.

HOOFDSTUK 8

Operatie Speldenprik

Het was een aantal weken na mijn eerste operatie in het Troodosgebergte en vlak voor mijn negentiende verjaardag, november 1958. Ik was aan het trainen met Dynamo toen plotseling Ken ten tonele verscheen. Ik hoopte dat dit betekende dat er een nieuwe opdracht op ons lag te wachten. Dynamo en ik braken onze training af en volgden Ken naar ons 'kantoortje'.

'Wel, Geordie, omdat je binnenkort jarig bent, hebben we besloten je een aantal weken vrij te geven', zei hij tot mijn stomme verbazing. 'We zien je weer terug na kerstmis, ergens in het nieuwe jaar, of er moet zich in de tussentijd iets voordoen waar we je bij nodig hebben.'

Ik probeerde niet te tonen hoe enorm teleurgesteld ik was. Omdat ik had gedacht dat hij langs kwam om onze volgende operatie te bespreken, betekende dit een klap in mijn gezicht. Zes weken zonder training, zes weken zonder Dynamo, Chalky en Spot, zes lange weken tot het nieuwe jaar, waarin ik me in het kamp moest ophouden en routineklusjes zou moeten doen. Ik was totaal verbijsterd.

Terug in het kamp hielden we ons voornamelijk bezig met de voorbereidingen voor kerstmis, op welke dag de jongens een pantomime- en variétéshow zouden opvoeren. Toen ik op een morgen over het exercitieterrein liep, kwam ik sergeant Lupton tegen.

'Zo, Urwin, ik kijk nu al naar dat optreden van je uit', zei hij terwijl hij mij voorbijliep.

'Eh! Optreden, wat voor optreden, sergeant?', zei ik, hem aangapend. Ik had geen flauw idee waar hij het over had.

'Die act die je tijdens het kerstconcert gaat opvoeren. Je naam staat op alle affiches!', zei hij over zijn schouder. Onmiddellijk wist ik wie me dit geintje geleverd had: mijn zogenoemde slapie, Dave Buckfield. Hij en Bill gaven me altijd voor van alles en nog wat op: tafeltennis, darts, enzovoort. In beide was ik vrij goed, maar ik kon er niet te ver in gaan. Als je in het leger namelijk goed bent in zoiets, ben je verplicht aan wedstrijden tegen

andere kampen mee te doen en ik kon me dat niet veroorloven omdat ik me dan op bepaalde data zou moeten vastleggen. Ik moest altijd klaar staan voor het geval De 16 me nodig hadden.
God mag weten wat ik zou moeten verzinnen om onder dit geintje van Bill en Dave uit te komen.
Terwijl de dagen voorbijgingen, begonnen steeds meer mensen me te vragen wat ik zou gaan doen. Ik had een aantal ideeën, maar over geen enkele was ik erg tevreden. Tot ik op een avond met een stel van de jongens naar de bioscoop ging. Voor de hoofdfilm was er een filmpje over een vent die op een spijkerbed lag met een straattegel op zijn borst waar een andere vent met een voorhamer op sloeg. Mijn maatjes waren zeer onder de indruk.
'Het is gewoon een truc,' zei ik tegen hen. 'Je moet een beetje handig zijn. Als je weet hoe je het moet doen, is het niet zo moeilijk.'
'Als het zo gemakkelijk is, waarom doe je het dan niet als je act?', zei Bill.
'Oké, doe ik', antwoordde ik, de uitdaging aannemend, opgelucht dat ik eindelijk iets te doen had. Het kostte me heel wat tijd om genoeg 15 cm lange spijkers te verzamelen om mijn 'bed' te maken, en gedurende de volgende weken zocht ik alles af om ze te vinden. Het was niet gemakkelijk eraan te komen en ik vroeg dan ook iedereen om voor me te zoeken, zelfs in andere kampen. Ik oefende met mijn act en benoemde een uitgelaten Bill tot mijn 'assistent', hoewel die ene keer dat hij op het bed probeerde te liggen, er nog niet genoeg spijkers in zaten, met als resultaat een pijnlijke en bloedende rug.
Op kerstdag bereidde ik me voor om voor het eerst mijn volledige act uit te voeren. Bill en ik hadden nog geen mogelijkheid gehad met de steen te oefenen omdat we al die tijd slechts één goede steen hadden kunnen vinden, gejat uit een ander kamp, en die natuurlijk niet hadden willen gebruiken. Toen wij aan de beurt waren, vroeg ik twee sterke mannen uit het publiek om de steen op een handdoek op mijn borst te leggen terwijl ik op het spijkerbed lag. Terwijl de twee vrijwilligers naar voren kwamen, danste Bill over het toneel als de assistente van een goochelaar, gracieus met zijn armen wijzend op wat ik deed, tot ik hem vastpakte en hem de voorhamer in zijn handen drukte.
'Hier', zei ik tegen hem. 'Ga je gang.' Plotseling werd hij bang – omdat hij dit nog nooit had gedaan – dat hij me zou verwonden.
'Hoe hard moet ik slaan?', vroeg hij, met een bezorgde uitdrukking op zijn gezicht. 'Misschien sla ik je borst wel in elkaar!'
Op dat moment lag de grote zware steen al op mijn borst.
'Doe het nou maar, sla zo hard als je kunt, precies in het midden, en pas op mijn vingers', zei ik tegen hem terwijl hij met de voorhamer in zijn

handen over me heen boog en het publiek keihard begon te schreeuwen en te fluiten.

'Slaan, man!'

'Kom op, sla erop los!'

'Beuk erop los!'

'Ram zijn borst in elkaar!'

Bill sloeg keihard met de hamer op de steen die onmiddellijk in vier of vijf stukken brak. Het publiek vond het geweldig en Bill begon met de hamer boven zijn hoofd over het toneel te dansen. We waren een succes en, wat nog belangrijker was, ik was er ongedeerd vanaf gekomen!

Begin januari pikten mijn teamgenoten me, tot mijn grote opluchting, weer op om te gaan trainen. Om de een of andere reden trainden we nu veel intensiever en was ik ook veel meer tijd bij hen, om de week in feite. Ik vroeg Dynamo wat er aan de hand was.

'Wel, het is een tijdje geleden dat we je voor het laatst hebben gezien, Geordie. We willen niet dat je vastroest, nietwaar', zei hij terwijl hij naar me uithaalde. Ik pareerde zijn aanval en hij ging verder.

'Cyprus is niet meer van belang, Geordie. De regering staat op het punt aan hun eisen te voldoen, dus kunnen wij ons concentreren op het echte werk waar we voor getraind zijn. Hoeven we geen jacht meer te maken op die idiote klootzakken in de bergen.'

Ik draaide mijn lichaam en sloeg nog een aanval van hem af. 'Overigens, toen we het erover hadden dat ik voor drie jaar zou moeten tekenen, zei je dat ik twee weken verlof zou krijgen om naar huis te gaan, nietwaar?'

'Ja, natuurlijk', antwoordde hij. 'Maar dat kun je beter met Ken bespreken.'

Al die maanden had ik hier lang en breed over nagedacht, vanaf het moment dat het tijdens mijn initiatie voor het eerst ter sprake was gekomen. Ik was er nog steeds niet uit en kon nog steeds geen beslissing nemen. Tijdens de laatste weken zonder hen had ik me echter gerealiseerd hoe graag ik onderdeel van de groep wilde blijven uitmaken, wilde trainen en aan operaties wilde meedoen. Ik voelde het in hart en nieren. Ik kon niet meer zonder.

En toch wilde ik dolgraag mijn moeder weer zien, niet alleen omdat ik haar miste, maar ook om haar te laten zien dat ze het bij het rechte eind had gehad om me aan te moedigen in dienst te gaan. Ik wilde haar laten zien hoe enorm ik was veranderd, dat ik volwassen was geworden, meer vertrouwen had gekregen en niet meer stotterde. Ik wilde dat ze trots op me was. Ik wenste met heel mijn hart dat ik haar over de groep kon vertellen. Ik wist precies hoe trots ze zou zijn dat ik daarvoor was uitgekozen: ze had me altijd verteld dat ik een bijzonder kind was, dat ik nooit als mijn vader zou worden, maar natuurlijk, de meeste moeders denken zo over hun kinderen. Het was echter duidelijk dat ik haar noch iemand anders ooit over De 16 zou kunnen vertellen. Ik maakte me er ook zorgen over hoe ze zou reageren als ik haar zou vertellen dat ik voor zo'n lange periode had bijgetekend.

Maar aan de andere kant had ik het idee dat ik voor het eerst van mijn leven echte mannen had ontmoet, geen luidruchtige drinkebroers maar mannen die op mijn oordeel vertrouwden en die ik op mijn beurt ook blindelings vertrouwde. Want hoewel ik sinds we hier waren aangekomen, veel tijd met de jongens in het kamp had doorgebracht, waren dit de eerste echte vrienden die ik in mijn leven had. Ze hadden me een onwankelbaar vertrouwen in mijzelf en mijn mogelijkheden gegeven. Ze hadden me laten hoe zien hoe ik het beste uit mezelf kon halen en hoewel ik wanhopig verlangde mijn moeder weer te zien, wilde ik niets liever dan bij hen blijven.

Ik wist gewoon niet wat ik moest doen; ik was bijna halverwege mijn diensttijd en ik zou aan het eind van het jaar naar huis gaan en het leger verlaten. Ik wist dat ik snel een beslissing zou moeten nemen en ik besloot zo snel mogelijk met Ken daarover te spreken.

De volgende paar weken gebeurde er niet veel bijzonders; de ene week trainde ik, de ander week bracht ik in het kamp door. De maandag daarop verzamelde ik me samen met de anderen op het exercitieterrein en na het appèl werd ons zoals gewoonlijk meegedeeld wat we die week zouden gaan doen. De sergeant riep een zestal namen af, waaronder de mijne. We zouden als groep tewerkgesteld worden, wat betekende dat ik overal op het eiland zou kunnen werken. Toen we het exercitieterrein verlieten, liep ik naar de korporaal toe die aan onze groep was toegevoegd om uit te vinden waar we naartoe zouden worden gezonden.

'We gaan allemaal naar een kamp in de buurt van Famagusta, maar jij, Geordie, gaat in je eentje naar een wapendepot in Dhekélia', zei hij. 'Ze willen dat je daar een vorkheftruck bestuurt of zoiets, een luizenbaantje dus. We zullen je zo dicht mogelijk bij het depot afzetten.'

Bill zat ook in mijn groep en we zaten naast elkaar in de truck die ons naar het andere kamp zou brengen. 'Hoe komp dat verdomme toch dat jij weer zo'n luizenbaantje heb gekregen, kneiterd?', vroeg hij. 'Maak mij niet uit. Je hebt zeker vriendjes bij de officieren', grapte hij, zich er niet van bewust hoe dicht hij bij de waarheid was.

'Oh, ja, je bedoelt zeker de afgelopen week in die snikhete keuken? Ik ben daar zeker drie kilo afgevallen en heb daar 120 kilo piepers zitten schillen. Noem jij dat een luizenbaantje?', lachte ik terug.

We reden over de kustroute door Limassol en Larnaca, waarbij we een

aantal controleposten van het leger passeerden. Na ongeveer drie kwartier stopte de truck bij een kruising van twee wegen. De korporaal stapte uit en riep mijn naam.
'Urwin, uitstappen! Verder dan hier brengen we je niet', zei hij, terwijl hij me enkele papieren gaf. 'Dit zijn je orders. Meld je bij de officier in dat wachthuisje.' Hij wees daarbij op het nabijgelegen wapendepot en stapte weer in de truck. 'En vergeet niet dat we je hier weer om vijf uur vrijdagmiddag komen ophalen', schreeuwde hij terwijl de truck wegreed.
'Ik zal proberen of ik je deze week nog kan zien', schreeuwde Bill naar mij.
'Okidoki', schreeuwde ik zwaaiend terug. Terwijl ik naar het kamp begon te lopen, zag ik aan mijn linkerkant een jeep geparkeerd staan; toen ik verder liep, kwam deze plotseling naar me toe rijden en zag ik Chalky, grinnikend, in het voertuig zitten.
'Spring erin, Geordie.'
'De hemel zij dank', zuchtte ik toen ik naast hem zat en we in een wolk van stof wegreden.
'Wat is er, dacht je dat we je niet meer op zouden komen halen?', gilde Chalky boven het lawaai van de motor uit.
'Wel, niet zo snel', schreeuwde ik terug.
'Je hebt het zeker zwaar gehad?', lachte hij.
'Ja, lach maar', zei ik. ' Ik heb de hele week in een snikhete keuken moeten werken, pannen schoonmaken!'
'Wat dan nog! Waarschijnlijk heb je de lekkerste hapjes gekregen, niet?'
'Wat moet ik trouwens met deze orders? Ze verwachten dat ik in dat kamp daar een vorkheftruck zal besturen', zei ik, terwijl ik met de papieren zwaaide die de korporaal me had gegeven.
'Daar weten ze niks van en ze verwachten je dus ook niet, dus vergeet het maar en vraag me niet hoe dat kan want dat weet ik zelf ook niet.'
'Een maatje van mij zou me echter van de week komen opzoeken', zei ik tegen hem toen ik aan Bill moest denken.
'Wel, dan zal hij je daar niet vinden. Bovendien komt hij dat kamp zonder pas toch niet binnen. Dus maak je je daar maar niet druk over.'
Zoals gewoonlijk vlogen we weer met een verschrikkelijke snelheid over de weg, hobbelend over elke steen of rots die we tegenkwamen. 'Je hebt me nog niet verteld wat er met die puppy's is gebeurd. Ik durf te wedden dat ze voor heel wat problemen hebben gezorgd, of niet soms?', schreeuwde Chalky, van onderwerp veranderend.
'Ik heb ze aan een officier gegeven met wie ik enigszins bevriend ben, luitenant Stevens. Hij houdt van honden en zou proberen een goed onderkomen voor ze te vinden. Het was niet gemakkelijk om hem ervan te overtuigen dat ik ze in de buurt van het kamp had gevonden, maar uit-

eindelijk geloofde hij me wel, denk ik. In ieder geval, hij zou ze naar een van de andere kampen brengen, waar ze tot mascotte of zoiets zouden worden getraind.'

We moesten naar elkaar schreeuwen om boven het lawaai van de motor uit te komen, waardoor het niet gemakkelijk was om het gesprek gaande te houden. Zoals gewoonlijk reden we over smalle bochtige wegen om de hoofdwegen te vermijden. Ik had het gevoel dat we in cirkels reden. Maar ik vertrouwde erop dat we uiteindelijk weer bij de oude hangar uit zouden komen. We kwamen bij een kleine rivier en Chalky nam wat gas terug en reed er toen dwars doorheen, waarna we nog ongeveer anderhalf uur verder reden.

Elke keer dat ik naar het trainingskamp werd gebracht, namen we een andere route. Ik had altijd het gevoel dat we geobserveerd werden, maar ik zag nooit iemand, en hoewel ik Chalky er nooit op had kunnen betrappen dat hij een of andere signaal gaf, wat hij in het verleden volgens mij wel had gedaan, was ik er redelijk zeker van dat andere leden van De 16 ergens in de buurt waren om het trainingskamp tijdens onze aanwezigheid te bewaken.

Mijn teamgenoten schenen altijd zeer ontspannen te zijn, waaruit ik concludeerde dat de veiligheidsmaatregelen rond het kamp zeer streng moesten zijn. Ondanks het feit dat ze veel grappen maakten en veel moesten lachen, wist ik dat ze op dat punt doodserieus waren. Dat moesten ze ook wel. We konden niet het risico lopen dat iemand, terroristen of Britse troepen, ons zou ontdekken. Ik had het onderwerp veiligheid slechts een keer naar voren gebracht toen Dynamo, in een ongewoon serieuze bui, zich liet ontvallen dat hun veiligheidsmaatregelen de beste waren die je je maar kon indenken. Vervolgens veranderde hij snel van onderwerp en sinds die tijd werd er nooit meer over gesproken.

Toen we de bergen naderden begon het landschap me weer bekend voor te komen en plotseling was hij daar weer, de oude hangar, op ongeveer driehonderd tot vierhonderd meter afstand. Zo noemde ik het gebouw tenminste. Het was echter te klein om grote vliegtuigen in onder te brengen, misschien een paar sportvliegtuigjes, maar meer ook niet. We reden door de poort of wat daar nog van over was; het ijzeren hek dat hier ooit had gestaan was nu voor het grootste deel kapot en verroest. Zoals gewoonlijk was er niets te merken van enige veiligheidsmaatregelen, toch had ik het gevoel dat iemand ons observeerde toen we naar het oude, van plaatstaal gemaakte gebouwtje reden.

Chalky duwde de oude krakende deur open en terwijl ik hem naar binnen volgde, zag ik mijn andere teamgenoten rond een smerige oude tafel zitten die bezaaid was met stukken papier, kaarten en foto's. Dynamo draaide zich naar mij om. Hij glimlachte.

'Daar hebben we Geordie. Ik durf te wedden dat hij ons kan helpen dit kleine probleem op te lossen.'
'Je maakt een grapje zeker', zei ik. 'Ik dacht dat ik hier was om iets te leren.'
Chalky knikte naar mij. 'Om die reden hebben we je uitgekozen. Tijdens je training was je hier erg goed in. Dus ik ben ervan overtuigd dat je ons hiermee zult kunnen helpen.'
Na mijn eerste operatie en mijn blunder met het touw, waardoor ik maar net aan de dood was ontsnapt, had ik me afgevraagd of ze me nog wel terug in de groep zouden willen hebben. Ik had echt het gevoel dat ik hen zeer teleurgesteld had, maar ze spraken er nooit over; het was blijkbaar niet belangrijk voor hen. Bovendien hielden ze er niet van zich met dingen uit het verleden bezig te houden. Ze wilden daar geen tijd aan besteden; wat gebeurd is, is gebeurd. Hun houding tegenover mij was niet veranderd. Ik voelde me dan ook meer dan ooit onderdeel van het team.
'Wel, wat is het probleem?' vroeg ik.
'Ons probleem bevindt zich in Beiroet', antwoordde Chalky. De afgelopen twee uur hebben we ons het hoofd gebroken over de vraag hoe we ons doelwit uit kunnen schakelen en er vervolgens weer ongemerkt vandoor kunnen gaan.'
Spot schudde zijn hoofd. 'Beiroet, of all places. Hadden ze niet een vriendelijker omgeving uit kunnen kiezen.'
'Wat is het doelwit en waar ligt Beiroet?' Ik had die naam wel eens gehoord, maar ik wist niet precies waar het lag.
'Het doelwit is een man en Beiroet ligt in Libanon, Geordie', legde Spot uit.
'Wel, ik heb er een hoop over gehoord, maar nooit gedacht dat ik daar nog eens naar toe zou gaan. Hoe komen we daar?'
Dynamo gaf me een stomp in mijn ribben. 'Maak je daar maar geen zorgen over, Geordie, dat is allemaal al geregeld. Morgen voor het aanbreken van de dag worden we door een hack opgepikt.'
'Een hack, wat is een hack?'
'Je hebt toch wel eens van een helikopter gehoord, nietwaar? Wel, dit soort helikopter wordt gebruikt voor verkenningsvluchten en reddingsoperaties. Ze worden door de jongens die ermee vliegen, hacks genoemd', legde hij uit. 'Een afkorting van "hackney", snap je? Net als de Londense taxi's.'
'Een helikopter?', zei ik verbaasd. 'Ik heb er wel eens een foto van gezien, maar dat is dan ook alles.'
'Wel, morgen is dan je vuurdoop', onderbrak Chalky mij. 'Natuurlijk kan hij ons niet helemaal naar ons doel brengen. We worden gedropt in een

kleine vissersboot en reizen verder over zee. Het probleem is echter dat we de helikopter nog maar twee keer eerder hebben gebruikt en dat we de laatste keer via een touw naar beneden moesten glijden, wat voor nogal wat kleine problemen zorgde.'

'Ja, dat was zo', bevestigde Spot. 'We hadden ons niet gerealiseerd dat we dat zouden moeten doen. Dus toen we de helikopter verlieten, hadden we niets waarmee we konden abseilen. We moesten onze touwen aan de vloer vastmaken en toen we door de deur naar buiten gingen, begon dat stomme ding behoorlijk scheef te hangen. Het zijn nogal onstabiele voertuigen; of het kwam natuurlijk door de manier waarop Ken hem bestuurde. In ieder geval ontdekten we dat we het beste van beide kanten tegelijk naar buiten konden gaan.'

Chalky onderbrak hem. 'Vergeet niet, Spot, dat Ken heeft gezegd dat er steunen boven de deuren zijn aangebracht zodat we rechtopstaand naar buiten kunnen gaan, wat het een stuk gemakkelijker zal maken. We komen later nog wel op de hele procedure terug, Geordie. Het is niet moeilijk, maar je moet wel weten wat je moet doen. We maken voor we vertrekken de abseiltouwen vast.'

'De boot zal ons ongeveer twintig kilometer ten noorden van Beiroet aan land zetten, in de buurt van een klein dorpje. Meestal zijn er op dat uur van de dag een groot aantal kleine vissersboten op zee, dus we zullen niet opvallen', ging Chalky verder.

Ik was zeer opgewonden bij het idee met een helikopter te vliegen. 'Hoe ben je er in godsnaam in geslaagd een helikopter te regelen, of nou ja, een hack?', vroeg ik hem. Hij legde zijn vinger op zijn lippen en gaf me glimlachend een knipoog. 'Ssstt!', was alles wat hij zei.

'Ik weet het, ik weet het, ik had het niet moeten vragen.'

'Precies. Je leert het al.'

Spot keek naar enkele papieren op de tafel. 'Volgens deze informatie opereert ons doelwit vanuit een regeringsgebouw, een goed bewaakt kantoorpand. Het lijkt vrij onmogelijk te zijn om hem binnen het gebouw te pakken te krijgen', zei hij. 'De hele situatie in ogenschouw nemend is het enige alternatief dat we hem te pakken moeten zien te krijgen als hij naar buiten gaat om te lunchen. We weten dat hij iedere middag met een paar collega's in een klein café in de buurt gaat eten, maar hij wordt altijd door ten minste twee militairen begeleid. Dus we zullen geen moeite hebben om hem te herkennen. We moeten een manier zien te vinden om hem uit te schakelen zonder de aandacht op onszelf vestigen.'

'Volgens onze inlichtingendienst zal ons doelwit binnen korte tijd het land verlaten', legde Chalky uit. 'We hebben begrepen dat er iets groots staat te gebeuren in de regio; we weten niet precies wat het is, maar voor

die tijd zullen we hem uitgeschakeld moeten hebben. We weten niet precies wanneer hij het land zal verlaten, maar we weten wel dat het niet eerder dan over een paar dagen zal plaatsvinden', voegde hij eraan toe.
Dynamo liet ons een paar foto's zien van ons doelwit, zijn kantoor, de straat en het café.
'De plaats waar hij de nacht doorbrengt, verandert regelmatig, maar er is geen enkel patroon in te ontdekken. Het zal dus niet gemakkelijk zijn om erachter te komen waar hij zich 's nachts bevindt. Het enige wat we zeker weten, is dat hij elke middag tussen twaalf en twee uur de lunch in dat café gebruikt en dat hij zowel heen als terug door een militair escorte wordt begeleid', zei hij. 'Natuurlijk zijn er wel honderd dingen te bedenken waardoor hij verhinderd zou kunnen zijn. Hij kan een vergadering hebben, hij kan het te druk hebben of misschien is hij wel ziek; ook kan het zijn dat hij niet naar zijn vertrouwde lunchcafé gaat, maar dat is een risico dat we niet kunnen ontlopen. Kortom, de lunch schijnt het enige regelmatige patroon in zijn leven te zijn, en daar moeten we hem dus treffen.'
'Wel, we hebben nog iets minder dan twintig uur om een oplossing te vinden en slechts één kans hem te grijpen', merkte Chalky op. 'Geloof me jongens, dit zal niet gemakkelijk zijn. Het café bevindt zich midden in het centrum, en er zullen zich behoorlijk veel militairen op straat bevinden; alleen al de weg naar het kantoorpand toe zal al gevaarlijk zijn. Als ze ons ontdekken, zullen ze niet aarzelen ons overhoop te schieten; vergeet niet dat het nog niet zo heel lang geleden is dat wij de helft van hun land aan de Israëliërs hebben gegeven. Als we er niet in slagen, zullen we nooit op tijd terug zijn voor het avondeten', grapte hij. 'Dus als iemand een heldere ingeving krijgt, kom daar dan zo snel mogelijk mee op de proppen.'
Spot pakte me bij mijn arm. 'Kom op, Geordie, brand maar los. We vertrekken hier om vier uur in de morgen en moeten om elf uur in de buurt van dat kantoorgebouw zijn zodat we genoeg tijd hebben om wat rond te lopen en de omgeving te verkennen.'
'Denk je echt dat ik al klaar ben voor zo'n karwei, zo snel na het vorige? Het is pas een paar weken geleden. Moet het echt morgen al gebeuren?'
'Maak je niet druk, Geordie', zei Spot, terwijl hij me een knipoog gaf. 'Je hoeft het niet in je eentje op te knappen, we zijn met zijn vieren en bovendien ben je de snelste leerling die ik ooit ben tegengekomen.'
'In ieder geval hebben we niets te kiezen', merkte Dynamo op. 'De reis van hier naar Libanon is al helemaal voorbereid omdat we alleen morgen over de helikopter kunnen beschikken. Een kopje thee, Geordie?'
Een aantal uren zaten we rond de tafel, terwijl we thee dronken, sandwiches aten en grappen met elkaar maakten. Onderwijl bespraken we de

verschillende ideeën die ieder van ons naar voren bracht, sommige zeer serieus, andere volslagen krankzinnig. Ik genoot van hun aanwezigheid; ze betrokken me volledig in de voorbereidingen en luisterden aandachtig naar mijn meningen en ideeën en iedere suggestie hoe we die vent zonder kans op ontdekking zouden kunnen uitschakelen, werd naar waarde geschat.

Voor het eerst in mijn leven luisterde er iemand naar mij alsof wat ik zei er echt toe deed, echt van belang was. Het was een heerlijk gevoel, hoewel ik het nauwelijks kon geloven, en wat nog belangrijker was, ik voelde me echt lid van het team. Ik voelde me zeer geïnspireerd, hoewel ik wel het idee had dat sommige onderdelen van het plan al eerder uitgewerkt waren. Ze wilden me echter tot nadenken aanzetten en me in een bepaalde richting sturen om op die manier te ontdekken waar ik mee naar voren zou komen.

'Er moet een manier zijn om dit te doen zonder dat we enige ophef maken', zei Chalky. 'Simpelweg zijn nek breken of hem met een mes doodsteken is dus niet aan de orde. En iets in elkaar flansen om hem mee op te blazen zal ook niet gemakkelijk zijn omdat er volgens onze informatie twee cafés zijn waar hij regelmatig komt, ieder aan een andere kant van de straat, plus nog een aantal in de buurt van die straat. Bovendien zou door een explosie de hele buurt gealarmeerd worden en zou het voor hen heel gemakkelijk zijn het hele gebied af te sluiten, waardoor de kans dat we zouden ontkomen, zeer klein zou zijn.'

'Bovendien kunnen we niet rondlopen met iets dat de aandacht op ons zou kunnen vestigen. Vergeet niet dat het midden op de dag zal zijn en we ons onder de plaatselijke bevolking zullen moeten mengen. Dus hoe minder we bij ons hebben, hoe beter het is', voegde Spot er nog aan toe.

'Je hebt gelijk', gaf Chalky toe. 'Weet je, Geordie, we proberen dat soort spektakel altijd zo veel mogelijk te vermijden: je kunt het effect nooit precies berekenen en vaak vallen er onschuldige slachtoffers bij, kinderen bijvoorbeeld. En ik heb ook nog een geweten', ging hij door. 'Bovendien houden we van een persoonlijke behandeling; dat is een stuk netter en veel minder riskant. Explosieven met je meenemen, is geen pretje en bovendien zijn juist wij voor deze taak uitgekozen omdat we zo goed zijn in het op een andere manier uitvoeren van een opdracht. Iedere idioot is in staat de boel op te blazen.'

Zoals gewoonlijk barstte Dynamo van de energie en popelde hij om aan de slag te gaan. 'Deze vent blijkt wel een blok aan ons been te zijn. Waarom kapen we niet gewoon een bus en rijden we hem te pletter?', grapte hij. 'Maar nu serieus, wat vinden jullie ervan om hem te vergiftigen? We doen iets in zijn kopje als hij in het café zit te lunchen of we maken een of ander

goedje waarmee we hem met een naald in zijn lichaam kunnen prikken?'
Dit leek tot nu toe het beste idee te zijn en enige tijd hielden we ons bezig met de verschillende manieren waarop we dit konden doen en de soorten vergif die we konden gebruiken om op een naald te smeren of in een injectiespuit te doen.
'Het grote probleem, Dynamo, zijn zijn kleren. De naald gaat er misschien niet goed doorheen of het vergif wordt erdoor van de naald geveegd. Bovendien weten we niet, als het vergif niet zo snel werkt, of we in onze opzet zijn geslaagd. Ik denk niet dat het echt uitvoerbaar is, denken jullie ook niet?', gaf Chalky als commentaar.
Gedurende enkele uren gingen we door met het bespreken van de mogelijkheid om vergiftigde naalden of injectiespuiten te gebruiken, waarbij we een manshoge poster van het menselijk lichaam die op een van de muren was opgehangen, nauwkeurig bekeken. Tijdens mijn training met hen had ik het menselijk lichaam diepgaand bestudeerd en had ik geleerd hoe ieder onderdeel werkte en hoe de organen, de spieren, de aders en het zenuwstelsel met elkaar in verbinding stonden. Ik moest op de hoogte zijn van alle vitale organen en kwetsbare plekken, en de manier waarop het skelet, als basis van alles, was samengesteld. Terwijl ik nu naar de kaart aan de muur stond te kijken, kwam er een bijzonder idee bij me op. Omdat het echter met zo'n enorme precisie uitgevoerd zou moeten worden, twijfelde ik eraan of ik het tegen hen zou vertellen. Ik ging er namelijk vanuit dat ze het niks zouden vinden.
'Wat zou er gebeuren als de naald lang genoeg was om in zijn hart te steken?', zei ik langzaam. 'Als de naald lang genoeg is en ingesmeerd met vergif, zal, zelfs als het vergif niet werkt, die steek in zijn hart al voldoende zijn.'
Dynamo keek me enige tijd aan, stond toen op van de tafel en liep naar de kaart aan de muur.
'Wel, wat denken jullie ervan?', vroeg ik aarzelend, terwijl Chalky en Spot naar me glimlachten alvorens ze ook naar de kaart liepen.
Ze bleven ongeveer vijf minuten zachtjes met elkaar praten waarna ze gedrieën terug naar de tafel kwamen, gingen zitten en me aan bleven staren. Dynamo leunde achteruit in zijn stoel, sloeg zijn armen over elkaar en zei zonder enige emotie: 'Briljant! Hoe ben je van plan dat aan te pakken? Hoe ga je dit uitvoeren?'
Voor het eerst in tijden moest ik bijna weer stotteren. 'Ik heb geen flauw idee. Waarom moet ik het doen?'
'Waarom niet, het is jouw idee', antwoordde hij kalm.
Spot zat nog steeds naar me te grinniken. 'Je houdt je een beetje van de domme, hè?', zei hij. 'Je weet precies wat er zal gebeuren als je zijn hart

doorsteekt. Je hebt je huiswerk toch wel gedaan, ja toch?'
'Het is briljant, Geordie', zei Chalky rustig. 'Maar het moet direct effect hebben. De naald moet door het vlies rond het hart gaan, dat dan gevuld wordt met bloed. Het duurt vervolgens enige tijd voor de bloeddruk zo hoog wordt dat het hart het begeeft. Het zal op een hartaanval lijken. Er zullen geen uiterlijke tekenen zijn, behalve misschien een klein rood stipje op zijn borst waar de naald door zijn huid is gegaan.' Hij wachtte even voor hij verder ging. 'En, wat nog belangrijker is, het geeft ons waarschijnlijk net genoeg tijd om ervandoor te gaan.'
'Hoe stel je jezelf voor het te doen?', vroeg Spot.
'Wel, ik heb er even over nagedacht en het is duidelijk dat ik zo dicht mogelijk bij hem moet zien te komen. Als ik het snel genoeg kan doen en niet een van zijn ribben raak, zal hij niets anders voelen dan dat ik tegen hem opbots', legde ik uit. 'Hebben we overigens enig idee wat voor kleren hij meestal draagt? Dat moeten we wel weten.'
Spot rommelde wat op de tafel en pakte een foto van ons doelwit op en gaf die aan mij. De man op de foto was een lange Kaukasiër, ongeveer vijfenveertig à vijftig jaar oud, gekleed in een lichtgekleurd pak, overhemd en panamahoed.
'Volgens onze inlichtingendienst wordt hij gewoonlijk gezien in een wit of soms een grijs lichtgewicht pak met een wit overhemd. Maar ik ben bang dat we dat pas kunnen verifiëren op de dag zelf', zei Spot tegen mij.
'Hij ziet er niet erg donker uit. Is hij dat ook niet?', vroeg ik.
'Ja, dat klopt. Hij is nog niet lang genoeg in het land om al een bruine huid te hebben, dus is hij gemakkelijker te herkennen. Je kunt hem niet missen.'
Ik was er vast van overtuigd dat ik hem met behulp van de bewegingen van de machine uit zou kunnen schakelen. De machine was niet voor niets speciaal voor dit soort situaties ontwikkeld; hij bood de mogelijkheid dezelfde actie steeds opnieuw toe te passen, met dodelijke precisie, waardoor zo veel mogelijk schade werd toegebracht en het risico dat je ontdekt werd, zo klein mogelijk was.
'Ik moet ervoor zorgen dat ik niet een van de knopen van zijn overhemd raak', merkte ik op.
'Of zijn ribben', voegde Chalky eraan toe.
'Wanneer zullen we het doen: als hij zijn kantoor verlaat, in het café of als hij weer teruggaat?', vroeg Dynamo bedachtzaam.
'Ik denk dat we dat pas kunnen beoordelen als we daar zijn; we moeten het van de situatie af laten hangen', antwoordde Spot. 'Maar als we hem proberen uit te schakelen voor hij in het café is en het om de een of andere reden niet lukt, kunnen we het misschien later nog een keer proberen,

in het café of als hij teruggaat naar zijn kantoor. Ik denk dat we nu het beste Geordie kunnen helpen met oefenen om de actie zo perfect mogelijk te laten verlopen.'

'Ik denk dat ik hem aan de voorkant moet raken, in zijn plexus solaris, precies tussen zijn ribben. Aan de zijkant kan niet en ook zijn rug lijkt me geen goede optie. Bovendien is zijn overhemd een stuk dunner dan zijn jasje,' zei ik. 'We hebben een naald nodig die ongeveer twaalf à vijftien centimeter lang is, gemaakt van verhard staal met een T-vormig houten handvat. Bovendien heb ik een vrijwilliger nodig om op te oefenen.'

Chalky lachte en wees op Dynamo. 'Dat is je ideale oefendoel. Hij is vast een verdomd goede vrijwilliger, een betere kun je je niet wensen.'

Dynamo lachte en stond op. 'Pas maar op jij, mensen zijn voor minder dan dat omgelegd. Oké, Geordie, ik ben het doelwit en Chalky is het escorte.'

'Wat gebeurt er als er meer dan twee bewakers zijn, Dynamo? Wat als we niet bij hem kunnen komen of als het niet werkt?', vroeg ik. Ik wilde ze niet teleurstellen en ik was ook enigszins bezorgd over de verantwoordelijkheid die ze me hadden gegeven.

'Volgens onze informatie heeft hij meestal twee bewakers bij zich. Als hij er meer dan twee bij zich heeft, moeten we op de dag zelf een oplossing zien te vinden, en wat nog belangrijker is, het moet gewoon slagen', antwoordde hij zakelijk.

We begonnen met het oefenen van de manoeuvre. We plaatsten de 'bewakers' op verschillende plekken rond het doelwit, voor de man, één aan beide zijden en achter hem. Door gebruik te maken van de bewegingen van de machine slaagde ik erin in iedere situatie Dynamo precies op dezelfde plek te raken, waar de bewakers ook stonden.

We probeerden ieder mogelijk scenario uit en na enkele uren oefenen hadden we het idee dat we op geen enkele manier verrast konden worden. De enige juiste manier waarop ik het klaar zou kunnen spelen was door tegen het doelwit op te botsen. Op de dag zelf zou ik moeten bekijken hoe ik het zo kon uitvoeren dat het op een ongelukje leek. Ik bracht nog een aantal uren door met het oefenen op een pop, om er zeker van te zijn dat ik wat er ook gebeurde altijd dezelfde plek zou raken, terwijl de anderen over alternatieven nadachten. Het grootste probleem was dat we niet onmiddellijk konden beschikken over het soort vergif dat we nodig hadden. Tot mijn verbazing bleek, terwijl de dag voorbijging, dat mijn idee de enige optie was om het doelwit uit te schakelen zonder dat we ons eruit zouden moeten vechten.

'Ze zullen wel denken dat ik gek was geworden als ze dit in het kamp zouden weten; waarschijnlijk zouden ze me opsluiten', grinnikte ik tegen

Dynamo. 'Ik begrijp nu waarom je zei dat het onmogelijk is te vertellen wat ik hier doe. Wie zou dit in hemelsnaam geloven?'
'Wel, het is beter dat je er wel in gelooft want als het niet lukt, zullen we onze handen moeten gebruiken. Dus zet je er helemaal voor in, Geordie; we zijn van jou afhankelijk, mannetje.' Dynamo gaf me grinnikend een knipoog.
'Nou wordt-ie mooi', zei ik lachend. 'Ik heb pas aan één operatie meegedaan en nu vinden jullie me al een expert.'
'Dat komt omdat niemand van ons dit ooit heeft gedaan. Maar eens moest dit gebeuren, en toevallig ben jij degene die het spits mag afbijten.'
'Als ik de kans krijg tegen die vent op te lopen, wat moet ik dan tegen hem zeggen? Wat is in hemelsnaam "sorry" in het Libanees?'
'Je moet misschien nog wel wat meer woorden kennen. Als je bijvoorbeeld tijdens het wachten op die vent zin krijgt om te gaan winkelen! Je moet dan wel weten wat "hoeveel kost dat", "dank u vriendelijk" en, nog belangrijker, "waar is hier de dichtstbijzijnde "Marks & Spencer" is', grinnikte hij.
Dynamo sprak een aantal talen vloeiend, waaronder Arabisch, en de volgende paar uur leerde hij me de zinnen en de woorden die ik eventueel nodig zou kunnen hebben. Hij moest iedere keer weer lachen als ik iets probeerde uit te spreken, omdat door de manier waarop ik de woorden vormde het vaak leek alsof ik ziek was of tenminste behoorlijk misselijk. Terwijl hij me les gaf, bleef ik oefenen op de pop, waarbij ik een lange stevige haar van een bezem als naald gebruikte. Spot was enige tijd daarvoor met de jeep weggegaan en hij kwam pas laat weer terug, juist op het moment dat we klaar waren.
'Hoe gaat het, Geordie?', vroeg hij, terwijl hij me een ongeveer twintig centimeter lange stevige metalen draad liet zien die eruitzag als de spaak van een fietswiel (hoewel ik zeker wist dat het dat niet was; daarvoor was hij veel te stevig). 'Lijkt dit je wat?'
'Ja, perfect. Hij moet alleen nog wat korter gemaakt worden en we moeten er een scherpe punt aan maken. Waar heb je dit vandaan gehaald?'
'Geen vragen.' Hij grinnikte en tikte met zijn vinger tegen de zijkant van zijn neus terwijl hij naar de zijkant van de hut liep en daar een bezem tevoorschijn haalde. 'Je zei toch dat je een handvat nodig had, nietwaar? Hier, als je een stuk van de steel afzaagt heb je er een!' zei hij, terwijl hij de bezem naar me toe gooide.
We zaagden een stuk van ongeveer vijf cm van de steel af, sneden het met een mes iets dunner en maakten er in het midden een gat in waarin we onze scherpe 'naald' konden steken. Nu had ik nog een veilige plek nodig om hem mee te kunnen nemen. Ik maakte een klein gaatje in mijn sash,

ter hoogte van de gesp, en stak daar de naald in. Het houten handvat paste precies in mijn zak.
Het was al laat en we hadden onze rust hard nodig. Mijn hoofd tolde toen ik me te ruste legde en in slaap probeerde te komen. Ik sloot mijn ogen en ging nog eens alle handelingen na die ik uit zou moeten voeren als ik op mijn doelwit zou botsen. Uiteindelijk viel ik in slaap terwijl ik de zinnen die Dynamo me had geleerd keer op keer voor mezelf herhaalde.
Het was toen ongeveer half twaalf. De volgende morgen moesten we om twee uur al opstaan, omdat we klaar moesten staan als de hack om halfdrie zou arriveren.

HOOFDSTUK 9

Een dode op de marktplaats

Zoals gewoonlijk reisden we in kleren waarmee we zo veel mogelijk op de plaatselijke bevolking leken. We droegen jeans, een overhemd en een paar laarzen. Ikzelf had ook nog een oud gevechtsjasje aan. Behalve onze sashes hadden we als speciale uitrusting ook nog onze messen bij ons.

'Hier, Geordie, jij komt uit Newcastle!', zei Dynamo, terwijl hij mijn accent nadeed en een zwartwit geblokte doek naar me wierp. Het was een grote sjaal met franjes van het type dat de mannen in Libanon droegen. Ik kon er het grootste deel van mijn gezicht mee verbergen.

'Voordat we ergens naartoe gaan, moeten we ons eerst met 'blue eyes' hier bezighouden!', zei hij tegen de anderen. Toen ik de dag tevoren was aangekomen, was me opgevallen dat ze alledrie een baard van een paar dagen hadden laten staan, waardoor ze er een beetje smoezelig uitzagen, duidelijk bedoeld voor de missie, terwijl ikzelf nog gladgeschoren was. Dit was natuurlijk regel in het leger waar je speciale permissie moest hebben om je baard te laten groeien. Ze zagen er hierdoor al behoorlijk als autochtonen uit, terwijl ik er in vergelijking met hen als een paspop in een kledingwinkel uitzag.

Ze gingen snel aan de slag om mijn uiterlijk aan te passen. Hoewel ik al flink gebruind was, maakten ze mijn gezicht nog donkerder door er een of andere crème op te smeren waardoor het leek alsof ik een stoppelbaard had. De kleur van deze crème leek op de 'gun blue' die ik thuis had gebruikt om geweerlopen schoon te maken. Een andere crème, vermengd met zwart poeder, werd op mijn haar gesmeerd, waardoor het er zeer zwart en glanzend uit ging zien en mijn hoofdhuid behoorlijk begon te jeuken. Spot vertelde me dat het er weer gemakkelijk uit te wassen was en toen ik op mijn hoofd krabde, bleef de crème inderdaad aan mijn vingers zitten.

'Pas op dat je niet nat wordt, Geordie, anders loopt je make-up uit!', grinnikte Chalky.

Omstreeks kwart over twee stonden we bepakt en bezakt klaar met onze wapens, klimgordels en karabiners. Spot keek op zijn horloge en ging naar buiten om te zien of de hack er al aankwam. Omstreeks vijf voor half drie hoorden we het geluid van een helikopter naderbij komen, maar het was nog te donker om iets te kunnen zien. Chalky, Dynamo en ik gingen snel achter Spot aan naar buiten, waarbij we de stormlampen uit de hut meenamen en in een vierkant plaatsten om als hulp te dienen bij het landen.

Plotseling leek de helikopter recht boven ons te hangen; zijn donkere omtrek was zeer imponerend terwijl hij voor een kort moment boven ons bleef hangen. Door de luchtverplaatsing veroorzaakt door de wieken, werden grote stofwolken opgeworpen en vielen de stormlampen om.

Terwijl de piloot zich voorbereidde om te landen deed hij een schijnwerper aan waardoor wij verblind door zowel de schijnwerper als de dikke stofwolken, rondstommelden, de stormlampen oppakten, ze uitmaakten en in de hut gooiden. Ik kon nauwelijks iets zien en het lawaai was ongelooflijk.

Voorovergebogen rende ik naar de helikopter en ik kon nog net aan boord komen voor hij weer de grond verliet. Het lawaai was niet te harden. Ik zag Chalky tegenover mij in de andere deuropening staan terwijl ik op handen en voeten naar binnen kroop, net op het moment dat de helikopter vooruit begon te stijgen. Ik verloor mijn evenwicht en viel op de controleapparatuur tussen de twee stoelen aan de voorkant. Het volgende moment werd ik bij mijn schouders vastgepakt en in de stoel daarachter geworpen, waarna Chalky in mijn rechteroor gilde.

'Doe je riem om, Geordie', schreeuwde hij, wijzend op de veiligheidsgordel aan mijn stoel. Spot zat links van mij. Hij en Chalky maakten onze touwen vast aan de nieuwe steunen boven de deuren waar ze het de vorige dag over hadden gehad, zodat ze klaar waren om naar buiten te worden gegooid. De rest van de touwen rolden ze op en legden die voor hen op de grond waar ze hen met hun voeten op hun plaats hielden.

De deuren waren uit de helikopter verwijderd, waarschijnlijk om het in- en uitstappen te vergemakkelijken en het voertuig lichter te maken. We zaten daardoor wel in de open lucht. Binnen was het donker en vrij krap met ons vijven. Op een van de voorstoelen, waarvan de achterkant was verwijderd, zat Dynamo. Naast hem, op de stoel van de piloot, zag ik Ken zitten.

Het geluid binnen de cabine was oorverdovend, en hoewel ik direct mijn handen over mijn oren deed, was het niet te harden. Spot stootte mijn linkerarm aan en gaf me een koptelefoon, dezelfde die hij droeg, en gebaarde mij hem op te zetten. Gedurende de paar seconden dat ik mijn handen

van mijn oren haalde om de koptelefoon op te doen, leken mijn trommelvliezen te springen. En zelfs met de koptelefoon op was het onmogelijk iets anders te horen dan het geluid van de motor.
Het scheen dat we vrij snel op de goede hoogte waren en toen ik mijn evenwicht had hervonden, keek ik door het gat van de deur naar buiten om de omgeving te zien, maar ik kon alleen de toppen van bomen onderscheiden voordat Ken de schijnwerper uitzette. Hoewel ik in de verte nog een paar lichtjes van huizen zag, was ik totaal gedesoriënteerd en had ik geen idee in welke richting we vlogen.
Ik kon in de cockpit zelf ook weinig zien omdat de enige verlichting kwam van enkele controlelampjes op het dashboard. De donkere omtrekken van de anderen, die op de grond met de touwen bezig waren, waren nog net te onderscheiden.
We vlogen vrij laag, waarbij de helikopter steeds van richting veranderde om ontdekking te voorkomen, en ik schatte dat onze snelheid ongeveer honderdvijftig kilometer per uur was. Nadat we slechts een paar minuten hadden gevlogen, deed Ken de schijnwerper weer even aan. We maakten een vrij steile duikvlucht en even dacht ik dat we te pletter zouden vliegen. In het felle licht van de schijnwerper zag ik onder ons een rotspunt en een strand waar kleine witte golven op kapot sloegen.
Ken schakelde de schijnwerper weer uit en we vlogen verder over de golven de pikzwarte duisternis in. Het was nog erger dan in een achtbaan; mijn maag keerde bijna om en soms leek het alsof ik door de bodem van de helikopter gedrukt zou worden.
In het begin vlogen we vrij laag over de zee; het was net genoeg licht om de golven te kunnen zien. Door de open deuren blies een koude wind naar binnen. Plotseling begon de helikopter echter te stijgen en toen we weer horizontaal vlogen zei Ken ons dat we goed om ons heen moesten kijken. Hij praatte tegen ons over de koptelefoon, maar door het lawaai van de motor kon ik hem niet volgen. Chalky duwde een van mijn oordoppen opzij en schreeuwde in mijn oor dat ik naar een rood licht moest uitkijken.
Ongeveer tien minuten later wees Dynamo op iets links voor de helikopter. Ken keek in de richting die hij had aangewezen, en stuurde de hack naar links, waarna we op het nu zichtbare rode licht afvlogen. Toen we dichterbij kwamen, zagen we dat het het licht was van een kleine vissersboot. Toen we nog dichterbij kwamen, begon het licht te knipperen en stak Ken zijn duim naar ons op ten teken dat de boot ons gezien had, waarna hij onmiddellijk de hack tot ongeveer tien meter boven het zeeoppervlak liet dalen. Vervolgens gaf hij ons opnieuw een teken dat we precies boven de boot waren en zette hij de schijnwerper weer aan terwijl

Chalky en Spot elk bij een van de deuren gingen staan.
Ze gooiden ieder een touw naar buiten en maakten hun karabiners vast waarna ze even op hun tenen in de deuropening bleven staan om naar beneden te kijken alvorens ze via het touw naar buiten gingen. Plotseling waren ze uit het zicht en ging de hack verschrikkelijk heen en weer. Ik bleef met het touw in mijn handen zitten tot het weer slap hing en het mijn beurt was om te gaan.
Terwijl ik met twee slagen mijn karabiner vastmaakte en in de deuropening ging staan, liep Dynamo naar de tegenoverliggende deur. Ik keek naar beneden en zag een kleine boot ongeveer tien meter beneden mij, dobberend op de golven. Ken deed alle moeite om de helikopter op zijn plaats te houden door langzaam naar voren en naar achteren te vliegen. Als Dynamo en ik ons echter bewogen, begon hij dramatisch te kantelen. Toen Dynamo het voertuig door de andere deur verliet, nadat hij korte tijd in de deuropening had gestaan, volgde ik hem onmiddellijk. Terwijl ik langs het touw naar beneden gleed, realiseerde ik me dat ik me beter met drie slagen in plaats van twee aan het touw had kunnen vastmaken. Ik had namelijk enige moeite mijn snelheid te vertragen. Ik slaagde daar pas in toen ik ongeveer een meter boven het water was, juist op het moment dat Dynamo in de boot landde. Ikzelf bleef nog enige tijd hangen tot de boot, die als een kurk op het water dobberde en ook door de luchtverplaatsing veroorzaakt door de helikopter uit positie werd gebracht, precies onder mij was. Ik knalde met mijn benen tegen de kajuit aan, liet het touw los en viel keihard op het dek waarbij ik de houten ombouw van de motor raakte. De helikopter steeg direct weer op, richting Cyprus, waarbij onze abseiltouwen door het zeewater sleepten. Vanaf het moment dat de schijnwerper weer was uitgeschakeld, verdween de hack uit ons zicht.
Terwijl ik op het natte, schommelende dek lag en mijn ribben pijn deden van de val tegen de motorombouw, kwamen Chalky en Spot naar me toe om me overeind te helpen. Uit de kleine kajuit kwam de heerlijke lucht van gebakken bacon.
'Ik heet Lynch', zei de man die de boot bestuurde, toen hij zijn hoofd uit de kajuit stak. 'Jullie zijn net op tijd voor een sandwich met bacon.'
Hoe hij erin geslaagd was in dat kleine kajuitje iets voor ons klaar te maken terwijl het bootje hevig op de golven heen en weer ging, was me een raadsel. Maar hij had het klaargespeeld en de baconsandwich en de kop dampende thee waren heerlijk. Ik warmde mijn ijskoude handen aan de kop en wendde me tot Chalky die tegenover me zat.
'Wie is dat?', vroeg ik, naar Lynch knikkend.
'Een van ons, meer hoef je niet te weten, Geordie', antwoordde Chalky

met een knipoog. 'We worden altijd door een van onze eigen mensen opgepikt.'
'Dan zal ik ook maar niet vragen hoe hij aan zijn bijnaam komt.'
Lynch kwam de kajuit weer uit. 'We zijn ongeveer vijftig kilometer vanaf het vasteland, maak het je dus maar gemakkelijk.'
Hij maakt een grapje, dacht ik, terwijl ik naar het kleine dek keek. Overal lagen netten en stukken kurk, maar het enige dat ik zag waarop je zou kunnen zitten, was iets dat op een oude kreeftenfuik leek, terwijl de anderen zo goed en zo kwaad als het ging bovenop de motorombouw gingen zitten. De zee was nogal ruw en de kleine boot werd dan ook behoorlijk heen en weer gesmeten, waardoor we ons na het eten van de baconsandwiches enigszins misselijk voelden, hoewel niemand van ons echt zeeziek werd.
Nadat we ongeveer anderhalf uur hadden gevaren, begon het wat lichter te worden en konden we in de verte enkele kleine vissersboten onderscheiden. Later zouden we er nog veel meer zien. Lynch bleef even naar ze staan kijken toen hij met nog een kop thee voor mij de kajuit uitkwam.
'Een deel van de plaatselijke vissersvloot', merkte hij op. 'We moeten nog ongeveer tien kilometer varen voor we bij het vasteland zijn.'
Terwijl we naar de kust voeren, kwamen we steeds meer vissersbootjes tegen. Alle voeren ze richting zee. We bleken de enige boot te zijn die richting kust ging.
'Is het niet wat vreemd dat we de verkeerde kant uitgaan?', grinnikte Spot. 'Zouden ze geen argwaan krijgen?'
'Nee, maak je maar geen zorgen: sommige vissen de hele nacht en zijn rond deze tijd ook op weg naar de kust', stelde Lynch hem gerust.
Het was ondertussen iets warmer geworden en een nog flauw morgenzonnetje scheen op het water voor ons. Langzamerhand konden we door de morgenmist de kust onderscheiden en zagen we een aantal baaien en kleine inhammen. Toen we ongeveer twee kilometer van de kust vandaan waren, gaf Lynch Dynamo een verrekijker.
'Tot nu toe hebben we geluk gehad. Ik heb nog geen patrouilleboot gezien', zei hij terwijl Dynamo de kust afzocht.
'Verdomme, heb je dat gezien, het lijkt Brighton wel!', riep hij uit. 'Er zijn een hoop mensen op de been en in de haven is het behoorlijk druk. Ik had verwacht dat het rond deze tijd een stuk rustiger zou zijn.'
'Hier, laat mij eens kijken', zei Chalky terwijl hij de verrekijker van Dynamo overnam. 'Je hebt gelijk, dat ziet er niet goed uit.'
'Maak je niet druk', zei Lynch kalm. 'Er is nog een andere inham voorbij die landtong waar we naartoe kunnen gaan, ongeveer vijfhonderd meter ten noorden van het dorp; er is daar ook een oude aanlegsteiger. Meestal

is daar niemand, maar we moeten het zekere voor het onzekere nemen. Jullie zullen moeten springen, want ik wil niet helemaal tot het strand varen.'

Chalky en Spot keken om beurten door de verrekijker terwijl we dichter naar de kust voeren. Plotseling stootte Spot Chalky aan.

'Hier, Chalky, moet je dit zien. Ik zie minstens vier gewapende kerels op die aanlegsteiger staan. Twee van hen lijken geweren bij zich te hebben en de andere twee dragen een stengun. Kijk!' Hij gaf de verrekijker aan Chalky en draaide zich toen om naar Dynamo.

'Ik begrijp niet wat ze daar doen. Van hieraf kan ik niet zien of het soldaten zijn of niet, maar het lijkt alsof ze een of ander uniform dragen, khakikleurige jasjes', zei hij terwijl Chalky de verrekijker aan mij gaf.

Ik was verbaasd dat het dorp zo druk was. Net als Dynamo had ik gedacht dat het een stuk rustiger rond deze tijd in de morgen zou zijn. Het was ook groter dat ik verwacht had. In de haven lagen een groot aantal bootjes en langs de steiger zag ik enkele grote vrachtschepen liggen.

Lynch was van richting veranderd en we voeren voorbij het dorp dat aan stuurboord lag naar de smalle baai in het noorden. 'Daar bevindt zich een perfecte inham', zei hij, wijzend op de zandige wal rond de baai. 'Niemand kan jullie daar aan wal zien gaan.'

De overblijfselen van een aanlegsteiger staken ongeveer tien tot vijftien meter voor de kust uit het water. De oude houten constructie was verrot en in slechte staat. Toen we dichterbij kwamen, zagen we dat hij waarschijnlijk al lange tijd niet meer gebruikt werd. Hij viel bijna letterlijk uit elkaar. Lynch gooide vier bosjes vis op het dek, die met een touw aan elkaar waren gebonden. Chalky pakte ze op en hield ze, zijn neus ophalend, omhoog. 'Wat moeten we hiermee?', vroeg hij. 'Het is toch hopelijk niet onze lunch.'

Lynch begon te grinniken. 'Jullie moeten er als vissers uitzien.'

'Nou dan zijn we blijkbaar niet zulke goede vissers. Die vissen zijn niet erg vers meer!', lachte Chalky, terwijl hij met afschuw naar de vissen die hij nog steeds omhooghield keek. 'Waar zijn onze hengels?'

Lynch lachte en stuurde de boot zo dicht mogelijk naar de aanlegsteiger.

'Ik ben hier weer om vijf uur vanmiddag, op ongeveer tweehonderd meter van deze plek. Kom niet te laat. Ik blijf niet wachten. Als jullie er op dat moment niet zijn, kom ik nog een keer om elf uur en daarna nog een keer om vijf uur 's nachts, enzovoort. Gesnopen?'

Chalky gooide de vis op een deel van de steiger dat er redelijk stevig uit zag en sprong toen we langszij kwamen uit de boot. Ik volgde vlak achter hem. Toen ik op de verrotte planken terechtkwam zakten ze met een luid gekraak door en dreigde ik in het water te vallen. Chalky greep me echter vast en trok me naar hem toe.

'Ik hoop dat niemand dat gehoord heeft', mompelde hij. 'Beetje vroeg voor een bad, nietwaar Geordie?'
Intussen waren ook Spot en Dynamo uit de boot gesprongen en iets verder van ons vandaan zonder problemen op de steiger terechtgekomen. Ze renden naar de zandwal en keken eroverheen terwijl Lynch met de boot weer richting zee voer.
'Tot straks', riep hij en weg was-ie.
'Het is oké, niets aan de hand', zei Dynamo. 'Niemand in het dorp kan het lawaai dat Geordie maakte, hebben gehoord. Het is te ver weg.'
'Het is verdomme niet mijn schuld dat die kloteplanken kraken', zei ik op mijn tenen getrapt, terwijl ik tegen een verrot stuk hout trapte.
Vanaf de plaats waar wij stonden, konden we het grootste deel van het nabijgelegen dorp zien. De huizen stonden vrij dicht op elkaar en dwars door het midden van het dorp liep een brede straat. We bleven ongeveer tien minuten zitten om de plaats in ons op te nemen, zodat we niet voor verrassingen zouden komen te staan. Hoewel het nog vroeg was en het dorp er rustig en vredig bij lag, waren er al een hoop mensen op de been. Vooral bij de hoofdsteiger waar havenarbeiders de lading van een aantal grote schepen op een vrachtwagen aan het leggen waren, was het erg druk. De mannen met de geweren die we eerder hadden gezien, waren in geen velden of wegen te bekennen.
'Oké, laten we beginnen', zei Chalky terwijl hij een kaart uit zijn achterzak haalde en op de grond uitspreidde. Hij keek op zijn horloge. 'Mooi, het is vijf voor zeven. Kijk hier zitten we en de grens met Syrië loopt ongeveer daar bij die bergen.' Hij wees naar links. 'We moeten ongeveer twintig kilometer naar het zuiden, over deze weg aan de andere kant van het dorp.' In de richting die hij had aangewezen, zagen we een rij met sneeuw bedekte paarsgrijze bergen zich aftekenen tegen de ochtendzon.
'De situatie is als volgt: we hebben een zee van tijd dus we hoeven ons niet te haasten. Het ziet er niet naar uit dat we in dit dorpje moeilijkheden zullen krijgen. Die mannen die we eerder hebben gezien, waren waarschijnlijk gewoon politiemensen; ik denk niet dat ze een probleem voor ons zullen vormen. Laten we in twee groepjes gaan. Geordie en ik gaan door het centrum en jullie twee gaan buiten het dorp om. We ontmoeten elkaar dan weer op het punt waar de dorpsweg de hoofdweg naar Beiroet kruist', zei hij, terwijl hij dit punt op de kaart aanwees.
'Dat zal niet al te moeilijk zijn. Het is maar een klein plaatsje', zei Spot.
Dynamo knikte. 'Jij en Geordie gaan vast vooruit, wij komen een paar minuten later. Dan vallen we minder op.'
Hoewel we zeeën van tijd hadden, stond Chalky onmiddellijk op om naar het dorp te lopen. 'Kom op, Geordie', riep hij over zijn schouder.

We liepen het dorp binnen via de hoofdstraat en kwamen enkele van de oude mensen tegen die we vanaf de zandwal hadden gezien. Niemand nam echter enige notitie van ons. In het dorp was het een grote bende; overal lagen ouwe dozen en ander afval. Hoewel het nog vroeg was, was het al redelijk druk op straat. Op veel plaatsen zagen we groepjes mensen zitten. Misschien zaten ze te wachten tot de cafés of winkels opengingen. Het merendeel van de bebouwing bestond uit één verdieping hoge betonnen optrekjes. Er waren echter ook een aantal grotere gebouwen, van twee of drie verdiepingen hoog.
Het was geen grote plaats, ongeveer een kilometer lang. We liepen er dan ook snel doorheen, waarbij we een aantal zijstraten voorbijkwamen met vierkante huizen en gebouwen en een aantal stilstaande oude auto's voor de deur. Toen we de plek naderden waar we met Spot en Dynamo hadden afgesproken, zagen we hen al vanaf de linkerkant van het kruispunt aan komen lopen.
'Wat een klerezooi', zei Dynamo. 'Hoe kun je in godsnaam in zo'n plaats wonen? Die arme sloebers hebben het niet erg breed lijkt me, niet?'
'Wiens idee was het om deze stinkende vissen mee te nemen?', zei Spot met afschuw terwijl hij ze in de dichtstbijzijnde greppel kieperde.
'Ja, je hebt gelijk', zei Chalky en we gooiden ook de onze weg. 'Ik denk dat Lynch dat wel leuk heeft gevonden.'
We liepen over de redelijk brede weg naar het zuiden. Op veel plaatsen was het beton gebarsten en zaten er gaten in. De weg was duidelijk aan reparatie toe. We kwamen vrij weinig verkeer tegen. Alleen een paar vrachtwagentjes en een vent op een fiets. Maar die keek niet op of om.
Tijdens het lopen bespraken we wat we zouden kunnen doen als ik er niet in zou slagen het doelwit op de beoogde manier om zeep te helpen. Het meest voor de hand liggende was dat we dan zowel ons doelwit als de beide bodyguards zouden moeten doden, waarna we er in de verwarring die hiervan het gevolg zou zijn, zo snel mogelijk vandoor zouden moeten gaan. We zouden eerst richting de drukke haven gaan, zodat ze het idee zouden krijgen dat we per boot wilden ontsnappen, waarna we vervolgens op onze schreden weer naar het centrum terug zouden keren waar we ons ergens tot het donker was zouden verbergen. De militairen zouden ons dan waarschijnlijk in de eerste plaats in het gebied rond de haven zoeken en niet verwachten dat we ons in het centrum schuilhielden. Omdat we net zo gekleed waren als de plaatselijke bevolking, zouden we daar minder opvallen dan in een minder druk gebied.
Het was echter duidelijk dat we in dat geval veel minder tijd zouden hebben om naar de boot terug te keren. We besloten dat we dan naar de hoofdweg zouden gaan en een militair voertuig en enkele uniformen te

pakken zouden moeten zien te krijgen; een militair voertuig zou over het algemeen niet zo snel bij een wegversperring of een controlepost tegengehouden worden. We werkten dit plan echter niet tot in detail uit, omdat we nooit precies konden weten met wat voor omstandigheden we te maken zouden krijgen.

We liepen ongeveer acht kilometer met de zee aan onze rechterkant. Hoewel het nog vroeg was, was het al zeer warm en waren we al behoorlijk bezweet. Terwijl we een heuvelachtig gedeelte van de weg beklommen, hoorden we achter ons een vrachtwagen aankomen. We hielden onze hoofden naar beneden gebogen tot hij voorbij was. Het was een oud geval dat toen het de bovenkant van de heuvel bereikte, steeds langzamer begon te rijden tot het bijna tot stilstand kwam. Omdat we er behoorlijk de pas in hadden, haalden we het voertuig al snel in. Op dat moment kwam er van de andere kant van de heuvel een andere vrachtwagen aan, afgeladen met arbeiders en bewapende soldaten. Chalky, die voorop liep, gaf ons onmiddellijk een teken dat we ons achter de langzaam rijdende vrachtwagen moesten verbergen. Omdat het leek dat de oude vrachtwagen het niet zou halen, boog ik me voorover en begon ik hem te duwen waarna de anderen mijn voorbeeld volgden. Tegelijkertijd reed de vrachtwagen met soldaten ons voorbij zonder ons een blik waardig te keuren en reed hij verder in de richting van het dorp dat we zojuist hadden verlaten. Het langzaam rijdende vehikel was beladen met kratten fruit en appels. Toen het uiteindelijk over de top van de heuvel reed, sprong Dynamo er achterop, brak een van de kisten open en gooide enkele appels naar ons toe. 'Jullie lunch, mannen', zei hij lachend.

Terwijl de vrachtwagen nu weer sneller begon te rijden, sprong Dynamo eraf, waarna de bestuurder op zijn claxon drukte ten teken dat hij had gemerkt dat we hem hadden geholpen. Dynamo zwaaide naar hem, een halfopgegeten appel in zijn hand. Plotseling stopte de vrachtwagen en kwam de bestuurder naar buiten. Onmiddellijk verstopten we als een stel schuldige schooljongens onze appels onder ons overhemd. De man riep iets in het Arabisch. Dynamo ging naar hem toe en na een kort gesprek stapte de man weer in de wagen en reed hij weg.

Dynamo kwam met een grote grijns op zijn gezicht naar ons toe en nam nog een hap uit zijn appel. 'Ik was bang dat hij het niet zo leuk zou vinden dat we zijn appels hadden gestolen maar hij was erg vriendelijk en bood ons een lift aan naar de stad. Aardig van hem, hè? Natuurlijk moest ik dat aanbod wel weigeren', zei hij, terwijl we allen in lachen uitbarsten.

Vanaf de top van de heuvel konden we in de verte de skyline van Beiroet zien. Het was nog ongeveer tien kilometer lopen. Tegen de achtergrond van de zee, waar enkele grote schepen richting kust voeren, konden we de bebouwing van de stad zien. Terwijl we naar de stad keken, gingen we even zitten om onze appels op te eten. Het leek me een zeer grote stad, de grootste stad die ik tot nu toe had gezien. Het was moeilijk voor te stellen dat we die stad binnen zouden lopen en op klaarlichte dag iemand zouden vermoorden.

Het soort gebouwen dat ik zag, was totaal onbekend voor mij. Ze hadden koepelvormige daken en torens met vreemde spitsen erop. Ik had nog nooit zoiets gezien. Dynamo vertelde me dat het minaretten en moskeeën waren.

Er was geen wolkje te zien en het was verzengend heet. De weg was kurkdroog en zat vol stenen. Als we liepen, veroorzaakten we bij iedere stap een kleine stofwolk; onze vuile laarzen en broeken zaten onder het zand. Net voorbij een oude uitgebrande verroeste auto zagen we een stroompje water naar de weg lopen. Waarschijnlijk had het door een pijp onder de weg moeten stromen. Deze was echter kapot en verstopt, waardoor het water over de weg heenliep. Waarschijnlijk was het een riool want het stonk verschrikkelijk. Het water was bedekt met zwermen vliegen en andere insecten die, toen we er doorheen renden, met onze handen voor onze mond, neus en ogen, alle kanten uit vlogen.

'Smerige beesten', zei Chalky. 'God mag weten wat voor ziekten ze allemaal bij zich hebben.'

Dynamo draaide zich weer naar mij om. 'Overigens, Geordie, heb je je naald bij de hand?'

'Ja, wacht even.' Ik keek naar mijn sash en deed de gesp omhoog. De plaats waar ik de draad in had gestoken, kon ik echter niet vinden. 'Godverdomme, ik denk dat ik hem verloren ben! Hij is er niet!', zei ik woedend terwijl ik met mijn vingers aan de achterkant van de sash voelde.

'Wacht maar, Geordie', zei Chalky terwijl hij zijn hand onder het gedeelte van de sash stak dat op mijn rug zat. 'Ik denk dat ik hem heb; door het lopen is hij naar de achterkant verschoven. Wacht even', zei hij.

Hij probeerde de naald weer naar de voorkant van mijn sash te duwen. Dit lukte echter niet, omdat de naald vast scheen te zitten. Hij pakte daarop zijn mes en maakte een kleine snee in de sash om hem er op die manier uit te krijgen. 'Oké, we kunnen weer lachen. Ik heb hem. We hoeven de operatie niet af te blazen', grapte hij terwijl hij me op mijn rug sloeg.

Ik was enorm opgelucht. Ik was bang dat ik hem misschien had verloren toen ik op de boot viel. Ik haalde het stukje hout uit mijn zak en stak de naald erin waarna ik het geheel in mijn mouw verborg terwijl ik het handvat met één hand vasthield.

We hadden inmiddels de buitenwijken van Beiroet bereikt; ook hier was het een grote rotzooi, het was een soort krottenwijk. Langzamerhand

werden de gebouwen die we zagen echter iets hoger. Maar ook deze waren voor het merendeel erg bouwvallig en nodig aan reparatie toe. De straten stonden vol uitgebrande auto's. Ik keek met stomme verbazing om me heen. Overal renden kleine kinderen rond, halfnaakt en zonder schoenen. Vrouwen in traditionele kledingdracht met hoofddoeken liepen met grote kartonnen dozen en andere dingen op hun hoofd. Sommige van de oudere mannen droegen lange traditionele kleding en het merendeel van hen had een soort hoofddeksel op. Maar over het algemeen waren de mannen meer westers gekleed, in overhemd en broek. Ze leken niet veel om handen te hebben, ze zaten maar een beetje voor zich uit te staren.
Op bijna iedere straathoek hingen groepjes jongeren rond. De meesten van hen droegen een of ander wapen, voornamelijk pistolen, maar ik zag ook stenguns en oude .303 Lee Enfield geweren. Ze waren gekleed in allerlei soorten, op legeruniformen lijkende kleren en ze hielden mensen aan en doorzochten auto's en andere voertuigen.
'Volgens mij kunnen we nu maar beter de hoofdstraten mijden', zei Chalky. Hij sloeg een smerige stinkende steeg in waarna we vervolgens kriskras via een doolhof van achterafstraatjes onze weg naar het centrum moesten zien te vinden. We gebruikten daarbij de stadsplattegrond die Chalky bij zich had en die hij, naar eigen zeggen, meer dan een week grondig had bestudeerd. Overal hingen waslijnen met vaalgekleurde kleren en in elke hoek lagen hopen afval waarin schurftige honden of katten rondkropen. Er bleek hier niet veel groen te zijn. De gebouwen stonden dicht op elkaar, hoge woonblokken waar op ieder balkon wasgoed, tapijten en kleren hingen. In bijna iedere straat stroomde water; de waterleidingen en de rioleringen moesten in een deplorabele staat zijn. Overal waren mensen, allerlei soorten voertuigen zag je op straat en het lawaai was oorverdovend.
Het merendeel van de winkels had geen ramen. Binnenin of voor de deur stond meestal alleen een lange tafel. Hierop lagen vaak met lappen bedekte stapels vlees en aan het plafond hingen vreemdgevormde en -gekleurde worsten. Bij andere winkels lagen aardewerk, lampen, flessen of kleine kleedjes uitgestald. De lucht was vervuld van sterke, vreemde, voor het merendeel misselijkmakende geuren: ongewone kookluchtjes, de stank van rottend afvalwater en gebrekkige rioleringen, vermengd met de lucht van uitlaatgassen. En daar liepen wij tussendoor, volledig onopgemerkt. Een merkwaardige ervaring.
Langzamerhand werden de straten breder en de gebouwen die we zagen, waarvan het merendeel zonder twijfel als kantoor werd gebruikt, waren in veel betere staat dan in de buitenwijken. Terwijl we het centrum naderden werd het aantal mensen almaar groter, het lawaai nog erger en over

alles lag een bijna voelbare spanning. Niemand scheen erg gelukkig te zijn; er was niemand die lachte.
Chalky stopte voor een tabakswinkel waar we ongedwongen, zonder op te vallen, met elkaar een praatje maakten. 'We zijn er bijna: het gebouw waar hij werkt, moet hier ergens in de buurt zijn; volgens mij ligt het aan het eind van deze straat', zei hij zachtjes. 'We moeten ons nu in twee groepjes opsplitsen; ieder groepje neemt één kant van de straat voor zijn rekening.'
Spot pakte me bij mijn arm. Ik volgde hem de hoek om, een brede drukke straat in. 'Hoe voel je je, Geordie?', vroeg hij zacht.
'Een beetje vreemd maar ook behoorlijk opgewonden', fluisterde ik terug. 'Wat een vreselijke stad is dit, hè?'
'En dan is dit nog het beste deel', grinnikte hij.
We worstelden ons zo onopvallend mogelijk door de menigte om gelijke tred te houden met Dynamo en Chalky die aan de overkant liepen. Ongeveer halverwege de straat gebaarde Dynamo ons dat we moesten oversteken.
'We zijn er, mannen', zei hij zelfverzekerd terwijl hij op zijn horloge keek. 'Het is nog vroeg. Chalky en ik hebben dus nog alle tijd om deze buurt te onderzoeken. Jullie twee moeten die kant uitgaan en kijken of er een of ander voertuig is dat we eventueel zouden kunnen gebruiken. Als de hel uitbreekt, moeten we er snel over kunnen beschikken. Ga echter niet te ver weg. We zien elkaar hier weer over een half uur op deze zelfde plaats, om elf uur.'
Spot en ik staken weer over naar de andere kant van de straat en liepen daar enige tijd rond. Vanwege ons vluchtplan was het nodig dat we precies wisten hoe de buurt in elkaar zat. We bekeken enkele van de smalle zijstraten om te zien of we daarlangs zouden kunnen vluchten voor het geval het mis zou gaan. Overal stonden auto's en vrachtwagens geparkeerd, maar de meeste waren veel te oud.
'Er staan hier bijna alleen maar oude wrakken, Spot. Ik zie ons nog niet in een van karretjes wegrijden.'
'Waarschijnlijk zijn we rennend nog sneller weg', gaf hij toe.
Toen we weer in de hoofdstraat terug waren, zagen we een groepje van vier of vijf jongens recht op ons af lopen. Elk van hen droeg een semi-automatisch geweer dat met een riem aan hun schouders hing, en een holster met een pistool erin. We stopten beiden om in een van de winkels te kijken. De jongens keken ons nauwelijks aan en liepen weer door, hun geweren naar beneden gericht en hun duimen achter de riemen. Spot en ik keken elkaar even aan en grinnikten. Vervolgens liepen we naar de plek waar we met Dynamo en Chalky hadden afgesproken.

'We weten het nu heel zeker', zei Dynamo zachtjes. 'Het café bevindt zich ongeveer driehonderd meter vanaf zijn kantoor, in dezelfde straat.'
'Weet je wat', zei ik. 'We hebben een winkel ontdekt waar ze tapijten verkopen, ongeveer honderd meter vanaf het café, en aan dezelfde kant van de straat. Het lijkt me een goed idee als ik daar wat rondhang, in de hoop dat hij voor die plek al overgestoken is. Zo niet, dan moet ik wachten tot hij terugkomt.'
'Hij kan daar wel uren blijven zitten', merkte Spot op.
'Niets aan te doen, ik moet in dat geval gewoon blijven wachten en hopen dat hij niet te lang blijft lunchen.'
'Ik ga in buurt staan en geef je een teken als hij eraan komt, Geordie', zei Dynamo. 'Chalky, jij gaat op dezelfde hoogte als ik aan de overkant staan, en Spot blijft in de buurt van het café wachten. Ik volg hem als hij naar buiten komt.'
Dynamo liep naar het gebouw toe en Chalky stak de straat over zoals was afgesproken, terwijl Spot en ik in de richting van het café liepen. De hele straat zag zwart van de mensen, de meesten van hen in traditionele kledij, in het bijzonder de vrouwen. Tot mijn verrassing zag ik ook een groot aantal buitenlanders, toeristen waarschijnlijk. Het merendeel van de jongere mannen was hetzelfde gekleed als wij, waardoor we niet opvielen. Rond de toeristen hingen grote groepen haveloze, bedelende kinderen rond.
We kwamen bij de tapijtenhandel aan, waar ik stil bleef staan, terwijl Spot doorliep naar het café. Aan de overkant van de straat zag ik Chalky lopen. Het plan was dat als die vent dichter bij mij zou komen, ook de anderen naar mij toe zouden lopen voor het geval het mis zou gaan en ik hulp nodig zou hebben.
Ik mengde me onder de mensen die de tapijten stonden te bekijken die de eigenaar in zijn winkel had liggen en die hij ook op een tafel buiten had uitgestald. Ik zweette me rot terwijl ik me concentreerde op de tapijten voor mij, waarbij ik de indruk gaf dat ik er een wilde kopen terwijl ik in werkelijkheid naar Dynamo keek voor het geval hij mij een teken zou geven. Ik pijnigde mijn hersens over de manier waarop ik mijn doelwit zou kunnen afleiden terwijl ik hem doodstak.
De eigenaar van de winkel was een traditioneel geklede, tandeloze oude vent met een diep doorgroefd en gerimpeld gelaat. Hij probeerde door tegen me aan te praten mijn aandacht te trekken. Omdat ik echter geen woord verstond van wat hij zei en ik niet wilde dat hij al te duidelijk mijn gezicht zou zien en mijn blauwe ogen zou ontdekken, schudde ik mijn hoofd en probeerde ik hem met handgebaren te kennen geven dat ik niets wilde kopen.

Ik werd ongeduldig en keek op mijn horloge. Het was kwart voor een: er waren pas een paar minuten voorbij gegaan, maar het leken wel uren. Waar blijft die vent, dacht ik, waarom is hij er verdomme nog niet?
De naald in mijn mouw prikte in mijn arm en ik wou, hoewel ik niet zenuwachtig was, dat het alweer voorbij zou zijn. Ik zweette nog steeds enorm en onbewust veegde ik met mijn hand over mijn voorhoofd om een paar druppels af te vegen. De oude man bleef maar in mijn buurt, op zijn tapijten wijzend. Bovendien had ik nu ook een van de bedelende kinderen aan mijn broek hangen. Ik probeerde hem van me af te duwen maar het was een vasthoudend klein ettertje. Het was een nachtmerrie. Uiteindelijk zag het jongetje gelukkig in dat er bij mij toch niks te halen was en richtte hij zich, tot mijn grote opluchting, tot de toeriste naast mij.
Toen ik iets plakkerigs aan mijn vingertoppen voelde keek ik naar beneden en zag ik tot mijn verbijstering mijn donkere make-up aan mijn hand zitten en ik realiseerde me dat dat eraf gekomen was toen ik over mijn voorhoofd veegde. Achter de eigenaar van de winkel hing een spiegel. Ik probeerde hierin te zien hoe groot de schade was. Dat lukte me echter niet omdat die oude vent, terwijl hij maar tegen me door bleef kletsen, tussen mij en de spiegel bleef staan. Ik kon alleen maar een klein lichter plekje zien, nauwelijks zichtbaar. Pff! Snel wreef ik er met mijn vingers overheen om het weer donkerder te maken, terwijl ik, al glimlachend naar de eigenaar, een paar meter opschoof, onderwijl steeds Dynamo in de gaten houdend.
Toen ik echter even naar de bij mij in de buurt liggende tapijten keek, kreeg ik een lumineus idee. Ik ging weer terug de winkel in. Ik bedacht me dat ik er een zou kunnen gebruiken om mijn actie met de naald aan het oog te onttrekken als ik 'toevallig' tegen mijn slachtoffer zou opbotsen. Ik koos een niet al te zwaar, ongeveer een meter lang tapijtje uit: ideaal voor het doel waarvoor ik het wilde gebruiken. Het ging nog niet zo gemakkelijk. Die oude vent wilde het van me afpakken om het voor me uit te rollen zodat ik kon zien hoe het eruitzag en de vrouwelijke toeriste had er ook haar oog op laten vallen.
Precies op dat moment keek ik naar Dynamo en zag ik dat hij zijn duim opstak: ons doelwit had eindelijk zijn kantoor verlaten. Ik ging op mijn tenen staan om over de hoofden van de mensen in de straat te kunnen kijken. Al snel had ik hem in de gaten. Zijn gewapende begeleiders liepen een klein stukje voor hem. Ze duwden de omstanders uiteen zodat ons doelwit vrij baan had om door de menigte te lopen. Hij was gekleed zoals we verwacht hadden: hij droeg een lichtgekleurd lichtgewicht kostuum en een witte panamahoed. Hij keek chagrijnig en scheen in een slecht humeur te zijn.

Plotseling stapte hij de straat op om over te steken. Zijn twee begeleiders, die dit blijkbaar niet verwacht hadden, deden dat ook waardoor ze nu achter hem liepen. Prachtig, dacht ik, hij komt nu recht op me af. Ik zag dat Dynamo ook iets achter hen liep; alles leek op rolletjes te lopen. Toen, net zo onverwachts als toen hij de straat overstak, veranderde de man echter weer van richting en sloeg hij een zijstraat in, op de voet gevolgd door zijn begeleiders, waardoor hij buiten mijn gezichtsveld kwam.
Ik gooide het tapijt terug op de tafel en liep snel naar de zijstraat waarin hij was verdwenen. Ik was gedwongen iets anders te verzinnen. Toen ik ongeveer vijftien meter van het steegje verwijderd was, kwam een van de begeleiders weer uit de zijstraat te voorschijn, al snel gevolgd door mijn doelwit en de andere bewaker. Ze liepen recht op me af. Ik draaide me bliksemsnel om en liep terug naar de winkel om het tapijtje weer op te pakken.
De voorste begeleider schoof de menigte weer uit elkaar en mijn doelwit was nu vlakbij. De oude man begon tegen me te kakelen en ik gooide al het Libanese geld dat ik in mijn zak had de winkel in, hopend dat het genoeg was om hem zijn mond te laten houden. Het viel op de grond en de man bukte zich om het op te rapen.
De voorste bewaker liep vlak langs me heen. Ik draaide rechtsom, zodat ik tussen hem en mijn doelwit kwam te staan, en duwde mijn doelwit vervolgens het tapijt in zijn gezicht. Zijn sigaret viel uit zijn mond en hij stak zijn beide armen omhoog om zich van het tapijt te ontdoen. Met gebruikmaking van een bepaalde beweging van de machine waarop ik lange tijd had geoefend, stak ik de naald in zijn borst. Ik merkte echter niets en dacht dat ik hem gemist had; hij bleef even staan, duwde toen het tapijt weg en liep weer door. Onmiddellijk duwde de bewaker achter hem mij opzij, de straat op. En ook hij liep door alsof er niets was gebeurd.
Ik keek naar de naald maar er was niets bijzonders aan te zien. Ik zag dat Dynamo vanaf de overzijde van de straat naar me stond te kijken. Hij hield zijn beide armen omhoog alsof hij wilde vragen wat er was gebeurd. Ik haalde vertwijfeld mijn schouders op. Ik wist dat ik mijn doelwit op de juiste plaats had geraakt en toch liep hij verder, richting het café.
Om te zien wat er verder nog gebeurde, draaide ik me om maar het was erg druk en ik kon niet veel zien. De eigenaar van de winkel stond weer tegen me aan te kletsen en wilde me wat geld teruggeven: ik had hem blijkbaar te veel betaald. Ik schudde mijn hoofd en duwde zijn hand weg. Omdat ik nog steeds niet kon zien wat er gebeurde, klom ik op een stapel tapijten zodat ik over de hoofden van de mensen heen kon kijken. In de verte zag ik de witte hoed van mijn doelwit. Hij was nu vlakbij het café.
Plotseling verdween hij echter in de menigte. Hij viel met groot kabaal. Mijn missie was geslaagd.

In de buurt van het café ontstond direct een grote oploop. Iedereen in de straat leek erop af te lopen. Ik draaide me om naar Dynamo en stak mijn duim op terwijl die ouwe knar tegen me begon te jammeren omdat ik op zijn tapijten stond. Een beetje overdreven leek me dat gezien het feit dat ik hem net veel te veel had betaald voor dat stomme tapijtje.
Ik pakte het tapijtje weer op en liep snel naar de overkant van de straat waar Dynamo op me stond te wachten. Op de stoeprand zat het bedelende kind dat ik al eerder had gezien. In een opwelling gaf ik hem het tapijt, omdat ik het toch niet meer kon gebruiken. Hij keek me eerst stomverbaasd aan, stond toen op en ging er toen zo snel als hij kon vandoor. Het was een klein ventje en het tapijt was een stuk groter dan hij. Waarschijnlijk was het ook twee maal zo zwaar als dat scharminkeltje.
Dynamo sloeg me op mijn rug, een grote grijns op zijn gezicht. 'Het is je gelukt. Fantastisch, man! Je had je echter wel een beetje in kunnen houden met dat jongetje. Daar krijgt ie nog last mee. Ze denken vast dat-ie het heeft gestolen!', lachte hij. 'Kom, laten we gaan. Waar is Spot?', vroeg hij aan Chalky die zich net bij ons had gevoegd.
'Wat deed je in hemelsnaam met dat tapijt, Geordie', wilde Chalky weten.
'Dat vertel ik je later wel', gaf ik als antwoord; ik wilde hier zo snel mogelijk vandaan. 'Waar is Spot?'
'Volgens mij is hij nog bij het café', zei Chalky terwijl hij zich omdraaide om de straat in te kijken, juist op het moment dat Spot op ons afkwam.
'Je had hem goed te pakken, Geordie, schitterend!', barstte hij los.
'Waar ben jij in godsnaam geweest?' vroeg Dynamo.
'Je had het moeten zien', zei Spot opgewonden. 'Eerst leek het of er niets aan de hand was en dacht ik dat het mislukt was, Geordie. Maar opeens stortte hij als een zoutzak in elkaar, tegen een tafeltje en een stel stoelen aan. De tafel viel om en hij verpestte daardoor ook nog even een lekkere maaltijd.'
'Kom op, laten we hier weggaan voordat iemand ons in de gaten krijgt', waarschuwde Dynamo ons, waarna hij naar de dichtstbijzijnde zijstraat liep. 'Het zou wel bijzonder stom zijn als ze ons nu nog zouden pakken!'
We verlieten zo snel als mogelijk was de hoofdstraat. Toen ik nog even omkeek, zag ik een grote menigte mensen voor het café en ook merkte ik het bedelaartje op die nog steeds met het voor hem zware tapijt worstelde. We volgden Dynamo de zijstraat in en liepen volgens de aanwijzingen van Chalky die de kaart bij zich had, naar de buitenwijken van de stad alvorens uit te komen op de weg terug naar het dorp. Af en toe keken we om om te zien of we niet gevolgd werden, maar dat bleek niet het geval te zijn. Toen we bij de heuvel kwamen waar we de vrachtwagenchauffeur hadden geholpen, pauzeerden we even om naar de stad achter ons te kij-

ken. Hoewel het nu vrij druk was op de weg en er uit beide richtingen verkeer kwam, leek alles normaal te zijn.

Terwijl we verder liepen, vroegen ze me de oren van mijn kop. Ze wilden precies weten wat ik had gedaan en moesten vaak lachen om mijn antwoorden. Ook werden er veel grapjes gemaakt. Ik voelde me fantastisch. Hoewel we enorme dorst en honger hadden, waren we zeer uitgelaten en het leek alsof de weg terug veel minder lang was dan de heenweg. Niemand lette op ons op de drukke weg. Des te beter, ons konden ze toch niets meer maken; we voelden ons onoverwinnelijk. Omstreeks half drie kwamen we bij het dorp aan waar we bij een van de huizen een kraantje ontdekken. In de buurt waren een paar kinderen aan het spelen, maar die hadden totaal geen belangstelling voor ons en gingen rustig door met hun spel.

'Achteruit, jongens', zei Dynamo grinnikend. 'De man met het tapijt mag als eerste drinken, hij heeft het verdiend.' Het water uit de kraan was lauwwarm en waarschijnlijk ook nog besmet, maar dat maakte me op dat moment niets uit; mijn mond was kurkdroog en het smaakte heerlijk.

Via de buitenkant van het dorp liepen we terug naar de zandwal om op Lynch te wachten. Omdat we nog bijna twee uur de tijd hadden tot hij zou komen, gingen we in de zinderende hitte in het zand liggen om wat uit te rusten, waarbij we om beurten de wacht hielden. Plotseling siste Spot om ons te waarschuwen.

'Verberg je, mannen, er komt een patrouilleboot aan.'

Onmiddellijk doken we naar de andere kant van de zandwal, uit het zicht van de voorbijvarende oude torpedoboot. Vlak achter deze boot zagen we Lynch die op weg was naar de inham. Nadat hij zijn boot tot vlak bij de overblijfselen van de steiger had gestuurd, renden wij naar hem toe en sprongen we aan boord.

'Zo te zien is alles volgens plan verlopen, anders waren jullie niet heelhuids teruggekomen, ja toch?', zei hij met overslaande stem. 'Hé, waar zijn mijn vissen?'

'Zit niet te zeiken, waar is die verdomde koekenpan van je?', zei Dynamo, uit naam van ons allen sprekend. 'We sterven van de honger!'

'Vergeet die pan nog maar even; eerst moeten we hier zo snel mogelijk vandaan', zei Lynch terwijl hij de motor sneller liet draaien en we van de steiger wegvoeren, richting zee. 'De hele middag heb ik hier patrouilleboten voorbij zien varen. De enige reden dat ze me niet hebben aangehouden, is volgens mij omdat ik in mijn eentje was. Als ze jullie echter zien zouden we wel eens in grote problemen kunnen komen. Heb je gezien wat voor boten het zijn?', vroeg hij. 'Oude Britse torpedoboten. Laten we er dus zo snel mogelijk vandoor gaan!'

De terugreis naar Cyprus leek wel eeuwen te duren; we hadden deze keer geen snelle helikopter tot onze beschikking. We zaten voor ons gevoel urenlang te eten; grote hoeveelheden worstjes met witte bonen, baconsandwiches en koppen thee werkten we naar binnen. Tegen de tijd dat we uitgegeten waren, voelden we ons al weer behoorlijk misselijk. De avond viel en we lagen uitgeput op de bodem van de boot terwijl de motor onophoudelijk doorpruttelde. Uiteindelijk kwamen we rond middernacht bij Cyprus aan.

Lynch zette ons af bij Dhekélia in Larnaca Bay en verdween met de boot weer richting zee. Vervolgens moesten we nog een uur wachten tot Ken ons op kwam halen. Hoewel het een lange boottocht was geweest, waren we volgens Ken, toen hij eindelijk arriveerde, vroeger terug dan hij verwacht had. Ja, maak maar grapjes, dacht ik. Het leek me alsof er geen eind aan die klotereis zou komen.

We propten ons met ons vijven in de jeep en reden terug naar de hangar. We waren allemaal erg moe. Het liefst wilden we slapen, dus werd er onderweg niet veel gepraat. Ken vertelde ons nog wel dat er op dat moment veel Britse troepen in het gebied waren en dat we dus voorzichtig moesten zijn. Maar de meeste tijd was het stil in de wagen.

'Ik ga ervan uit dat alles volgens plan is verlopen?', was het enige dat hij zei toen hij ons bij de hangar afzette.

'Zo gladjes als de billen van een baby', antwoordde Spot, breeduit grinnikend.

Na een nachtje goed slapen, begonnen we de volgende morgen om negen uur te trainen; Ken kwam een uur later. We bespraken alle details van de operatie met hem en Dynamo legde uit wat we gedaan hadden.

'Mooi werk, Geordie', zei Ken, terwijl hij mijn hand schudde. 'Onze inlichtingendienst had het bij het rechte eind wat jou betreft! Ik heb het idee dat jij binnenkort hun alles zal moeten leren', zei hij, terwijl hij met zijn hoofd in de richting van mijn teamgenoten knikte.

De rest van de week bracht ik door met trainen. Op vrijdag bracht Chalky me weer terug naar het munitiedepot in de buurt van Dhekélia waar ik al snel door de truck van mijn legermaatjes werd opgepikt en naar het kamp werd vervoerd. Bill zat achterin.

'Waar ben jij in godsnaam geweest? Ik ben je nog op komen zoeken, klootzak!', zei hij ter begroeting.

'Ik heb wat geld gewonnen met darts spelen. Bovendien lieten die slavendrijvers me daar tot 's avonds laat doorwerken', zei ik tegen hem, in de hoop dat hij dat zou geloven en er niet verder op in zou gaan.

'Nou, mooi is-ie!', gromde hij. 'Maakt trouwens niet uit, ze hadden me toch niet binnengelaten. Allemaal de schuld van Grivas Bodily Harm (de

Lichamelijk Geweldenaar, vert.)!', zei hij, refererend aan de bijnaam die de Britse troepen hadden gegeven aan de leider van de EOK-terroristen, waarna hij, goddank, op een ander onderwerp overging.

HOOFDSTUK 10

Overleg over Caïro

De jeep stopte voor de hut en Chalky stapte zoals gewoonlijk via de motorkap uit. Hij had me enige tijd daarvoor net buiten Limassol opgepikt, waar ik door mijn legermaatjes naartoe was gebracht met de bedoeling dat ik in het nabijgelegen kamp te werk zou worden gesteld. Ik volgde hem naar binnen en liep de trap op naar ons 'kantoor', waar ik Dynamo zag die op zijn gemak thee zat te drinken. Toen ik naar binnen liep, kwam plotseling opeens Spot vanuit het niets te voorschijn. Hij droeg een camouflagepak.

'Hallo, Geordie', zeiden ze bijna tegelijkertijd en Dynamo zwaaide even naar mij toen hij me zag.

'Zo, jullie zien er behoorlijk verlopen uit vandaag; zijn jullie je scheerapparaat kwijt?'

Ze hadden allemaal een baard van een paar dagen, en omdat ze er meestal redelijk verzorgd uitzagen, behalve als ze een klusje moesten klaren, ging ik ervan uit dat dit nu ook het geval zou zijn.

'Ken was hier vanmorgen; hij haalt de hack op', zei Chalky en onmiddellijk wist ik dat ik het bij het rechte eind had.

'Wat gaan we doen?', vroeg ik.

'Wel, Geordie, ouwe jongen, ik denk dat de excursie die we voor vandaag op het oog hebben, je wel zal aanspreken. In feite zal het voor ons allemaal een heerlijk dagje uit zijn', zei hij, breeduit lachend.

'Hij heeft gelijk. Je zult de tijd van je leven hebben', voegde Spot eraan toe. 'Kom, ga zitten, neem een kop thee en luister goed naar wat we te vertellen hebben.'

Het was vrij donker in het kantoor. Het enige licht kwam van een klein kapot raampje boven in de kamer, waardoorheen het felle zonlicht een klein stukje van de vloer eronder bescheen. We verplaatsten daarom de kleine tafel met onze theekopjes en koekjes en onze stoelen naar die plek en gingen weer zitten.

Op de tafel lagen ook twee grote, opengeslagen landkaarten; de ene was

van Cyprus, Libanon en Israël, de andere een gedetailleerde kaart van Egypte. Ik zag dat op de kaart van Libanon en Israël een aantal plaatsen met rood waren aangegeven. 'Wat zijn dat?', vroeg ik.
'Dat zijn plaatsen waar brandstof ligt opgeslagen. Voor het geval er een wordt ontdekt of verdwenen is, kunnen we aan de hand van deze kaart precies weten waar de volgende locatie zich bevindt', zei Spot tegen mij.
Zoals gewoonlijk was Dynamo behoorlijk opgewonden en barstte hij van de energie. 'We zullen je de piramiden laten zien, Geordie. Ons doel is Caïro', legde hij uit. Nu begreep ik wat ze bedoelden met 'de tijd van je leven'!
'Allejezus! Je maakt een grapje', barstte ik uit. 'Caïro? Wat moeten we in Caïro doen en hoe gaan we daar in godsnaam naartoe?' Ik kon het nog steeds niet geloven.
'We gaan met de hack. Daarom moeten we precies weten waar de brandstofvoorraden zich bevinden. Van tijd tot tijd zullen we namelijk bij moeten tanken.'
Hoewel ik het fantastisch vond om weer met hen mee te gaan, bedacht ik me dat Caïro een behoorlijk eind weg was. Ik maakte me daarom toch wel enige zorgen. Het moet op mijn gezicht af te lezen zijn geweest want Spot haakte daar onmiddellijk op in.
'Maak je geen zorgen, Geordie. We zullen goed op je passen. We gaan morgen alleen maar naar Caïro om ene Nasser om te leggen', lachte hij.
De betekenis van wat hij zei, drong niet onmiddellijk tot me door. Ik had nog nooit van die man gehoord. Voor mij was het gewoon weer een ander doelwit. Bovendien was ik zo vervuld van wat ik de afgelopen tijd had geleerd en had ik zo'n vertrouwen in de professionaliteit van mijn collega's dat ik, waar ze ook naartoe zouden gaan, hen blindelings zou volgen.
Vervolgens legde Spot me in detail uit wie het doelwit was.
Zo, daar ging het dus om, kolonel Gamal Abdel Nasser, de president van Egypte! Het plan was om de volgende dag naar het centrum van Caïro te gaan en kolonel Nasser uit te schakelen. Niet meer dan dat. Zonder twijfel ging het om de best bewaakte man in Egypte.
'Volgens onze informatie zal de kolonel morgen een of ander hoofdkwartier of garnizoen in Caïro bezoeken en men verwacht dat hij pas laat op de avond daar zal vertrekken', zei Chalky, terwijl hij me enkele zwartwit luchtfoto's van het gebouw liet zien, die op de tafel lagen.
Ik bekeek ze nauwkeurig. Het leek me een onneembare vesting. Het gebouw lag in een zeer dichtbevolkte wijk met smalle straatjes en werd omringd door twee, minstens vier meter hoge hekken, die door zowel Arabische als sovjettroepen werden bewaakt.
Ik keek in stomme verbazing op van de foto's en keek mijn drie maatjes

aan. Ik kon absoluut niet geloven dat ze serieus waren. Ik had natuurlijk gehoord over Suez en de Britse, Franse en Israëlische troepen die kortgeleden Egypte hadden aangevallen, Caïro in het bijzonder, en dat deze mensen ons hartgrondig moesten haten. Om die reden moest ik bij het idee hun hoofdstad binnen te dringen om hun president te vermoorden wel even slikken.

Toch wist ik door de training die ik met hen had gevolgd, en door onze vorige missies dat wij de enigen waren die dit soort onmogelijke opdrachten met goed gevolg zouden kunnen uitvoeren.

'Eitje, niet, Geordie?', knipoogde Chalky. Ik glimlachte naar hem, niet in staat iets te zeggen. Ik kon het niet helpen dat ik dacht dat dit het einde was, dat ik in een Egyptische gevangenis terecht zou komen of dood op straat zou worden gevonden. Ik schudde die gedachten echter van me af: het was niet goed zo te denken: ze hadden me geleerd op een andere manier te denken, om positief te zijn. Het zou echter nog wel even duren, dacht ik, voor ik net zo relax was als zij. Meerdere malen had ik de laatste tijd moeten denken aan degene wiens plaats ik in had genomen en wat er precies met hem was gebeurd. Ik had ze die vraag nog nooit gesteld en zij zelf waren er ook nooit over begonnen. Ook nu zou ik hem niet stellen.

De rest van de dag waren we tot laat in de avond bezig met plannen maken: welke route we zouden nemen, wat we mee zouden nemen, wat we aan zouden trekken en hoe we het beste onze wapens zouden kunnen verbergen. Voor een leek zou het een onmogelijkheid lijken om met vier mannen, bewapend met sashes, messen, een paar kruisbogen, touwen, pijlen en MK1's een goedbewapend, zeer goed bewaakt garnizoen binnen te lopen om onze missie uit te voeren.

Zoals gewoonlijk had niemand de leiding. Zo werkte het bij ons niet: ieders ideeën en voorstellen werden met dezelfde belangstelling aangehoord en tot in detail besproken. Hoewel ik veruit het jongste lid van het team was, zowel in leeftijd als ervaring, had ik nooit het gevoel dat wat ik inbracht van minder waarde was dan wat de anderen voorstelden. Juist het tegendeel, hoewel ik donders goed wist dat onderdelen van het plan al vele malen zonder mij waren doorgesproken.

Terwijl we onze uitrusting bij elkaar zochten, realiseerde ik me dat ik, hoewel ik met alle onderdelen ervan tijdens onze trainingen had leren omgaan, de meeste nog nooit in de praktijk had kunnen gebruiken, en zij wel.

'Is dit alles?', vroeg ik aan Spot, wijzend op het kleine aantal uitrustingsstukken dat we aan het inpakken waren.

'Wel,' antwoordde hij, 'als we ons onder het gewone volk willen mengen en niet op willen vallen, moeten we zo weinig mogelijk meenemen; weet je, het zal niet veel anders zijn als in Beiroet; het is alleen iets verder weg. Het is nog een behoorlijk eind vanaf het punt waar we gedropt worden, tot het doel van onze reis, ongeveer honderdvijfentwintig kilometer. We mogen geen aandacht trekken. Het lijkt me het beste als we er als arbeiders of zo uitzien.'

'Het is, zoals je weet, al weer een tijdje geleden dat daar de laatste aanvallen werden uitgevoerd,' voegde Chalky eraantoe, 'maar alles gaat daar nogal traag dus ze zullen nog wel op veel plaatsen bezig zijn met het herstellen van de wegen in dat gebied. We zouden dus een paar tassen mee moeten nemen met enkel wat werkkleding; als we meer meenemen, valt dat alleen maar op.'

'Honderdvijfentwintig kilometer! Hoe lang doen we daar over?

'Veertien uur vanaf het punt waar we gedropt worden. Maar als het eenmaal zover is, kunnen we altijd nog een bus kapen!', lachte Dynamo. 'Zelfs als we iemands kameel moeten pikken, komen we nog op tijd. Bovendien is er overal wel een of andere vorm van openbaar vervoer.'

'Het moeilijkste deel van de tocht is om ongezien van hier tot het punt waar we gedropt worden, te komen', legde Chalky uit. 'De hack dropt ons ongeveer vijfentwintig à dertig kilometer ten noordnoordwesten van Port Said, in een moerassig gebied net ten westen van de rivier, en komt ons de volgende morgen vroeg daar weer ophalen. Als we tenminste in onze missie slagen en weer heelhuids terugkeren natuurlijk. Dus moeten we een of ander vervoer zien te regelen als we daar zijn, anders zijn we nooit op tijd terug om om half tien te worden opgepikt. Het zal nog moeilijk worden voor Ken om zo laag te vliegen dat hij niet op de radar te zien is, maar ja, we hebben wel het voordeel dat ze ons niet verwachten.'

'Zal het op die tijd niet erg druk zijn in dat gebied?', vroeg ik.

'Waarschijnlijk wel, maar dat is juist een voordeel omdat we dan minder op zullen vallen. Bovendien bevinden we ons tegen de tijd dat ze ontdekt hebben wat er is gebeurd, al weer lang en breed in het luchtruim van Israël', zei Spot. 'Ken en de hack zullen hier om vijf uur aankomen. Omdat deze tocht eigenlijk te zwaar is voor de helikopter, is hij enigszins aangepast voor ons, gemoderniseerd zou je kunnen zeggen, maar om brandstof te besparen moeten we zo weinig mogelijk meenemen.'

'De hoeveelheid brandstof die de Sycamore kan inslaan, is ongeveer vierhonderd liter, waarmee we ruwweg vierhonderddertig kilometer kunnen vliegen. De totale afstand die we moeten overbruggen, is meer dan achthonderd kilometer. Als alles volgens plan verloopt, worden we om tien uur op een verlaten deel van de Egyptische kust gedropt, nadat we eerst hier opnieuw brandstof hebben ingeslagen', zei Chalky, wijzend op een van de rode stippen op de kaart. 'Het is een nogal afgelegen plek aan de

Israëlische grens. Om meer brandstof mee te kunnen nemen, is er een extra tank in de hack aangebracht, naast de twee standaardtanks; voor het geval we een van onze brandstofopslagplaatsen niet kunnen gebruiken.'

'Wat gebeurt er als we onderweg panne krijgen en een noodlanding moeten maken?', vroeg ik.

'Maak je daar maar geen zorgen om, het is niet de eerste keer dat we een reisje als dit maken. Tot nu toe is het altijd goed gegaan. En als er iets gebeurt, ben je in goede handen', zei Chalky opgewekt.

Ik vroeg me af of hij bedoelde dat de hele 16 ons zou ondersteunen. Tot nu toe had ik alleen mijn drie teamgenoten en Ken en Lynch leren kennen. Ik keek er al tijden naar uit ook met de anderen kennis te kunnen maken. Ken had me verteld dat ik misschien ooit de hele groep zou ontmoeten; misschien zou dat nu wel gebeuren. Maar dat zou wel betekenen dat we dan in de problemen waren geraakt.

Hoewel ik nu een volwaardig lid van het team was, en ik zeker net zo goed getraind en bedreven was als mijn teamgenoten, voelde ik me nog altijd een nieuweling en wist ik dat ik van hen nog een hoop te leren had. Ik wist dat ze uiterst voorzichtig omgingen met de dingen die ze me vertelden, en dat de informatie die ik van ze kreeg, altijd alleen maar betrekking had op de operatie die we op dat moment gingen uitvoeren.

Het was duidelijk dat ze veel meer van de groep en elkaar wisten dan ze mij vertelden. Ik had ze soms horen praten over vorige missies, maar als ik dan vroeg daar iets meer over te vertellen, kreeg ik altijd het antwoord dat dat niet van belang was en dat ik hetgene dat ik gehoord had, maar weer moest vergeten. Hoewel ik denk dat dit niet kwam omdat ze me niet vertrouwden – het was gewoon hun manier van werken – voelde ik me toch vaak buitengesloten.

Omdat we niet te veel mee wilden nemen, besloten we zonder jas op reis te gaan. Als we het koud zouden krijgen, zouden we onderweg maar iets moeten improviseren. Om er als gewone arbeiders uit te zien droegen we een wit shirt, een katoenen broek en een paar laarzen, waardoor het vrij moeilijk was om ergens in onze kleding wapens te verbergen. Toch besloten we dat ieder van ons zijn MK1 (met vijftig patronen), zijn sash en zijn mes mee zou nemen.

We namen ook twee oude canvas tassen mee met in elk een vijfendertig meter lang touw, dunne nylondraden, haken, tien katrollen, een inklapbare kruisboog, acht verschillende pijlen met ieder een andere punt, een nieuw camouflagepak en munitie. Ook hadden we elk een veldfles met water en een paar 'hondenkoekjes' bij ons.

Nadat we onze uitrusting bij elkaar hadden gezocht en gecontroleerd hadden of alles naar behoren werkte, bleven we nog tot laat in de avond met de voorbereidingen van onze tocht bezig. Nadat we er honderd procent zeker van waren dat we alles bij ons hadden dat we nodig zouden kunnen hebben, bespraken we ons vluchtplan voor het geval er iets mis mocht gaan. Als we bijvoorbeeld om een of andere reden een paar uur vertraging zouden oplopen, zouden we niet op tijd zijn op de plaats waar we weer opgepikt zouden worden. Als dat het geval was, zouden we ons enkele uren schuil moeten houden tot het volgende tijdstip dat de hack ons zou komen ophalen, omstreeks vier uur in de middag.

Ondanks dat we het grootste gedeelte van de dag en de avond hadden doorgebracht met het voorbereiden van onze operatie en mijn hoofd omtolde van de details, had ik geen moeite in slaap te komen, noch hadden de anderen dat. De volgende morgen stonden we vroeg op en hielp ik Spot, tijdens het ontbijt, met het maken van een lunchpakket van fruit en sandwiches, omdat we wisten dat we geen tijd zouden hebben om te eten als we eenmaal in Egypte waren.

Toen we eenmaal klaar waren, wilde ik zo snel mogelijk vertrekken. Ik had echter het idee dat we wel vier uur hadden zitten wachten alvorens de hack arriveerde. Het hele gebouw trilde toen hij boven ons vloog en de stofwolk die de helikopter teweegbracht, kwam door ieder gaatje en opening van de oude hangar naar binnen. Hoestend en om ons heen tastend, omdat we nauwelijks iets konden zien, pakten we onze tassen en renden we naar buiten, net op het moment dat de hack op ongeveer twintig meter van de hut vandaan de grond raakte.

Tot onze verbazing werden de wieken stopgezet, sprong Ken uit de helikopter en gebaarde hij ons terug naar het kantoor te gaan.

'Het gaat niet door. Nasser heeft zijn plannen veranderd', zei hij. 'Hij heeft het gebied verlaten. Er is echter iets anders dat jullie moeten doen: een ander doelwit. Gelukkig bevindt deze zich in hetzelfde gebouw, anders hadden we de hele operatie moeten afblazen. Het is een hoge militair adviseur, een buitenlander, hij wordt echter niet zo zwaar bewaakt. Het gebouw en de omgeving waar hij zich bevindt, hebben jullie al op de foto's gezien; het doelwit is anders, maar de manier waarop we te werk gaan, is voor het grootste deel hetzelfde.'

Ken liet ons twee grote en een kleinere zwartwit foto's van ons doelwit zien. Dynamo nam de kleinste op, maakte een kleine opening in de band van zijn broek en stopte daar de foto in. De twee grote foto's lieten we op de tafel liggen. We hadden geen tijd te verliezen; voor achten zouden we bij de brandstofopslag moeten zijn. Het kantoor zou nadat we vertrokken waren, zoals gewoonlijk opgeruimd worden zodat er geen sporen meer zouden zijn die er op konden wijzen dat hier ooit iemand was geweest. Ik

had nog altijd geen idee wie hiervoor zorgde. Maar ik ging ervan uit dat het de andere leden van De 16 moesten zijn.
We pakten nogmaals onze spullen bij elkaar en volgden Ken naar de vuile grijze helikopter. Het was de eerste keer dat ik de helikopter bij daglicht zag en ik was verbaasd over de vreemde vorm die hij had; het leek alsof het achtergedeelte geknakt was. Alle herkenningstekens waren afgeplakt.
Ken had de heck al gestart en net op het moment dat wij onze bagage naar binnen gooiden en aan boord klauterden, steeg hij op van de grond. Omdat het door onze bagage nogal vol was binnen, klauterde ik naar de voorkant om daar te gaan zitten. Direct voelde ik echter iemand op mijn schouder tikken en toen ik me omdraaide, zag ik dat het Dynamo was. Hij hing buiten de helikopter en gebaarde dat ik naar achteren moest gaan. Onmiddellijk werd ik door Chalky en Spot over mijn stoel getrokken zodat ik tussen hen in kwam te zitten. Dynamo klom naar binnen en ging naast Ken zitten. Het leek alsof het voor hem de normaalste zaak was om buiten een helikopter te hangen, bijna dertig meter boven de grond. Een paar seconden later vlogen we over het dak van de oude hangar en zetten we koers richting zee, waarbij we niet hoger klommen en slingerend en draaiend onze weg vervolgden om ontdekking te voorkomen.
Tijdens het eerste deel van de reis legden we ongeveer vierhonderd kilometer af voor we de opslagtank in de buurt van de Israëlische grens vonden. Hoewel we koptelefoons droegen, was het vanwege het lawaai niet mogelijk een gesprek te voeren. We communiceerden met elkaar door handgebaren te maken en liplezen.
Om te voorkomen dat we door radar opgemerkt zouden worden, vloog Ken zo laag over zee dat we bijna de toppen van de golven raakten. In tegenstelling tot mijn eerste helikoptervlucht kon ik nu alles zien waar we overheen vlogen. Het was fantastisch.
Na een paar uur aten we wat van het voedsel dat we van tevoren hadden klaargemaakt en kort daarna gaf Ken ons een teken dat het nog tien minuten vliegen was tot de brandstofvoorraad. We zagen, terwijl we over een aantal kleine vissersboten vlogen, recht voor ons uit de kust van Israël liggen.
De brandstof was verborgen in een gebied met kleine heuvels, slechts honderd meter vanaf het strand waar we in de buurt van een moerassig met riet bedekt gebiedje landden. Ken kon aan de hand van enkele kenmerken van het landschap exact bepalen waar de brandstof was opgeslagen. Nadat we wat zand en aarde hadden verwijderd, vonden we op ongeveer dertig cm diep een aantal 200-litervaten verpakt in een grote houten kist. In de kist bevond zich ook een handpomp om de brandstof over te pompen.

Juist op het moment dat we de houten planken oplichtten waarmee de vaten waren bedekt, kwam er vanuit het noorden een straaljager aangevlogen, ongeveer twee kilometer van ons vandaan. Mijn hart klopte in mijn keel: het kon alleen maar een Israëlisch vliegtuig zijn en ik was er vast van overtuigd dat we ontdekt waren.

'Dekken, jongens, een vliegtuig!', schreeuwde ik naar de anderen waarna ik onmiddellijk bij de helikopter en de brandstof vandaan rende naar een paar struiken in te buurt om me te verstoppen. Ik vreesde het ergste en mijn mond voelde droog aan. Er gebeurde echter niets en toen ik weer opkeek, zag ik de anderen naar het zich nu weer verwijderende vliegtuig staren dat om een onduidelijke reden zijn koers opeens naar het westen had verlegd. Ze leken totaal niet in paniek te zijn.

'Nou, ik mag wel zeggen dat jij razendsnel in actie kwam, Geordie', zei Spot lachend. 'Kom er maar weer uit hoor, hij is alweer weg.'

Met een schaapachtige grijns op mijn gezicht kwam ik vanachter de struiken vandaan. Ik voelde me een ongelofelijke zak. Maar nadat ze me nog enkele minuten gepest hadden, gaven ze uiteindelijk toe dat ze zelf ook even op de vlucht waren geslagen tot ze zich realiseerden dat het vliegtuig van koers was veranderd. Ik kreeg de stellige indruk dat ze dat heel normaal vonden; bijna alsof ze het verwacht hadden.

Snel begonnen we nu met het bijtanken van de hack; wat mij persoonlijk betrof, vond ik dat het niet snel genoeg kon gaan. Toen we klaar waren, verborgen we de vaten weer, waarbij we ervoor zorgden geen enkel spoor van onze aanwezigheid achter te laten. Door de luchtverplaatsing veroorzaakt door de wieken van de helikopter, zou er voldoende zand en stof opwaaien om alle sporen van onze landing uit te wissen.

We vlogen weer vlak boven de zee, bijna de golven rakend. Opgestoven zeewater bedekte de voorruit en Ken moest meerdere malen zijn ruitenwissers gebruiken om ze schoon te maken. Op een gegeven moment kwam er zeewater in de luchtingang van de carburateur aan de onderkant van de hack terecht en begon de carburateur te sputteren. De helikopter begon zo te slingeren en maakte zoveel lawaai dat ik verwachtte dat hij elk moment in zee zou storten. Zoals gewoonlijk waren de anderen totaal niet ongerust. We bleven de rest van de dag op ongeveer tien kilometer van het vasteland vliegen en van tijd tot tijd konden we in de verte de kustlijn ontwaren.

Plotseling hoorden we een luid klapperend geluid aan de buitenkant van de helikopter. Oh, mijn god, nu gaat het gebeuren, dacht ik, we storten neer. Tot mijn stomme verbazing besloot Dynamo een kijkje te gaan nemen. Hij klom de helikopter uit en was een aantal seconden niet meer te zien. Ik had geen idee waar hij zich aan vast zou kunnen houden en hoe

hij er überhaupt in zou slagen zich aan iets vast te houden terwijl we met een snelheid van ongeveer honderdvijftig kilometer per uur over de zee vlogen en de helikopter telkens onvoorziene bewegingen maakte. Niemand van de anderen vertrok een spier. Het leek of ze zich totaal niet ongerust over hem maakten.
Plotseling hield het harde geluid weer op en klauterde Dynamo glimlachend de cockpit in. In zijn hand had hij een lange gebroken leren riem, die hij even voor ons omhoog hield en vervolgens in zee gooide. Hierna ging hij weer rustig zitten, alsof er niets was gebeurd.
We hadden al een tijdje gevlogen toen Ken ons een teken gaf dat we ons moesten voorbereiden om uit te stappen; we waren nog ongeveer zestig kilometer van het punt waar we gedropt zouden worden vandaan. Een paar minuten later zag ik in de verte een kleine vuurtoren en gebaarde ik naar Spot en Chalky dat ze ook in die richting moesten kijken.
Het plan was op een punt ongeveer dertig kilometer ten noordnoordwesten van Port Said en ruwweg honderdvijfendertig kilometer ten noorden van Caïro te landen. De vuurtoren die ik zojuist had gezien, lag een paar kilometer ten westen van Port Said. Het vasteland kwam dichterbij en we waren nog maar een paar minuten verwijderd van het punt waar we gedropt zouden worden, in de buurt van een van de grootste rivieren van de Nijldelta.
De hack bleef even in de lucht hangen omdat Ken een geschikte plaats zocht om ons af te zetten, een paar meter boven de moerassige bodem. We sprongen naar buiten en kwamen terecht in zeer ondiep water. Op het moment dat onze voeten de grond raakten, vloog de helikopter al weer omhoog en verdween hij in de verte. Zo gauw hij uit zicht was, pakten we onze spullen bij elkaar en begonnen we in zuidoostelijke richting te lopen. We waren nog maar nauwelijks onderweg toen Dynamo plotseling 'Dekking zoeken!' schreeuwde.
Terwijl we op de grond gingen liggen, scheerde er plotseling een MiG 15 over ons heen die in dezelfde richting ging als de helikopter.
'Je denkt toch niet dat Ken door hun radar is ontdekt?', vroeg ik, ongerust dat hij misschien neergeschoten zou worden. Ik dacht niet dat het vliegtuig ons gezien kon hebben. Het vloog veel te snel en bovendien liepen we door een gebied dat bedekt was met riet dat tot onze schouders reikte.
'Maak je om Ken maar geen zorgen, Geordie, het is een ongelooflijk goede piloot', stelde Dynamo me gerust, toen hij merkte dat ik me ongerust maakte. 'Hij kent dit gebied als zijn broekzak; voor ze hem te pakken kunnen nemen, vliegt hij alweer in het Israëlische luchtruim. Bovendien zullen we hoe dan ook weer opgepikt worden: als Ken niet kan, komt er wel iemand anders.'

Ik vroeg niet wat hij daarmee bedoelde; ik had geleerd geen vragen te stellen.
Al snel werd de bodem minder drassig en ook groeide er nu minder riet. Het was halverwege de morgen en het was snikheet; er hing een sterke rioollucht en duizenden vliegen zoemden rond ons heen. We liepen vanaf het punt waar we gedropt waren in zuidoostelijke richting, naar enkele in de verte liggende kleine heuvels; het hele gebied leek onbewoond te zijn.
Nooit had ik, zelfs in mijn meest wilde dromen, me kunnen voorstellen dat ik dit nog eens mee zou maken. Ik was net negentien geworden, het was mijn derde missie en ik kon de adrenaline al door mijn bloed voelen stromen. Ik had er echt zin in.

HOOFDSTUK II

De reis

Ik keek op mijn horloge: het was iets na twaalven. We hadden ongeveer twee uur gelopen en waren drijfnat van het zweet. Ik berekende dat we ongeveer vijftien kilometer gelopen moesten hebben vanaf het punt waar we gedropt waren; voor ons lag nog een groot stuk droog heuvelachtig gebied bedekt met ruig struikgewas te wachten.

'Wanneer komen we nou eindelijk eens bij die kloterivier, Chalky?', zei ik, terwijl ik het zweet uit mijn ogen veegde.

'Hij moet voorbij die heuvel daar voor ons liggen, Geordie. Volgens plan moeten we hem iets ten zuiden van de plaats Dumyat kruisen. En als ik het goed heb berekend, ligt die plaats recht voor ons.'

'Ik hoop dat je gelijk hebt. Ik smelt van de hitte', zei Spot, terwijl hij met zijn mouw over zijn gezicht wreef.

De hitte was ondraaglijk. Ik hoopte dat het in de buurt van de rivier iets koeler zou zijn. Zwermen vliegen en andere insecten zoemden constant om ons heen; ik werd er gek van.

We liepen naar de heuvel en begonnen te klimmen. Toen we bijna bij de top waren, gaf Chalky ons een teken dat we stil moesten staan en luisteren. Tot nu toe hadden we niemand gezien, maar nu konden we duidelijk stemmen en het geluid van voertuigen horen. We kropen naar de top en keken er voorzichtig overheen.

Voor ons lag de grootste, breedste rivier die ik ooit had gezien. Door het zonlicht leek het een geweldig lange kronkelende slang. Zover als we konden zien, waren de oevers bedekt met loofbomen en riet. Aan beide zijden van de rivier strekte zich een brede strook vruchtbaar land uit dat in de verte overging in de woestijn. Op het water voeren tientallen kleine boten. Het was een prachtig en vredig schouwspel.

De eerste vierhonderd meter van de rivieroever bestond uit kleine inhammen, waarna een breed, vlak terrein zich uitstrekte met een weg die op dat punt vlak langs de rivier liep. Een grote groep arbeiders was hier aan het werk.

Een grote stofwolk in de verte trok Chalky's aandacht en hij pakte zijn verrekijker om te onderzoeken waar hij vandaan kwam. 'Ik vraag me af wat daar aan de hand is.'
'Laat mij eens kijken', zei Dynamo, terwijl hij de verrekijker van hem overnam. 'Ja, ik zie wat je bedoelt. Ik tel wel drie vrachtwagens vol soldaten en arbeiders. Ik begrijp niet helemaal wat er aan de hand is, maar het lijkt erop dat ze de weg aan het repareren zijn en dat die soldaten ieder voertuig dat langskomt aanhouden en doorzoeken.'
'Verdomme, net wat we nodig hadden.' Spot pakte de verrekijker van Dynamo aan. 'Bovendien ligt de weg achter die bomen nog geen tweehonderd meter van de rivier af. En je loopt daar open en bloot omdat er geen bomen of rietstengels groeien.'
Er waren tientallen soldaten in dit gebied en ook reden er een aantal militaire voertuigen rond over de weg langs de rivier. We konden duidelijk zien dat ieder voertuig staande werd gehouden en onderzocht werd. Het was duidelijk dat we die weg niet moesten nemen. Het risico dat ze ons zouden aanhouden, konden we niet nemen. Hoewel we er zo goed en zo kwaad als het ging als de plaatselijke bevolking uitzagen, zouden we als ze ons tegen zouden houden, zeker door de mand vallen.
Dynamo keek op zijn horloge. 'We hebben nog tien uur om ons doelwit te vinden. We moeten opschieten. Kom op, laten we zo snel mogelijk naar de rivieroever gaan.'
De enige manier om de soldaten te ontlopen was door over de rivieroever te lopen die ongeveer vierhonderd meter van ons vandaan was. De schuine helling naar de rivier was bedekt met riet en struikgewas, maar vlak voor de plek waar aan de weg gewerkt werd, hield de begroeiing op. Er was daar niets dat ons aan het zicht zou kunnen onttrekken en het was dus onmogelijk om langs de soldaten te gaan zonder dat ze ons zouden opmerken. We hadden echter geen tijd om tot het donker te wachten; we moesten iets doen en snel ook. Het leek een onmogelijke opgave.
In een van de inhammen zagen we de overblijfselen van een kleine aanlegsteiger liggen. Onder dekking van het riet en het struikgewas liepen we er voorzichtig heen. Het riet was vrij hoog en dik. We gingen daar even zitten om een oude kaart die we meegenomen hadden, te bestuderen, om uit te zoeken hoe we uit dit gebied zouden kunnen komen.
'Terwijl we de kaart bestuderen, moet een van ons die soldaten in de gaten houden om te kijken hoe dicht ze bij de rivieroever komen', zei Spot. 'Misschien is er een manier om langs hen te lopen zonder dat ze ons zien.'
Dynamo knikte dat hij het daar mee eens was. 'Het ziet ernaar uit dat we het erop moeten wagen en maar hopen dat niemand ons tegen probeert te houden.'

Omdat er op dat moment op de rivier geen enkele boot was te zien, kroop Chalky door het riet de helling op. Plotseling kwam hij weer gehaast terug.
'Verberg je mannen', siste hij. 'Er is geen enkele manier om langs die soldaten te komen, ze bevinden zich op slechts enkele meters van de rivieroever. Ik heb echter het zeil van een schip gezien dat hier elk moment langs kan komen.'
Vanaf het punt waar wij ons in het riet verborgen hadden, konden we de boot niet zien. Enkele ogenblikken later kwam hij om de bocht te voorschijn en leek hij recht op ons af te varen. Ik kon vier mensen aan boord onderscheiden: een van hen stond op het dek met een fiets terwijl twee anderen bezig waren het grote zeil neer te halen. De vierde man stond aan het roer op het achterdek. Hij manoeuvreerde de boot achterwaarts de inham in tot vlak bij de oever, naar de steiger die zich op slechts enkele meters afstand van ons bevond, om de man met de fiets af te zetten.
De man met de fiets gaf hem aan een van de anderen over en klom op de steiger; vervolgens begon hij, nadat ze hem vanaf de boot de fiets hadden aangereikt, met enige moeite door het struikgewas naar boven te lopen, waarbij hij de fiets voor zich uit duwde.
'Waarom "lenen" we die boot niet even?', fluisterde ik tegen Dynamo.
'Dat is precies wat we van plan zijn', antwoordde hij zacht.
'We hebben geen andere mogelijkheid. Niemand zal het merken. Het riet is hoog genoeg.'
'Laten we dan wel opschieten. Kijk, ze gaan al weg', zei Chalky. Dynamo draaide zich naar hem om en sprak zacht vanuit zijn mondhoek.
'Ik denk niet dat ze ons een lift zullen geven, nietwaar? Ik ga achter die vent met die fiets aan om ervoor te zorgen dat hij niet terug kan komen, terwijl jullie die boot te pakken moeten zien te krijgen.'
Terwijl Dynamo achter de man met de fiets aanging, worstelden wij ons door het riet naar de aanlegsteiger, waar we op ons dooie gemak naar de boot liepen om de bemanning, die net bezig was van de oever weg te peddelen, niet in paniek te brengen. Chalky riep iets in het Arabisch om hun aandacht te trekken; als hij dat niet gedaan had, zouden ze waarschijnlijk al veel te ver weg zijn voor we het einde van de steiger zouden bereiken. Ik weet niet wat hij riep, maar het had wel het gewenste effect. Ze waren zeer verrast om ons te zien en hielden op met peddelen. Chalky bleef tegen hen praten tot we bijna aan het eind van de steiger waren.
De zes meter lange boot was nog dicht genoeg bij de oever om er met een aanloopje op te kunnen springen. De mannen aan boord leken, toen we op hen toeliepen, toch enigszins argwanend te zijn. Plotseling raakte een van hen in paniek, begon tegen de anderen te schreeuwen en rende naar

het roer op het achterdek om te proberen de boot van de aanlegsteiger vandaan te sturen. De twee andere mannen renden naar de voorplecht om Chalky en Spot, die vlak na elkaar op de boot waren gesprongen, tegen te houden.

De oude steiger was slecht begaanbaar en de boot was bijna twee meter van mij vandaan. Ik pakte een van de houten steunen van de steiger vast om me met behulp daarvan op de boot te slingeren. Toen ik me afzette brak de paal met een luide knal af. De man op het achterdek had iets opgeraapt en stond op het punt Spot daarmee de hersens in te slaan. Toen ik met één voet op de boot terechtkwam, terwijl de ander tegen de zijkant knalde, draaide hij zich onmiddellijk naar mij om. Hij hief zijn arm op om me een tik te verkopen, net op het moment dat ik erin geslaagd was ook mijn andere voet op de boot te krijgen en ik enigszins wiebelend op de rand stond. Door hem vast te pakken slaagde ik erin mezelf aan boord te trekken. Ik verloor daarbij echter mijn evenwicht waardoor ik tegen hem aanviel waarna hij vervolgens achterover viel en met zijn hoofd tegen de andere kant van de boot terechtkwam. Toen hij probeerde op te staan, brak ik met een snelle beweging zijn nek.

Toen ik opkeek, zag ik dat de andere twee mannen ook dood waren. Ze lagen verkrampt op het dek. Een van de twee lag met zijn handen op zijn maag waar uit een meswond een grote hoeveelheid bloed stroomde dat het zeil waarop hij lag doordrenkte.

Dynamo was de man met de fiets gevolgd om zo gauw hij iets zou zien of horen en naar de boot terug zou proberen te gaan, in te kunnen grijpen. Alles was goed gegaan en hij stond op de steiger naar ons te gebaren dat we hem op moesten pikken. Door het roer op het achterdek als peddel te gebruiken slaagde ik erin de boot weer terug naar de oever te sturen. Nadat hij aan boord was gesprongen, keek Dynamo om zich heen om te zien wat we aangericht hadden.

'Geen problemen, blijkbaar. Nu die lijken nog,' zei hij terwijl hij de witte, op een lange kiel lijkende jurk van een van de mannen begon uit te trekken. Toen hij echter merkte dat deze door bloed doordrenkt was, staakte hij deze actie.

Ondertussen hadden Spot en Chalky de andere twee lichamen met enkele stukken metaal verzwaard die ze op het dek hadden gevonden en overboord gezet. Met twee zachte plonzen verdwenen ze onder het modderige, donkerbruine wateroppervlak.

'Als jij die andere aan de andere kant overboord zet, zal ik proberen dit zeil weer in orde te brengen, Geordie, en vergeet niet het lichaam te verzwaren', zei Chalky, terwijl hij begon met het uiteenrafelen van de bos touwen op het dek. Ik vond een stuk ketting dat ik rond de borst van de dode man knoopte. Het achterdek van de boot was nog vrij dicht bij de steiger toen ik het lichaam met zijn voeten naar voren overboord schoof. Op het moment dat de voeten het water raakten, gleed de ketting van de borst naar beneden, over zijn voeten heen, en bleef een arm, door de luchtbel onder zijn kleding, op het water drijven. Toen ik de boot nog iets dichter naar de kant stuurde, zag ik dat het lichaam in een ondiep gedeelte van het water terecht was gekomen. Het was hier niet meer dan een meter diep. Ik maakte nog een stuk ketting aan zijn pols vast waarna het lichaam eindelijk onder water verdween.

'Maak je daar maar niet al te veel zorgen over, Geordie, de kroko's krijgen hem wel te pakken', legde Chalky me kalm uit.

'Kroko's, wat kroko's? Dat meen je toch niet, hè?' Ik wist niet dat er krokodillen waren in dit deel van de wereld. Hij glimlachte en ging door met het zeil.

Terwijl de anderen op de boot rondliepen alsof er niets was gebeurd, ging ik op het achterdek zitten. Terwijl ik met het roer dat ik als peddel probeerde te gebruiken bezig was, deed ik alsof ik net zo ontspannen was als zij. Spot ontdekte een paar witte jurken, identiek aan de jurk die Dynamo van de dode man had proberen te trekken. Ze werden door veel mensen in dit gebied gedragen. Hij probeerde ze aan te trekken maar ze waren veel te klein voor hem. Hij gooide er een naar Dynamo en een naar mij. Ze pasten ons net. Net op het moment dat we ons verkleed hadden, voeren we de bocht om en kwamen we in het zicht van een groep soldaten op de oever.

Chalky zag ze het eerst. 'Geordie, vaar wat van de oever vandaan, we zijn veel te dichtbij en een van die kerels zit met iets te veel belangstelling naar ons te kijken. Ik heb geen zin in een confrontatie, bovendien hebben we daar de tijd niet voor', fluisterde hij gehaast.

Ongeveer vijf soldaten leunden tegen een legertruck aan; een van hen, die op de treeplank zat, stond op en liep op zijn dooie gemak naar de rivier toe. De duim van zijn ene hand zat onder de riem van een machinepistool, dat met de loop naar beneden aan zijn rechterschouder hing, in zijn andere hand had hij een sigaret.

De zeilen deden niet wat we verwachtten dat ze zouden doen, en hoewel er weinig wind stond, dreven we zelfs nog dichter naar de oever. Ik probeerde met alle macht van de oever af te sturen waarbij ik dat kloteroer bijna afbrak, maar het had geen enkele zin, de stroming was veel te sterk.

'Kom op, jongens, schiet op en doe wat met dat klotezeil, ik heb bijna geen controle meer over het roer en door de wind drijven we steeds dichter naar de kant', zei ik wanhopig.

De soldaat was inmiddels bij de oever aangekomen vanwaar hij met enige

argwaan naar ons stond te kijken. We waren ongeveer vijfenveertig meter van de oever vandaan. Omdat ik het gevoel had dat hij ieder moment iets zou kunnen gaan zeggen of doen, ging ik glimlachend achterover zitten om niet nog meer aandacht te trekken, terwijl Chalky doorging met dat klotezeil. Het leek erop dat we recht op de oever af zouden varen.
Dynamo begon zacht tegen me te praten. 'Luister, als we tegen de oever opvaren, zal ik proberen die knaap aan de praat te houden en moeten jullie naar zijn maatjes bij de vrachtwagen gaan; je weet wat je te doen staat. Ik ben ervan overtuigd dat we ze uit kunnen schakelen zonder dat iemand op de weg dat zal merken. Ze zijn zeker vierhonderdvijftig meter ver en die vrachtwagen beneemt hun bovendien het zicht. We moeten zo dicht mogelijk bij die kerels zien te komen. Dat is waarschijnlijk niet zo moeilijk omdat we geen wapens bij ons hebben. Die laten we hier, die hebben we niet nodig. Blijf zitten en hou je gedeisd. Hij mag geen enkel excuus hebben om het vuur op ons te openen. Omdat we vanwege die stomme jurken onze sashes niet kunnen gebruiken, moeten we nog dichter bij hen zien te komen. Oké, hou je haaks.'
Terwijl hij sprak, slaagde Chalky erin het touw los te krijgen waardoor het zeil opbolde en de boot van richting veranderde. Net op dat moment werd de motor van de vrachtwagen gestart en schreeuwde de bestuurder iets naar de soldaat aan de oever. Deze nam nog een trekje van zijn sigaret, gooide hem in het water en begon terug te lopen naar de vrachtwagen. Halverwege stopte hij en keek even over zijn schouder naar ons. Zijn maatjes in de vrachtwagen begonnen tegen hem te schreeuwen, maar hij had blijkbaar niet veel zin terug te gaan. De bestuurder leunde uit de vrachtwagen en begon nu ook te schreeuwen, waarna onze soldaat snel terugliep en in de wagen sprong. Toen hij wegreed, zagen we dat hij vanuit de achterbak nog steeds argwanend naar ons zat te staren.
'Jezus Christus! Dat scheelde niet veel. Probeerde je ons om zeep te helpen, Geordie?', lachte Chalky.
'Het kwam door de stroming. Kijk, we drijven nu van de oever af zonder dat we de stand van het zeil hebben veranderd', legde ik uit 'Waarom duurde het zo lang?'
'Die stomme klootzakken. Het touw zat helemaal in de knoop.'
Omdat het dek volgestouwd lag met vislijnen en netten begreep ik dat de mannen die we gedood hadden, geen soldaten maar eenvoudige vissers waren geweest. Ik was het er eigenlijk niet mee eens dat we ze gedood hadden alleen maar omdat ze toevallig op ons pad waren gekomen. Ze hadden waarschijnlijk geen flauw idee gehad wat er gebeurde. Als het bewapende soldaten waren geweest of nietsontziende terroristen, zoals in het Troodosgebergte, had ik er geen enkele moeite mee gehad ze om te brengen.

We waren allemaal vrij stil toen de boot langzaam de rivier begon af te varen. Omdat we zo op elkaar leken en zo nauw met elkaar samenwerkten, had ik het idee dat ik precies wist wat er in hen omging. Ik voelde dat we allemaal hetzelfde dachten met betrekking tot het doden van die mensen. Spot die wat rondsnuffelde op het voordek van de boot, haalde plotseling een canvas zak te voorschijn. Hij draaide zich naar mij om en liet me een stengun en een dienstpistool zien.
'Moet je dit zien, ik ben blij dat we die klootzakken hebben omgebracht voor ze hiervan gebruik hadden kunnen maken. Die hufters hadden genoeg wapens om hun eigen kleine oorlogje mee te beginnen', zei hij, tegen de zak trappend. 'En we dachten nog wel dat het gewone vissers waren.'
Ik ging weer zitten. Ik voelde me al een stuk beter door wat hij had gezegd. Ook de anderen leken opgelucht te zijn. Chalky wendde zich tot mij.
'We kunnen geen enkel risico nemen met deze mensen. Ze denken dat de Britten hen belazerd hebben en haten ons tot in het diepst van hun ziel.'
We voeren ongeveer elf kilometer verder zonder dat er iets gebeurde. Hoewel het iets koeler op de rivier was, was het nog steeds ondraaglijk heet. Spot was bezig een vismes dat hij op het dek had gevonden, aan zijn broekspijp af te vegen.
'Weet je, een van die ratten probeerde me hiermee neer te steken', zei hij verontwaardigd. Ze namen het allemaal zo gemakkelijk op, alsof ze op een vakantiereisje waren. Dynamo was zelfs zo ontspannen dat hij naar mensen op andere boten zat te zwaaien; waarschijnlijk zagen ze hem niet eens.
'Wat een stelletje zeikerds', zei hij, toen niemand terugzwaaide.
'Hou daar mee op, je trekt alleen maar aandacht. Bovendien is deze boot veel te langzaam, zo schieten we niet op', zei Chalky tegen hem. 'Laten we naar de kant gaan en hem tot zinken brengen.' Hij wees op een vlakbij gelegen kleine inham. De boot was van nut geweest om voorbij de soldaten te komen, maar hij ging ons veel te langzaam. We moesten voor elven 's avonds in Caïro zijn en het was al bijna half drie.
We wisten dat ons slachtoffer vaak tot laat in de avond doorwerkte en dan in hetzelfde gebouw bleef slapen; meestal verliet hij zijn kantoor tussen tien uur en half elf 's avonds. Als we op tijd wilden zijn, moesten we dus de boot verlaten en een snellere vorm van vervoer zien te vinden.
In het gebied dat we nu naderden, waren vrij veel zijriviertjes en ik kon in de verte zien dat het steeds drukker werd op de rivier.
Terwijl we de inham invoeren, haalden we snel het zeil naar beneden. We konden niet het risico nemen dat dit nog boven het water uit zou steken en de aandacht van iemand op de oever zou trekken. Ik manoeuvreerde

de boot verder de inham in terwijl de anderen de mast naar beneden probeerden te halen. Maar dat ging niet zo gemakkelijk omdat ze een lange houten pen onderaan de mast niet los konden krijgen. Dynamo zocht enige tijd naar iets dat ons zou kunnen helpen en vond een één meter lange stalen stang met een ring eraan. Hiermee begon hij op de houten pen in te rammen. Plotseling donderde de hele mast naar beneden, bovenop ons, waardoor de boot bijna kapseisde.

'Zo doe je dat, mannen', lachte Dynamo. Nog voor we bij de oever waren begon hij met de stalen stang enkele gaten in de bodem van de boot te slaan.

'Wacht even, als je zo doorgaat, verzuipen we nog', schreeuwde ik lachend naar hem, terwijl ik met alle macht de boot naar de kant probeerde te sturen en het water al rond onze voeten stroomde. Juist op het moment dat ik bijna geen kracht meer in mijn armen voelde, knalde de boot op de oever en vielen we allemaal lachend om. Dynamo ging als een waanzinnige door met het maken van gaten; het water kwam tot zijn knieën. Hij zag eruit als een krankzinnig geworden monnik in zijn witte jurk en iedere keer dat hij een gat probeerde te maken stootte de stalen ring keihard tegen zijn knokkels.

'Waar zouden ze dit kloteding in godsnaam voor gebruikt hebben? Ik heb bijna mijn knokkels gebroken', klaagde hij. Chalky, Spot en ik stonden dubbel van het lachen op de oever terwijl hij als een idioot stond te springen.

'Ik begrijp niet dat jullie zo moeten lachen, die bodem lijkt wel van gewapend beton!', zei hij, juist op het moment dat de achtersteven langzaam begon te zinken. Snel rende hij naar de voorkant en sprong van de boot af de kant op. We bleven even staan kijken hoe de boot langzaam onder het water verdween, waarbij af en toe stukken kurk naar het oppervlak kwamen.

'Kom op, laten we gaan', drong Chalky aan. 'We moeten nog een snel vervoermiddel zien te vinden. We hebben al genoeg tijd verloren.'

Met enige moeite trok ik de nauwe jurk uit, bond hem om een stuk steen heen en gooide hem in het water. Spot en Dynamo bleven nog even achter om er zeker van te zijn dat de boot volledig gezonken was, terwijl Chalky en ik de canvas tassen oppakten en ongeveer dertig meter langs de rivier liepen om te kijken of de kust veilig was. Verspreid op de steile oever groeiden enkele kleine struiken en een paar lage boompjes waardoor we enige dekking hadden terwijl we naar een flauwe bocht in de rivier liepen waar een aantal kleine stroompjes water vanaf de helling de rivier inliep. Het water was smerig grijs en toen we dichterbij kwamen zagen we dat er cement in zat.

Zonder geluid te maken kropen Chalky en ik naar boven om te zien of er misschien iemand bovenaan de helling zou zijn. Voorzichtig keken we over de top. Een paar meter van ons vandaan stond een grote cementmolen en vlakbij zagen we een vrachtwagen vol arbeiders die klaarblijkelijk net klaar waren met hun werk. Twee van hen waren bezig met het vullen van emmers uit een watertank die ze vervolgens in de cementmolen leegkieperden om hem schoon te maken; dit was de oorzaak van de stroompjes water die we hadden gezien. De mannen in de vrachtwagen schreeuwden klaarblijkelijk dat ze op moesten schieten. We doken achter de helling weg.
'We mogen van geluk spreken dat we hier niet eerder zijn gekomen. Dan zouden we dit zooitje zijn tegengekomen', fluisterde Chalky. 'Ga terug en waarschuw de anderen.'
Ik gleed snel terug naar beneden en liet hem achter met onze tassen om een oogje in het zeil te houden. Spot was inmiddels halverwege de gezonken boot en de stroom cement; Dynamo liep een paar meter achter hem, terwijl hij onderwijl zijn jurk probeerde uit te trekken. Ik gaf hun een teken dat ze zich moesten verbergen, waarna ze het riet op de oever indoken en ik snel terug ging naar Chalky. Juist op het moment dat ik naast hem neerstreek, gooiden de twee mannen hun emmers in de cementmolen en renden ze naar de vrachtwagen. Terwijl hij al begon te rijden klommen ze in de achterbak.
Ik draaide me om en ging weer de helling af. Nadat ik Spot en Dynamo een teken had gegeven dat de kust weer veilig was, ging ik weer terug naar Chalky die inmiddels op was gestaan. Nadat we onze tassen hadden opgepakt, liepen we over de top van de helling naar de plaats waar we dachten dat de andere twee boven zouden komen.
'Eeuwig zonde, we hadden die vrachtwagen kunnen gebruiken', zei Chalky
'Er zaten wel twintig man in!' riep ik uit.
'Nou, wat dan nog?', grinnikte hij tegen mij. Op dat moment hoorden we het geluid van een andere vrachtwagen die uit dezelfde richting kwam als de eerste. Spot kwam enige meters voor ons uit het riet te voorschijn; snel renden we naar hem toe.
'Waar is Dynamo?', vroeg Chalky, toen we met zijn drieën dekking zochten in het struikgewas.
'Iets voor ons', antwoordde hij.
Toen de vrachtwagen langzaam voorbijreed, zag ik vanuit de struiken dat het een legervoertuig was. Er zaten twee soldaten in de achterbak. Op dat moment kwam Dynamo dubbelgevouwen uit het struikgewas gerend terwijl hij worstelde om de jurk over zijn hoofd te krijgen; hij was veel te

klein en bleef waarschijnlijk achter zijn wapens haken. Het leek erop dat hij de vrachtwagen niet had gehoord. Deze stopte en reed achteruit, tot op enkele meters van Dynamo. Dynamo bleef even stokstijf staan en vanaf het punt waar wij zaten, zagen we dat hij door de halsopening van zijn jurk keek om te zien wat er gaande was. Op dat moment realiseerden we ons dat hij de vrachtwagen wel degelijk had gehoord en met een duidelijke bedoeling uit het struikgewas was gekomen; hij was niet per ongeluk met dat stomme ding over zijn hoofd te voorschijn gekomen!
'Blijf jij nog even hier', fluisterde Spot tegen Chalky waarna hij en ik naar Dynamo toeliepen. De twee soldaten waren ondertussen uit de vrachtwagen geklommen en liepen ook op hun dooie gemak naar hem toe, waarna ook de bestuurder uit zijn wagen kwam. Het was duidelijk dat ze in het leger zaten maar of het ook echt soldaten waren, weigerde ik te geloven, daarvoor zagen ze er veel te sjofel uit. Twee van hen droegen baretten en de derde had een of ander Arabisch hoofddeksel op zijn hoofd.
Een van de mannen moest glimlachen om de manier waarop Dynamo met zijn jurk worstelde, en riep hem iets in het Arabisch toe. Ik had geen idee wat hij zei. De andere twee veranderden, toen ze Spot en mij uit de struiken zagen komen, van richting en liepen naar ons toe. Chalky was in het riet gebleven zoals Spot hem had bevolen om op onze tassen te passen. Spot en ik verwijderden ons iets van elkaar voor het geval we onze sashes zouden moeten gebruiken. Het waren de enige wapens die we op dat moment zouden kunnen gebruiken; als we zouden schieten zou dat iedereen in de buurt alarmeren. Eindelijk slaagde Dynamo erin de jurk over zijn hoofd te trekken en terwijl hij hem op de grond gooide, stond hij schaapachtig te lachen naar de soldaat die nu niet meer dan een meter bij hem vandaan was. Hij raakte met zijn rechterhand de binnenkant van zijn linkerelleboog aan ten teken dat we aan moesten vallen, waarop we onmiddellijk de veiligheidspallen van onze sashes ontgrendelden. We waren ervan overtuigd dat Dynamo dit al had gedaan terwijl hij met zijn jurk stond te worstelen. De soldaat hield op met glimlachen en draaide zich snel om om zijn kameraden te waarschuwen, terwijl hij op hetzelfde moment naar zijn pistool greep.
Dynamo reageerde onmiddellijk en drukte zijn sash in. Met een fluitend geluid kwam zijn sash los, zo snel en met zo'n kracht dat de man waarschijnlijk niet gezien heeft wat er gebeurde. Door Dynamo's eerste actie werden twee van de vingers van de soldaat afgesneden, die samen met het pistool dat hij had vastgehouden door de lucht vlogen. Vervolgens raakte hij hem nog een keer waarbij een groot stuk uit de man zijn been werd gereten.
Bijna tegelijkertijd ontgrendelden Spot en ik onze sashes om de andere

twee uit te schakelen die door de snelheid en de verwoestende kracht van Dynamo's aanval op hun collega als aan de grond genageld stonden.

Het was voor mij de eerste keer dat ik iemand daadwerkelijk met mijn sash had aangevallen. Bij mijn eerste aanval dreef de metalen snijkant zich diep in de nek van mijn tegenstander. Vreselijk bloedend probeerde hij met beide handen de sash beet te pakken. Maar ik was hem voor en trok hem los uit zijn nek. Zijn vingers waren in stukken gereten door een aantal kleine uitsteeksels op de riem vlakbij de vergrendelingsknop.

Terwijl ik van links naar rechts zwaaide, slingerde ik de sash naar mijn linkerarm voor de volgende aanval. Ik richtte op het hoofd van de soldaat, net boven zijn rechteroor, en toen de sash hem raakte, spleet met veel gekraak zijn schedel open. Hij viel onmiddellijk neer, terwijl het bloed uit de diepe open wond spatte.

Toen ik opkeek, zag ik dat Spot de andere soldaat met één slag had uitgeschakeld. Hij lag in een plas bloed op de grond en een deel van zijn kaak was verdwenen. Het leek erop dat ik heel wat meer moeite had gehad met mijn sash dan zij. Zij hadden duidelijk veel meer ervaring; bij hen leek het wel kinderspel! De soldaten hadden waarschijnlijk de schok van hun leven gehad; dit hadden ze zeker niet verwacht van drie ogenschijnlijk ongewapende mannen.

Chalky kwam uit het riet naar ons toegelopen. 'Terwijl jullie de rotzooi hier opruimen, zorg ik er wel voor dat die vrachtwagen uit het zicht is', zei hij. De man die Dynamo had aangevallen, rolde in doodsangst over de grond. Dynamo pakte hem op en sleepte hem het riet in.

'Geordie, zorg jij dat hij zich rustig houdt. Hier, gebruik dit maar.' Hij pakte zijn gescheurde jurk op en gooide die naar me toe. Onmiddellijk stopte ik een deel ervan in de mond van die doodsbange vent zodat hij op zou houden met gillen. Dynamo greep de soldaat die Spot had gedood bij zijn kraag en sleepte hem naar de top van de helling.

'Die baretten en uniformen van hen komen ons goed van pas,' zei hij, terwijl hij het lichaam tegen zijn knieën trok en het jasje uit begon te trekken. Terwijl ik me in het riet bezighield met onze gijzelaar en probeerde te voorkomen dat hij zou gaan gillen, liep Spot naar de man toe die ik had gedood. Hij trok de man die voorover op zijn gezicht lag zijn jasje uit waardoor zijn beide armen langs zijn hoofd terechtkwamen. Hij bloedde nog steeds als een rund en de kraag en de revers van zijn jasje waren met bloed doordrenkt.

'Jij hebt zeker deze te pakken genomen, Geordie, oude jongen', zei Spot. 'Over de hele voorzijde van zijn jasje zit bloed. Maakt niet uit, van een afstand zie je dat waarschijnlijk toch niet. Maar ik draag het niet. Het is jouw dode dus ook jouw jasje.'

Dynamo had de tuniek en de baret van de andere man naar de rand van het riet geworpen waar Chalky onze tassen had verborgen en begon het lichaam de helling af te slepen. De grond was nat en glibberig en het lichaam begon te glijden, sneller dan hij naar beneden kon lopen. Toen hij zelf ook uitgleed, viel hij bijna de rivier in en belandde het lichaam bovenop hem. Lachend duwde hij de dode man van zich af.
'Je had me bijna te pakken, klootzak. Je geeft het niet op, hè', zei hij, waarna hij de helling oprende en de gewonde vastgreep.
'Geordie, ga iets zoeken waarmee we een gat voor deze kerels kunnen graven. Ik let wel op onze vriend hier', zei hij tegen mij. 'Wees voorzichtig, misschien zijn er nog meer van die ratten in de buurt.'
Terwijl ik in de richting van de cementmolen liep, begon Spot op zachte toon tegen Dynamo te praten. 'Hier zouden we wel eens behoorlijk veel problemen mee kunnen krijgen. Als deze kerels niet terugkeren, zullen er ongetwijfeld troepen hiernaartoe komen om ze te zoeken.'
'Om die reden heb ik hem nog niet gedood. Eerst wil ik weten waar ze naartoe gingen en hoe laat ze daar verwacht werden', legde Dynamo uit.
Toen ik me omdraaide, zag ik een pistool op de grond liggen. Het was een Brits dienstpistool. Ernaast lag een vinger. Oh mijn god, dacht ik, geen wonder dat die kerel het uitschreeuwt van de pijn.
Ik liep snel terug langs de bovenkant van de helling naar de plek waar de arbeiders aan het werk waren geweest. Onder de cementmolen lag een gebroken schop; hij was bedekt met opgedroogd cement en het grootste deel van het handvat was verdwenen, maar ik dacht dat hij nog wel bruikbaar was.
Toen ik terugkwam, stonden Spot en Dynamo over de soldaat gebogen. Ze spraken met hem in het Arabisch. Inmiddels was ook Chalky teruggekeerd nadat hij de vrachtwagen achter een groepje bomen vlakbij de weg had verborgen. Hij was bezig het andere lichaam de helling af te slepen. Hij riep iets naar mij.
'Ah, je hebt iets gevonden, mooi! Kom hierheen. De grond is hier een stuk zachter dan daarboven, dus laten we ze hier maar begraven.'
Ik liep naar hem toe bij de oever van de rivier waar wij drie ondiepe graven in de zachte modder groeven; wij konden de lichamen niet in de rivier gooien omdat we niets hadden om ze mee te verzwaren en we wilden niet het risico lopen dat ze ergens anders weer boven water zouden komen. Toen ik, nadat we het karwei hadden geklaard, weer de helling opliep, waren Spot en Dynamo juist bezig het nu dode lichaam van de derde soldaat aan zijn voeten naar beneden te slepen. Klaarblijkelijk hadden ze voldoende informatie uit de man gekregen alvorens hem de genadeslag te hebben gegeven. We konden niets aan het toeval overlaten.

'Geordie, wil je iets voor me doen. Er moeten daarboven nog ergens een pistool en een paar vingers liggen: kun jij kijken of je die kunt vinden,' zei Dynamo in het voorbijgaan. Ik liep terug naar de plek waar ik het pistool en de vinger had zien liggen; de tweede vinger kon ik echter nergens vinden. Toen ik weer beneden was, waren ze net de derde man aan het begraven. Ik wikkelde het pistool en de vinger in de jurk die ik daarvoor in zijn mond had gepropt en gooide het geheel vervolgens in de rivier.
'Oké, laten we ervandoor gaan', zei Spot. 'Nu we die vrachtwagen hebben, zullen we zeker op tijd komen. Onze vriend daar vertelde ons dat ze op weg waren naar een kamp ongeveer honderddertig kilometer naar het noordoosten. Als hij de waarheid heeft verteld, zal het nog wel even duren voor ze gemist worden.'
Uit de informatie die hij en Dynamo uit de soldaat geperst hadden, wisten we dat ze pas de volgende dag in hun kamp werden terug verwacht; als de informatie tenminste betrouwbaar was. Dat betekende dat wij tot het aanbreken van de dag over de vrachtwagen zouden kunnen beschikken. En tegen die tijd zouden we al lang en breed weer op de terugweg zijn; tenminste als het geluk aan onze kant was.
In de achterbak van de vrachtwagen vonden we vier 20-liter blikken brandstof waarmee we de benzinetank tot de rand toe vulden. We wilden niet het risico lopen dat we onderweg de tank zouden moeten bijvullen. Gelukkig zat er nog voldoende benzine in de tank, waardoor we waarschijnlijk ook genoeg brandstof hadden voor de terugweg.
Dynamo, Spot en ik trokken de drie uniformen aan. Ze leken precies op mijn eigen kaki uniform; ze waren echter iets aan de kleine kant, nogal oncomfortabel en zaten erg strak. Met enige moeite kregen we ze echter aan. Niemand van ons wilde dat Arabische hoofddeksel dragen, maar wel de baretten. Dynamo en Spot waren de gelukkigen die ze mochten dragen. Omdat er in de cabine maar plaats was voor drie personen, moest een van ons in de achterbak zitten.
'Jij lijkt het meest op een Arabier, Spot', zei Dynamo. 'Ga jij maar achterin zitten. Bovendien past die baret je fantastisch. Ik rijd wel.' Hij sprong op de bestuurdersstoel. 'Kom op, mannen, instappen, we hebben niet de hele dag de tijd.'
Het ging allemaal geweldig. We hadden nog ongeveer vijf uur de tijd en nog zo'n honderd kilometer te rijden voor we op zoek zouden kunnen gaan naar het garnizoensgebouw. Dynamo drukte het gaspedaal in en keihard reden we weg.
Spot leunde voorover en stak zijn hoofd de cabine in.
'Rustig aan, makker', zei hij. 'Heb je gezien hoe laat het is. We hoeven er pas voor het vallen van de avond te zijn.'

'Ja, je hebt gelijk. We hebben nog genoeg tijd om het garnizoen te vinden', antwoordde Dynamo en gaf wat gas terug.
We konden een vrij groot stuk van de voor het merendeel verlaten weg voor ons zien liggen. Op de andere oever van de rivier was het veel drukker. Aan die kant voeren ook de meeste boten. Chalky en ik doorzochten de cabine of we nog iets bruikbaars konden vinden. Chalky ontdekte onder zijn stoel een gloednieuw oliefilter, nog in de verpakking.
'Die kan ons altijd nog van pas komen', zei hij en stopte hem in zijn tas.
'Hij is nog gloednieuw. We kunnen hem als geluiddemper voor onze pistolen gebruiken.'
Omdat ik dacht dat hij een grapje maakte, keek ik hem vol argwaan aan.
'Hij heeft gelijk, Geordie', zei Dynamo tot mijn verbazing, net op het moment dat Spot zijn hoofd de cabine instak.
'Opgepast, mannen. Er komt een vrachtwagen vol militairen onze kant uit', zei hij. We hadden ongeveer een uur gereden en waren juist op een hoger gelegen gedeelte van de weg. Spot die in de achterbak iets hoger zat dan wij, kon een groter gedeelte van de weg overzien. De vrachtwagen reed echter zonder problemen te geven langs ons heen. De bestuurder knipperde met zijn lichten als een soort begroeting.
Een paar kilometer verder konden we de stad aan de horizon zien liggen. In vergelijking met deze stad was Beiroet maar een dorpje! De grotere gebouwen en minaretten zagen er vreemd maar prachtig uit. We passeerden een oude man die lopend op weg was naar de stad. Hij was gekleed in lange, donkere, traditionele kleding en begeleidde een stel zwaarbeladen kamelen, de vreemdste dieren die ik ooit had gezien. Het leek wel een plaatje uit een sprookjesboek.
Langzamerhand werd het drukker op de weg en alle voertuigen die we tegenkwamen – vrachtwagens, auto's, bussen, scooters, fietsen en karren – waren afgeladen met goederen en mensen. Overal zagen we militairen en gewone burgers; het leek wel een bijenkorf. De stank was verschrikkelijk; een mengeling van afval, rioollucht, rottende planten, vreemd voedsel en kamelenpoep.
Net als in Beiroet bestond een groot gedeelte van de buitenwijken uit een samengeraapt zootje van rommelige door elkaar staande lage huizen. Hoe verder we de stad in reden, hoe breder en mooier de gebouwen werden. Sommige waren overdadig versierd.
Chalky en ik hadden tijdens het rijden de kaart bestudeerd en een brug over de rivier gevonden die ons tot op één kilometer van ons doel zou brengen. Ons andere herkenningspunt was een reusachtige moskee, de Citadel, die door een hoge muur werd omringd en op een fort of een kasteel leek.

'Wij moeten zo dicht mogelijk bij ons doel een plaats zien te vinden waar we onze vrachtwagen achter kunnen laten. Ik heb het gevoel dat we pijlsnel weer terug zullen moeten gaan', zei Dynamo. 'Misschien komt het halve Egyptische leger wel achter ons aan. Het is dus zaak ervoor te zorgen dat we zo snel mogelijk de stad weer kunnen verlaten. Hebben jullie al enig idee waar we hem neer kunnen zetten?'
Het stadsverkeer was waanzinnig druk en we kwamen slechts langzaam vooruit. We reden door een brede straat parallel aan de rivier. Omdat er tientallen legervoertuigen reden, nam niemand enige notie van ons.
'Met deze kaart komen we niet veel verder', bromde Chalky. 'In de buurt van ons doel zijn echter een groot aantal zijstraten waarvan sommige rechtstreeks naar een groot plein schijnen te lopen dat, zover ik het kan beoordelen, op ongeveer tweehonderd meter van het garnizoen ligt. Tot die brug moet het nog ongeveer één kilometer rijden zijn, schat ik.'
'Hoe komen we bij dat plein als we de brug over zijn?', vroeg Dynamo.
'Direct rechtsaf slaan en dan nog een halve kilometer verder de stad inrijden', antwoordde Chalky. 'Als we daar zijn, vertel ik je wel hoe we verder moeten rijden: er zijn daar zo veel zijstraten en waarschijnlijk zijn ze niet allemaal breed genoeg voor de vrachtwagen. We zullen dus pas daar ter plekke kunnen bekijken hoe we verder kunnen rijden.'
Het was nu zo druk dat we bijna tot stilstand kwamen. Verderop zagen we een of andere opstopping. De stank van uitlaatgassen was verstikkend en het lawaai was oorverdovend: motoren, getoeter en het geluid van duizenden mensen op straat.
'Waarschijnlijk spitsuur', merkte Chalky op.
'Zie je al die legervoertuigen aan de andere kant van de rivier?', vroeg Dynamo. 'Volgens mij rijden ze allemaal in dezelfde richting als wij moeten nemen, Chalky. Lijkt het je geen goed idee om ze achterna te rijden en te zien waar ze naartoe gaan?'
'Je hebt gelijk, dat plein moet die richting uit zijn en het garnizoen zal daar ergens in de buurt zijn.'
'Wat weten we eigenlijk precies over ons doelwit?', vroeg ik hen.
'Nooit krijgen we in detail te horen wie het doelwit is of wat voor werk hij doet. Dat hoeven we ook niet te weten zolang we maar een foto hebben waaraan we hem kunnen herkennen. Volgens mij is het een hooggeplaatste militair adviseur van de sovjets of iemand die de Egyptische regering terzijde staat. Een hoge pief dus', vertelde Chalky mij. 'Hij zal wel onder grote druk staan. Ons is verteld dat hij meestal tot laat in de avond aan het werk is, dus laten we hopen dat dat ook nu het geval is. Maar al was het een buschauffeur, dan nog zouden we hem uitschakelen. Bevel is bevel.'

'Hij zal ongetwijfeld zwaar bewaakt worden', voegde Dynamo eraan toe. 'De meeste bewakers zullen zich echter buiten het gebouw bevinden. Ik kan me zo voorstellen dat hij zich op de bovenste verdieping, waar hij werkt, redelijk veilig zal voelen en niet zal verwachten dat iemand hem daar zal aanvallen. Naar de foto's van het gebouw te oordelen zal het niet gemakkelijk zijn er ongemerkt binnen te dringen, laat staan weer naar buiten te gaan. We moeten dus een manier vinden om onze taak te volbrengen zonder deze hele meute te alarmeren!', zei Dynamo, terwijl hij op de voertuigen voor ons wees, waaronder een groot aantal legertrucks waren. 'Het is dus duidelijk dat we zonder lawaai te maken naar binnen en naar buiten moeten gaan. Vergeet dus niet die oliefilter mee te nemen, Chalky, die zullen we waarschijnlijk hard nodig hebben.'

Nadat we ongeveer tien minuten hadden voortgesukkeld, stak Spot zijn hoofd weer de cabine in. 'Hé, jongens, kijk, daar net achter dat gebouw, de brug.'

Ongeveer tweehonderdvijftig meter voor ons lag de brug die we zochten.

'Het is hem', zei Chalky, op de kaart kijkend.

Terwijl we langzaam verder reden, zagen we aan de andere kant van de brug een groepje militairen die moeizaam een vrachtwagen naar de kant aan het duwen waren.

Plotseling kwam een van hen, zwaaiend met zijn armen, naar ons toegelopen.

'Oh jee, hij komt naar mijn kant van de wagen. En ik spreek verdomme geen woord Arabisch. Zal ik hem maar gewoon in de rivier gooien?', fluisterde ik als grap tegen Chalky.

Hij porde me in mijn de ribben. 'Sst, doe net of je gek bent.'

Ik bleef de militair stom aan zitten kijken, en toen hij geen antwoord kreeg, liep hij naar de andere kant van de vrachtwagen, naar Dynamo toe. Op dat moment schreeuwde een van zijn collega's iets naar hem, waarop hij op de treeplank stapte om een beter zicht op de weg te kunnen hebben. Hij keek in de richting waar de opstopping was.

Dynamo deed de bovenkant van zijn jasje dicht zodat de soldaat niet het witte overhemd zou zien dat hij eronder droeg. 'Doe alsof je een arbeider bent', fluisterde hij tegen Chalky die in het midden zat en de enige was die geen legerjasje droeg.

'Hoe doe je dat in hemelsnaam?', siste Chalky terug.

'Wat doen we als ze ons snappen? Zo stom zijn ze nou toch ook weer niet?'

Eén van hen zal toch wel merken dat er iets niet in haak is. En wat denk je van Geordie met zijn blauwe ogen en dat bloed op zijn jasje, en ik in deze rare kleren. Ík had achterin moeten zitten.'

'Ja, waarschijnlijk wel. Herinner je je die werklieden die, toen wij op de boot waren, in de achterbak van die legervoertuigen stapten? Wel, als ze iets merken, vliegen er een behoorlijk aantal lichamen de rivier in', gniffelde Dynamo. Hij draaide het raampje omlaag en stak zijn hoofd naar buiten, waardoor de soldaat niet meer recht de cabine in kon kijken en onze broeken of mijn met bloed bevlekte jasje kon zien.

Juist op dat moment deed hij zijn hoofd naar beneden. Hij gebaarde dat we door moesten rijden en schreeuwde iets tegen Dynamo, die in het Arabisch antwoordde en gas gaf. Toen we de brug over waren en bij de kapotte vrachtwagen kwamen, sprong de soldaat van de treeplank en gebaarde hij ons verder te rijden.

De lawaaierige straten waren vol soldaten maar geen van hen nam enige notie van ons. We reden ongeveer vijfhonderd meter over een brede driebaansweg met grote witte gebouwen en hier en daar een minaret.

'We kunnen nu niet meer dan een paar honderd meter van ons doel af zijn', merkte Chalky op. 'Kijk, je kan het dak van de Citadel al zien. We moeten hier ergens rechtsaf slaan. Probeer maar een van die zijstraten, Dynamo; volgens mij komen we dan op dat plein uit.'

'Waar is de Citadel? Ik zie hem niet', vroeg ik hem, terwijl ik om me heen keek.

'Waarom vraag je het niet aan die oude vent daar?', grapte Dynamo, wijzend op een blinde bedelaar. Chalky en ik barstten in lachen uit.

'Geordie, kijk eens of onze "sjeik" nog achterin zit. Ik heb hem al zo lang niet gehoord', zei Chalky, bijna stikkend van het lachen.

'Hé, niet zo brutaal jij hè, etterbak', hoorden we plotseling boven ons en toen ik opkeek, zag ik Spot door het geschutsgat naar binnen kijken. 'Dat scheelde niet veel hè, daar bij de brug?'

'Wat was je stil. Ik dacht dat we je onderweg verloren hadden', zei ik.

'Ik stond al die tijd hier terwijl ik er als een arbeider probeerde uit te zien!' antwoordde hij.

'Stomme lul, jij moest er juist als een Arabische soldaat uitzien. Daarom hebben we je die baret en dat jasje gegeven', zei Chalky, schuddebuikend van het lachen.

'Al had ik hier als een bloedende Japanse kamikazepiloot gestaan, dan nog zouden die klootzakken het niet opgemerkt hebben, makkertje van me.'

'Oké, jongens, nu weer serieus', merkte Dynamo op, terwijl hij de tranen van zijn wangen veegde. 'We moeten nog een parkeerplaats voor de wagen zien te vinden, het word al donker. We hebben echter nog zeeën van tijd, dus kijk rustig rond.'

Hij sloeg een smalle zijstraat in die na ongeveer vijfenveertig meter op een

redelijk groot plein uitkwam. Overal stonden legervoertuigen en personenwagens geparkeerd.
'Je had gelijk met dat plein, Chalky. Maar dit had ik niet verwacht. Als we hier parkeren, vallen we zeker niet op', zei Dynamo, terwijl hij het plein opreed.
Het merendeel van de goed verlichte gebouwen rond het plein bleken cafés en bars te zijn. Op de trottoirs stonden tafeltjes en stoelen waar soldaten en gewone burgers zaten. Overal was luide muziek te horen. Ongeveer honderd meter van ons vandaan stonden twee soldaten met elkaar te praten, bewapend met machinepistolen en met hun rug naar ons toe. Toen we het plein opreden, draaiden ze zich even naar ons om om een korte blik op ons te werpen, waarna ze hun gesprek weer vervolgden. Ze schenen totaal niet in ons geïnteresseerd te zijn. Voorbij de eerste twee vrachtwagens in de rij was een plekje vrij. Dynamo stopte de wagen.
'We hadden geen betere plek kunnen vinden,' zei hij. 'Tot we weer terug zijn, kunnen die twee kerels daar mooi op onze wagen passen.'
Spot sprong uit de achterbak terwijl ik uitstapte om Dynamo aanwijzingen te geven hoe hij de wagen in de open plek kon manoeuvreren. De straatverlichting was hier erg slecht en hij kon me dan ook nauwelijks zien. Ik stak mijn hand op ten teken dat hij niet verder moest rijden, maar hij zag het niet en reed nog iets verder door, precies tegen de ervoor geparkeerde vrachtwagen aan, waardoor diens achterlichten het begaven.
Chalky stak zijn hoofd om een van de geparkeerde vrachtwagens om te zien of de twee soldaten iets gemerkt hadden, maar die stonden nog steeds met elkaar te praten. Het was duidelijk dat ze, waarschijnlijk door het harde geluid van de muziek, niets hadden gehoord.
'Maak je maar geen zorgen, Geordie, ik weet zeker dat we hier niet voor hoeven te betalen', zei Chalky vervolgens tegen mij, wijzend op de kapotte achterlichten.
'Gelukkig hebben die twee niets gehoord.'
'Gelukkig voor hen, zul je bedoelen', antwoordde hij glimlachend. 'Het zou een schande zijn om vanwege een paar achterlichten te moeten sterven. Bovendien zou ik niet weten waar we de lichamen zouden moeten laten.'
Het zelfvertrouwen dat mijn maatjes hadden, was verbazingwekkend. Ze gedroegen zich alsof ze een dagje uit waren! En toch overdreven ze niet. Ze waren gewoon de besten en dat wisten ze donders goed!

HOOFDSTUK 12

Zelfmoord in Caïro

Chalky en ik pakten de tassen en liepen voorop terug naar de smalle straat via welke we op het plein waren gekomen. Ongeveer halverwege deze straat sloegen we rechtsaf een klein steegje in.
'We hoeven waarschijnlijk niet erg ver te lopen', merkte Dynamo op. Plotseling stopte hij. 'Verdomme, ik heb die klotecontactsleuteltjes in de wagen laten zitten. Ik ga even terug om ze te halen.'
'Slim hoor! Ik doe het wel. Hopelijk zijn ze nog niet gejat. Wacht hier op mij.' Spot draaide zich om en liep terug naar het plein. Na een paar minuten was hij alweer terug.
'Nog problemen?', vroeg Dynamo.
'Nee, de soldaten waren weg.'
Juist op dat moment ging er vlakbij een deur open. Het licht dat naar buiten kwam, scheen in de donkere steeg en verblindde ons bijna. En aantal mannen kwam naar buiten de steeg in, er flink op los kwebbelend. Omdat ze onze richting uitliepen, deden we net alsof we een praatje met elkaar aan het maken waren. Gelukkig namen ze geen enkele notie van ons en liepen ze, na even een snelle blik te hebben geworpen, voorbij.
We liepen verder door de smalle, smerige steeg; om onze positie te kunnen bepalen moesten we terug naar de hoofdstraat. Af en toe passeerde iemand ons, maar niemand hield ons aan of zei iets tegen ons. Ze keken alleen maar even. We zagen er blijkbaar heel normaal uit. Bovendien was het, omdat er bijna geen straatverlichting was, nogal donker in de steeg. Ook dat werkte in ons voordeel. Soms hoorden we het geluid van stemmen uit de gebouwen komen waar we langs liepen; het merendeel leek ons gewone woonhuizen te zijn. Vreemde doordringende, kruidige kookluchtjes vermengden zich met andere onbekende geuren in de straat. Aan het eind van de steeg zagen we een groot gehavend gebouw – waarschijnlijk het resultaat van een bombardement.
'Ik weet waar we zijn; om bij de hoofdstraat te komen, moeten we hier linksaf', merkte Dynamo op. We volgden zijn suggestie. Toen we langs

het gehavende gebouw liepen, zagen we in de verte inderdaad de hoofdstraat. Chalky, die iets voor ons liep, was de eerste die de hoek omsloeg. Plotseling dook hij terug om ons tegen te houden.
'Volgens mij zijn we er, mannen. Ongeveer tien meter hiervandaan staat een gebouw met een groot hek met prikkeldraad eromheen. Ik weet zeker dat dit het gebouw is dat we zoeken. Kijk jij eens, Dynamo: wat denk jij?', zei hij kalm.
Dynamo keek even om de hoek en zei toen: 'Blijven jullie hier. Ik loop er even heen om het gebouw van dichtbij te bekijken, om er zeker van te zijn dat het het juiste gebouw is.' Enkele minuten nadat hij de hoek om was geslagen, was hij echter nog steeds niet terug.
'Waar blijft hij in godsnaam?', zei Chalky. 'Het zou me niet verbazen als hij ervandoor is gegaan om het karwei in zijn eentje op te knappen; typisch iets voor hem.'
Hij en ik keken om de hoek terwijl Spot onze achterdekking in de gaten hield. Dynamo was nergens te zien. Plotseling stootte Spot me aan en zag ik Dynamo vanaf de achterkant van het gebouw waar we voor stonden, aan komen lopen. Blijkbaar was hij helemaal rond het gebouw gelopen.
'Alles oké!', riep hij uit. 'Ik had niet gedacht dat we al zo dichtbij waren, maar het is zonder twijfel het gebouw dat we zoeken.'
'Hoe weet je dat zo zeker?', vroeg Spot.
'Wel, helemaal zeker ben ik niet, maar de vlag van de Sovjet-Unie hangt er en er staat een stafauto voor met het vaandel en de kentekenen van de Sovjet-Unie. Bovendien wordt het door sovjettroepen bewaakt', lachte Dynamo. 'Deze puinhoop hier ligt recht tegenover het hoofdgebouw van het garnizoen: ik heb het nauwkeurig bekeken toen ik eromheen liep en het lijkt erop dat het enige tijd geleden is gebombardeerd, maar het grootste deel ervan is nog ongeschonden. Het belangrijkste is dat het slechts een paar meter verwijderd is van het hek rond het garnizoenscomplex. Dus moeten we een manier zien te vinden om binnen te komen.'
'Het hele complex en het hoofdgebouw zien er precies zo uit als op de foto's die we hebben gezien', ging hij verder. 'Twee vier meter hoge hekken, op een afstand van ongeveer vijf meter van elkaar, rond een drie verdiepingen hoog gebouw en maar één toegangspoort zover ik heb kunnen zien. Het wordt door vier gewapende mannen bewaakt, twee voor het gebouw en twee bij de hoofdingang van het complex. Bovendien wordt er tussen de hekken met honden gepatrouilleerd. Dus, afgezien daarvan, moet het een eitje zijn om deze klus te klaren.'
'Zo, wat bedoel je dan...', vroeg Chalky aarzelend.
'Wat ik bedoel, Chalky', ging Dynamo verder, 'is dat er maar één manier is om het gebouw binnen te gaan, en wel via het dak. Het komt fantastisch

uit dat dit gebouw hier leegstaat. Ik begrijp niet waarom ze het niet hebben afgebroken; het lijkt me een verdomd groot veiligheidsrisico. Het is alleen dichtgespijkerd en volgens mij is een deel van het dak eraf.'
'Oké, laten we kijken hoe we erin kunnen komen', zei Chalky, doelend op het gehavende gebouw achter ons.
'We moeten er via de achterkant in; de voorkant van het complex lijkt wel een kermis, zo goed is het verlicht. Kom maar achter me aan; volgens mij let niemand op dat gebouw en via een van die dichtgespijkerde ramen moeten we zeker binnen kunnen komen', zei Dynamo, terwijl hij ons voor ging.
We liepen naar de achterkant van het gebouw, terwijl we ervoor zorgden dat niemand ons zou zien en vonden daar een met een paar planken provisorisch dichtgespijkerd raam, op slechts enkele meters van het hek van het garnizoenscomplex vandaan. Maar net op het moment dat we de planken eraf wilden trekken, kwam de hondenpatrouille tussen de twee hekken de hoek van het gebouw om. We drukten ons tegen de muur van het gebouw aan terwijl de soldaat met de hond aan een riem ons langzaam voorbijliep. De hond scheen iets te ruiken en bleef over zijn schouder in onze richting kijken, maar de militair merkte niks en trok de hond aan zijn riem verder.
'Niet te geloven toch?', fluisterde Chalky. 'Wat een idioot! Ik bedoel, waar heb je anders een hond voor als je er helemaal niet op let wat hij doet?'
'Des te beter voor ons', merkte Spot droog op. 'Wat een suffe lul!'
We begonnen de planken eraf te trekken. Twee van hen braken af en dat maakte zo'n krakend geluid dat ik er zeker van was dat de bewaker dit gehoord moest hebben. Ik hield mijn adem in maar er gebeurde niets, waarna we weer doorgingen tot het gat groot genoeg was om door naar binnen te klimmen. Toen we eenmaal binnen waren, gingen we ieder een andere kant op om de weg naar het dak te vinden.
Toen ik ergens een deur opende, ontdekte ik een enorme hoop puin en naar boven kijkend zag ik dat er een groot gat in het plafond zat. En niet alleen in dat plafond maar in alle verdiepingen daarboven. Het leek erop dat er een bom dwars door het midden van het gebouw was gevallen. Door de kapotte vensters en de gaten in de muren vielen een paar stralen licht van het naburige complex naar binnen. Ondanks dit licht en het feit dat ik dwars door het gebouw de sterren aan de hemel kon zien staan, was het binnen erg donker.
In het duister rondstommelend, ontdekte ik de gammele overblijfselen van een houten trap en voorzichtig begon ik naar boven te lopen. Door het geluid dat van boven kwam, begreep ik dat de anderen al op de bovenste verdieping waren. Omdat het merendeel van de traptreden ontbrak,

was het niet gemakkelijk om naar boven te komen; bijna bovenaan de trap was een gapend gat dat ik alleen maar kon overbruggen door te springen. Ik kwam ongelukkig terecht en greep me vast aan de buisvormige ijzeren leuning om mijn evenwicht niet te verliezen Deze raakte echter onmiddellijk los van de muur waardoor ik boven een gat van twee verdiepingen diep kwam te hangen. Turend in de duisternis kon ik nog net zien dat de leuning nog maar met één beugel aan de afgebrokkelde muur vastzat.

Ik begon voorzichtig omhoog te klimmen langs de leuning, in de hoop dat de beugel het zou houden tot ik boven was. Plotseling zag ik het gezicht van Spot boven me.

'Een beetje aan het rondhangen, Geordie?', lachte hij, zijn hand naar me uitstekend.

'Hoe zijn jullie er in godsnaam in geslaagd naar boven te komen?'

'Via een andere trap. Ik dacht dat je achter ons liep.'

'Een andere trap? Dat had je me wel eens mogen zeggen. Nou, oké, vertel me dan nu maar hoe ik op het dak kan komen, slimmerik.'

Hoewel de hemel onbewolkt was en de sterren zo helder waren dat ik het gevoel had ze aan te kunnen raken, kon ik in het duister nauwelijks de gezichten van mijn maatjes zien. Het enige licht in de omtrek kwam van een aantal lampjes dat aan een draad over het complex hing en twee grote schijnwerpers die de voorzijde van het hoofdgebouw en de poort beschenen.

Vanaf het dak van het gebouw konden we het platte dak van het garnizoensgebouw tegenover ons zien. Onder ons zagen we een aantal bewakers; het merendeel van hen bevond zich in de buurt van de poort van het complex. We konden ook zien dat ons doelwit in het gebouw aanwezig moest zijn. Zijn limousine stond op het terrein geparkeerd, uitgerust met onderscheidingstekens en een vaandel. Een groter vaandel stond naast het gebouw, vlak naast de Egyptische vlag.

Tijdens onze voorbereiding hadden we informatie gekregen over ieder detail van het gebouw. Het enige wat we niet zeker wisten, was in welk kantoor ons doelwit zou werken. We wisten alleen dat het op de derde verdieping was.

We mochten van geluk spreken dat het gebouw waarop we nu stonden, zo vervallen was. Het was een godsgeschenk. Natuurlijk wisten we dat dit gebouw naast het complex moest staan maar we wisten niet dat het leegstond en in welke deplorabele staat het was. Het maakte onze operatie een stuk gemakkelijker, omdat we zonder dat men ons zag vanaf het dak konden werken. Alles wat we nu moesten doen, was een touw over de twee hekken, die zich ongeveer negen meter onder ons bevonden, heen naar het dak van het tegenoverliggende gebouw schieten; een afstand van ongeveer vijftien meter.

Onder ons zagen we dat de beide hekken aan de bovenkant met prikkeldraad waren uitgerust. Ze waren ruwweg geschat vier meter hoog en stonden vijf meter uit elkaar. Een van de twee leek onder stroom te staan of was met een of ander alarmsysteem verbonden, te oordelen naar de kleine witte elektriciteitsspoelen op de dikste spijlen. We moesten er dan ook zeker van zijn dat onze touwen niet tegen de hekken aan zouden komen. Iedere vergissing zou rampzalig zijn; als er ook maar iets tegen aan zou komen, zouden we ongetwijfeld ontdekt worden.

Rond het dak van het tegenoverliggende gebouw liep een lage, ongeveer vijftig centimeter hoge borstwering. Ongeveer drie meter van de hoek die het dichtst bij ons lag, was een telegraafpaal bevestigd die ruwweg tweeëneenhalve meter boven het dak uitstak. Aan de bovenkant van deze paal zat een grote elektriciteitsspoel, waarschijnlijk de hoofdvoeding; eronder zagen we een dwarslat waaraan tientallen telefoonlijnen waren bevestigd die naar een gelijksoortige telegraafpaal op het gebouw waar wij ons op bevonden, liepen. Ongeveer een meter onder die dwarslat konden we nog iets anders onderscheiden, zij het met moeite. Het leek een metalen staaf te zijn van ongeveer vijf meter lengte die in een rechte hoek vanaf de paal over het dak uitstak. Als die stevig genoeg was, zouden we die kunnen gebruiken om het touw naar toe te schieten.

De lage borstwering was bedekt met betonnen platen die, voorzover we dat goed konden beoordelen, ongeveer één meter lang waren en vijftien centimeter dik. Door gebruik te maken van de ruwe schatting van de omvang van deze platen konden we enig idee krijgen over de afstand tot de telegraafpaal aan het gebouw. Hierdoor wisten we ongeveer hoe lang de nylondraad moest zijn waarmee we de pijl naar de overkant zouden schieten.

Spot haalde een kruisboog en een pijl uit een van de canvas tassen. De pijl was voorzien van drie lage veren en één hoge, om te voorkomen dat hij in de lucht zou gaan draaien. Er konden twee zeer sterke, dunne nylondraden aan bevestigd worden; van verschillende kleur, zodat we ze goed van elkaar zouden kunnen onderscheiden. De pijl moest met de kruisboog net over de metalen staaf geschoten worden, maar mocht het dak niet raken. Met deze zogenoemde 'single-shot-pick-up' konden we ervoor zorgen dat de nylondraad precies over de metalen staaf heenviel. Als we vervolgens een dikker touw aan een van de nylondraden vastmaakten, konden we deze door de onderste lijn naar ons toe te trekken ook over de metalen staaf krijgen en weer naar ons toe trekken met behulp van de andere lijn, waardoor er een lus ontstond.

Spot pakte een zeveneneenhalve centimeter lange platte haspel en maakte die aan zijn middel vast. Normaal gesproken liet hij de draad op de haspel zitten zodat hij, als hij de kruisboog af zou vuren, niet in elkaar zou komen te zitten. Maar in dit geval moest de draad precies lang genoeg zijn – de afstand tussen hemzelf en de telegraafpaal – omdat hij niet wilde dat de pijl het dak zou raken als hij over de metalen staaf zou vliegen. De rest van de draad rolde hij op zodat de pijl niet verder zou vliegen dan de afstand die hij op het oog had. Als hij de afstand goed geschat had, zou de pijl vlak voor hij het dak raakte tot stilstand komen, waarna we met behulp van de haak aan het achtereinde van de pijl de nylondraad weer naar ons toe konden trekken.
Ik hield mijn adem in toen Spot op de dwarslat van de telegraafpaal met de telefoonlijnen mikte. Dit schot was cruciaal voor het slagen van de operatie. Het was inmiddels een stuk donkerder geworden waardoor het moeilijk was het doelwit te zien; als de draad niet lang genoeg was, zou de pijl voor het gebouw terechtkomen en waarschijnlijk ergens tegenaan kletteren waardoor de bewakers gealarmeerd zouden worden. Als de draad te lang was, zou hij op het dak terechtkomen en misschien ergens achter blijven haken. Ook in dat geval zou het kletterende geluid de bewakers kunnen alarmeren.
Terwijl hij zo stil mogelijk bleef staan, richtte hij de boog. Op het moment dat hij wilde schieten, tikte Chalky hem op zijn schouder en wees hij naar het complex beneden. De soldaat met de hond was weer de hoek om gekomen.
Spot wachtte geduldig tot ze weer uit het zicht waren alvorens hij opnieuw aanlegde en schoot. Zoals gewoonlijk deed hij zijn naam alle eer aan; het eerste schot was precies in de roos. De pijl, die hij met behulp van de draden enigszins kon besturen, vloog net over de dwarslat heen, waar hij aan één draad bleef bungelen. Spot trok aan de onderste draad waardoor de haak de bovenste draad vasthaakte en de pijl en de bovenste draad weer naar ons toe kwamen. Door de dunne draad over de metalen staaf te trekken slaagde hij erin een lus te maken.
Nadat we het dikkere touw aan de nylondraad hadden vastgemaakt, trokken we dit ook over de metalen staaf en weer terug waardoor het de plaats van de dunnere draad innam. Door aan het eind van het touw een karabiner vast te maken, slaagden we erin een knoop rond de metalen staaf te leggen. Vervolgens maakten we het touw vast aan de telegraafpaal op ons eigen gebouw en trokken het strak met behulp van een kleine katrol zodat het als we eraan zouden hangen, niet te veel door zou buigen.
Nadat we onze sashes hadden afgedaan, haalden we onze klimgordels uit de tassen en bevestigden die rond onze benen en middels. Vervolgens

maakten we nog een extra katrol aan het touw vast en waren we klaar om de oversteek te maken. Spot, die het lichtst was, ging als eerste. Toen hij zonder enig geluid te maken en zonder opgemerkt te zijn aan de overkant was gekomen, maakte hij het touw los van de metalen staaf en wikkelde hij het rond de telegraafpaal waardoor het een stuk veiliger was om naar de overkant te gaan. Vervolgens controleerde hij of er geen patrouille te zien was en gaf hij ons een teken dat we ook naar de overkant konden komen. Dynamo ging eerst en ik was de derde die naar de overkant ging. De gehele operatie, vanaf het vastmaken van het touw tot het moment dat we met zijn drieën aan de overkant waren, had iets minder dan vijftien minuten geduurd.

Op het moment dat ik op het dak van het garnizoensgebouw aankwam, was Dynamo al begonnen met het verwijderen van stukken canvas en hout die op een kapot dakraam of een luik dat was dichtgespijkerd lagen. Voorzichtig tilde hij het aan een hoek op en keek door de smalle opening naar binnen. Vlak onder hem zag hij twee bewakers die met elkaar stonden te praten bij een trap aan het eind van een gang. Zachtjes liet hij het raam weer zakken en liep snel naar de rand van het dak om Chalky een teken te geven dat er iets mis was en dat hij nog niet over moest steken.

'Twee bewakers', siste hij, waarbij hij twee vingers opstak en in de richting van het dakraam wees.

Chalky maakte een gebaar ten teken dat hij het had begrepen en fluisterde zacht: 'Vijf minuten.' Vervolgens verdween hij in het gebouw. Het duurde een aantal minuten voor hij weer op het tegenoverliggende dak te voorschijn kwam en met zijn oversteek begon.

'Waar ben je geweest?', vroeg ik zacht, nadat hij zich bij ons had gevoegd. 'Wat heb je uitgespookt?'

'Niets dan goeds, Geordie. Nog een paar minuten en dan weet je het. Ik zal je laten zien hoe we dit oplossen', zei hij, wijzend op het dakraam.

Na nog een aantal minuten wachten werd Spot ongeduldig en wendde zich tot Chalky.

'En?'

'Nog even, maatje', grinnikte Chalky terug.

Op dat moment merkten we dat er aan de voorzijde van het gebouw iets aan de hand moest zijn; we hoorden een hoop lawaai en het geluid van rennende mannen. Vanuit een kleine barak in de hoek van het complex steeg rook op, gevolgd door een aantal kleine explosies. Spot liet naar de rand van het dak, keek even naar beneden en kwam weer bij ons terug.

'Jouw werk zeker?', zei hij zakelijk, terwijl hij zich tot Chalky wendde.

'Kleine opslagplaats, vol met verfbussen en paraffine: kwam goed van pas. Oké, laten we verder gaan', antwoordde Chalky kalm.

We konden met een gerust hart het touw laten hangen omdat het parallel liep met de vele telefoonlijnen en kabels tussen de twee gebouwen. Iemand die omhoog zou kijken, zou het dus nooit van al die andere lijnen kunnen onderscheiden.

Dynamo ging ons voor naar het dakraam dat hij weer voorzichtig openmaakte om te zien of de bewakers er nog waren. Er was echter niemand te zien; ongetwijfeld waren ze weggegaan om te kijken waar al dat lawaai vandaan kwam.

'Het heeft gewerkt. Ze zijn weg', fluisterde hij tegen Chalky. Hij wurmde zijn hand door de opening en maakte de bouten los waarmee het raam op zijn plaats werd gehouden. Nadat hij het hele raam had verwijderd, sprongen we door het gat naar beneden en kwamen we op een grote kist ongeveer twee meter lager terecht. Vanaf deze kist sprongen we zo zacht mogelijk de gang in. Dynamo haalde onmiddellijk het fotootje van ons doelwit te voorschijn dat hij in de band van zijn broek had verborgen, keek er even naar en begon toen vanaf de plek waar we stonden systematisch alle deuren te controleren. De eerste twee zaten op slot en er scheen geen licht onderdoor. Snel liep hij door naar de volgende. Hij stopte hier, luisterde even en keek vervolgens door het sleutelgat.

'Er is iemand binnen', fluisterde hij, waarna hij de deur opende en naar binnenstapte. Onmiddellijk stapte hij echter terug en trok schielijk de deur weer achter zich dicht en keek opnieuw naar de foto.

'Het is hem!'

Beleefd klopte hij op de deur alvorens de kamer weer binnen te gaan en rechtstreeks op een man achter een groot bureau af te lopen, terwijl wij drieën hem op korte afstand volgden. De man leek behoorlijk kwaad te zijn. Hij stond op en liep naar Dynamo toe en zei iets in het Arabisch terwijl hij woedend op de deur wees. 'Wat doen jullie verdomme in mijn kantoor?' of zoiets, zal hij wel gezegd hebben.

Dynamo antwoordde iets in het Arabisch en ging vervolgens op Engels over: 'Sorry, kerel, dat we je hier mee lastig moeten vallen.' Hij duwde de uitgestrekte arm van de man opzij en draaide hem vervolgens in een vloeiende beweging om, waarna hij hem razendsnel twee slagen toebracht. Met zijn linkerhand raakte hij hem vol achter op zijn hoofd terwijl hij hem met de onderkant van zijn rechterpalm hard op de rechterzijde van zijn kaak trof. Net op het moment dat hij de nek van de man wilde breken, pakte ik hem echter bij zijn arm om dat te verhinderen.

'Maak hem niet dood!'

'Jezus, Geordie, wat is er met jou aan de hand?', riep hij stomverbaasd. 'Dat is toch de bedoeling?'

'Ja, dat weet ik, maar ik denk dat ik een manier weet om dit op te lossen zonder dat we het hele Egyptische leger achter ons aan krijgen. Ik ben er redelijk van overtuigd dat we het op zelfmoord kunnen laten lijken. Ik denk dat ik wel weet hoe ik dat moet doen', legde ik uit. 'Hij moet dan wel een pistool hebben.'

Ik fouilleerde hem maar vond niets.

'Hij moet er een hebben', zei Spot, de kamer rondkijkend.

'Heb je hier iets aan?' Chalky haalde uit een van de laden van het bureau een dienstpistool te voorschijn. 'Hoe ga je dit aanpakken, Geordie?'

'Ik hoop niet dat het al te lang duurt', zei Dynamo, naar de deur kijkend. 'Denk je echt dat je dat kan?'

'Help me even met het spannen van een aantal touwtjes, jongens. Het is zo gepiept!', zei ik zelfverzekerd. Direct toen ik de kamer binnenging, had ik de ruimte goed in me opgenomen. Er waren drie vergrendelde ramen en slechts één deur. Deze deur was voorzien van een ongewoon slot dat alleen van binnenuit gesloten kon worden; aan de buitenkant zat geen sleutelgat. Behalve dit slot was er ook een gewoon slot – met aan beide kanten een sleutelgat – en twee grendels, een aan de bovenkant en een aan de onderzijde van de deur. Nadat ik snel de verschillende sloten had bekeken en had gezien dat aan de sleutelring van de sleutel van het speciale slot nog twee grotere sleutels hingen, viel me plotseling een idee in.

Ik besefte dat ik met behulp van onze nylondraden de deur af zou kunnen sluiten, de twee grendels dicht zou kunnen doen en de sleutels in de zak van ons slachtoffer zou kunnen krijgen; en dan bedoel ik – vanaf de gang! Iemand die na ons vertrek de deur zou willen openen, zou denken dat hij vanbinnenuit op slot was gedaan, waardoor het op zelfmoord zou lijken en men niet op zoek zou gaan naar de moordenaars.

De man lag nog steeds op de grond, buiten bewustzijn. Dynamo tilde hem op en zette hem rechtop in zijn stoel, zijn hoofd zakte voorover.

'Oké, Chalky, doe je kunstje met dat oliefilter,' zei ik tegen hem. Chalky wikkelde zijn hand en het pistool in een doek en plaatste het oliefilter op de loop, terwijl Dynamo het hoofd van de man aan zijn haren naar achteren trok. Chalky duwde het oliefilter stevig tegen de rechterslaap van de man aan en haalde de trekker over. Het pistool maakte een zacht ploffend geluid en een deel van de linkerkant van het hoofd van de man werd weggeschoten. Het bloed spatte tegen de muur, over het bureau en op de vloer. Chalky en Dynamo legden de man over het bureau, met zijn rechterhand naar de vloer hangend. Vervolgens stopte Chalky hem het pistool in die hand, terwijl Spot voor de zekerheid op de gang ging kijken of niet iemand het schot had gehoord.

'Alles oké. Er is nog zoveel lawaai daar beneden dat ze nog geen kanonschot gehoord zouden hebben!', zei hij toen hij de kamer weer binnenkwam.

In de tussentijd had ik met mijn mes een klein gaatje in de jaszak van de man gemaakt en was ik begonnen met het spannen van de draden. Chalky keek me een ogenblik wezenloos aan; toen, vlug van begrip, begon hij voorzichtig te glimlachen.

'Ik heb het door, Geordie. Spot, help eens even mee.'

Terwijl Dynamo de gang in de gaten hield, hielpen Spot en Chalky mij met het uitvoeren van mijn plan. We trokken drie draden, over de deur heen, onder de deur door en een door het sleutelgat. Een van de draden stak ik door de sleutelring van de sleutel die in de deur zat. Met de twee uiteinden van deze draad in mijn hand liep ik naar het bureau, haalde ze beide door het gaatje in het jaszakje van de dode man heen, stopte ze onder het bureau door en uiteindelijk onder de deur door de gang in. Hierna maakte ik er een enkelvoudige draad aan vast, precies op de plek waar de tweevoudige draad door de sleutelring ging en trok deze enkelvoudige draad over de bovenkant van de deur heen.

De volgende draad wond ik om de twee andere sleutels heen, dusdanig dat ik nu weer twee uiteinden had. Deze 'tweevoudige' draad hing ik ook over de deur heen. Chalky maakte twee andere draden aan de grendels vast, een aan de bovenste en een aan de onderste en trok de ene onder de deur door en hing de andere over de deur heen, terwijl Spot een stoel neerzette, op ongeveer een halve meter van de deur af. Een vijfde draad haalde hij achter de stoel langs en stopte de beide uiteinden door het sleutelgat. Vervolgens deed ik hetzelfde met de twee achterste poten van de stoel en trok ik beide uiteinden onder de deur door.

'Oké, laten we nu de gang opgaan en de deur achter ons dicht trekken.'

'Waarom heb je die draden door zijn jaszak getrokken?', vroeg Dynamo onzeker.

'Omdat ik de sleutels in zijn zak wil stoppen', legde ik uit.

'Jezus, is dat echt nodig?', zei hij, zijn wenkbrauwen optrekkend.

'Kijk, als ik iets doe, doe ik het goed. Het moet toch overtuigend overkomen, niet? Je wilt toch dat ze denken dat hij zichzelf voor zijn kop heeft geschoten? Nou dan, let op!'

Onder de deur door kijkend, trok ik aan de uiteinden van de draad rond de poten van de stoel en manoeuvreerde deze tot hij ongeveer dertig centimeter vanaf de deur was. Hierna trok Spot aan de draad die achter de rug van de stoel langs was getrokken, waardoor de stoel voorover viel en schuin tegen de deur terechtkwam. Vervolgens trok hij net zo lang door tot de stoel klem zat onder de deurknop. Hierna lieten we elk een uiteinde van onze draad los en trokken we beide draden in hun geheel onder de deur door.

Ik pakte de twee uiteinden van de draad die vastzat aan de twee grotere

sleutels, en trok eraan om deze sleutels als een hefboom te gebruiken om de kleinere sleutel een kwartslag in het slot om te draaien. Door de draad vervolgens weer te laten vieren, vielen de twee sleutels naar beneden en draaide de kleinere sleutel door het gewicht van de twee grotere sleutels nog een kwartslag om. Door aan de tweede draad te trekken, die door de jaszak van de man liep, slaagde ik erin de sleutels uit het slot te trekken terwijl ik tegelijkertijd de draad die over de deur liep, strak trok om te voorkomen dat ze op de grond terecht zouden komen. Door beide draden beurtelings strak te trekken of te laten vieren manoeuvreerde ik de sleutels naar het bureaublad en in de jaszak van de dode; Chalky keek ondertussen door het sleutelgat om me aanwijzingen te geven. Vervolgens trok ik aan de draad die over de deur heenliep en liet ik de andere los, waardoor ik beide draden uiteindelijk in hun geheel via de bovenkant van de deur naar me toe kon trekken.
Chalky trok vervolgens flink aan de twee andere draden, waardoor zowel de bovenste grendel als de onderste dicht werd geschoven. Door van iedere draad één uiteinde los te laten kon hij ook deze in hun geheel de gang in trekken.
Door al deze handelingen, die bij elkaar niet meer dan een paar minuten in beslag hadden genomen, werd de indruk gewekt dat de man zichzelf had opgesloten, een stoel onder de deurkruk had geschoven, de sleutels weer in zijn zak had gedaan en zich vervolgens door zijn kop had geschoten.
'Wel, als dat niet op een zelfmoord lijkt, weet ik het niet meer!', riep Dynamo uit. 'Maar om helemaal zeker te zijn...'
Terwijl de rest van ons door het dakraam naar buiten kroop en over het dak naar het touw liep, leunde Dynamo, die ook omhoog was geklommen, door de opening naar beneden en vuurde hij een schot af in de gang. Ik liep terug, verrast door het geluid. 'Waarom deed je dat?', vroeg ik.
'Wel, we moesten er toch voor zorgen dat ze zouden denken dat hij zelfmoord had gepleegd, nietwaar, dus moesten ze ook een pistoolschot horen. Ik denk dat dit ze wel in beweging zal zetten.'
Snel sloten we het dakraam en schoven het canvas en de stukken hout weer op hun plaats om onze sporen uit te wissen; ook al was er weinig kans dat ze het dak op zouden gaan. Als ze zouden geloven dat de man zelfmoord had gepleegd, zouden ze daar ook geen enkele reden toe hebben.
Chalky, Dynamo en ik gingen via het touw weer naar de overkant. Spot bleef nog even achter.
Hij maakte de karabiner en het dikke touw los van de telegraafpaal en maakte het vervolgens rond de metalen staaf vast, waarbij hij met behulp

van de karabiner weer een knoop maakte. Door een nylondraad aan de karabiner vast te maken en met behulp van de katrollen slaagde ook hij erin de overkant te bereiken, het andere eind van het nylondraad om zijn middel gebonden. Nadat hij zich weer bij ons had gevoegd, maakten we het touw met de katrollen, die we gebruikt hadden om het touw te spannen, los van de telegraafpaal aan onze kant. Vervolgens trokken we met behulp van de nylondraad de karabiner weer naar ons toe.

Nadat we deze snel van het touw hadden losgemaakt, maakte ik de nylondraad aan het dikkere touw vast op de plaats waar de karabiner had gezeten en trokken we dit touw terug, waarbij we ervoor zorgden dat het niet op het hek beneden ons kon vallen, op dezelfde manier als we dat hadden gedaan toen we het touw naar de overkant trokken. We lieten dus geen enkel spoor achter. Nadat we alles bij elkaar gepakt hadden, gingen we weer zonder geluid te maken door het gebouw naar de straat beneden.

'Het is nog vroeg, mannen, we hebben nog zeeën van tijd. Zullen we die moskee eens gaan bekijken. De vorige keer dat ik hier was, had ik daar geen tijd voor', lachte Dynamo.

Chalky greep hem bij zijn schouder en gaf hem een duw. 'Kom op, hou op met die geintjes; laten we ervandoor gaan.'

'Oh nee, ik had echt zin die moskee te bezoeken en dankzij Geordie hebben we tijd genoeg', dramde Dynamo door terwijl we terugliepen naar het plein. 'Bovendien is het hier helemaal niet zo ver vandaan.'

Chalky wendde zich tot mij. 'Hij maakt geen grapje, hij meent het echt. Stomme toerist!'

Zonder verdere discussie liepen we snel langs het gebouw terug naar de smalle steeg. Op het moment dat we uit het zicht waren, begonnen ze me plotseling grinnikend op mijn schouder te slaan, hun hoofd schuddend van verbazing.

'Jezus, Geordie, hoe ben je in godsnaam op dat idee gekomen?', barstte Dynamo opgewonden uit. 'Het was ingenieus.'

'Wel, goeie leraren, hè?', zei ik, enigszins in de war door de ophef die ze maakten.

'Ja, maar zoiets als dit hebben we je niet geleerd!' riep Chalky uit. 'We hebben je alleen een paar trucjes met touwen laten zien, niet wat je nu hebt gedaan.'

'Het was briljant', voegde Spot eraantoe, terwijl hij me, grinnikend van oor tot oor, op mijn schouder klopte. 'Zonder meer briljant. Het zal onze terugkeer een stuk gemakkelijker maken nu er geen alarm is geslagen; tenminste als de vrachtwagen er nog staat.'

Chalky stootte Dynamo aan. 'Het is nu wel duidelijk waarom het team hem heeft uitgekozen, nietwaar mannen?', zei hij lachend. 'Het is verdomd een genie.'

'Nou, hou op', zei ik blozend terwijl ik hen opzij duwde. Diep in mijn hart vond ik het natuurlijk fantastisch dat ik hen zo'n plezier had gedaan. Zij waren de enige mensen, afgezien van mijn moeder dan, wiens oordeel ik op prijs stelde.
'Oké, genoeg geouwehoerd, jongens, laten we vooral niet te vroeg juichen', merkte Spot kalm op toen we de straat die naar het plein liep, naderden.
Het plein was op dit moment uitgestorven. Op de achtergrond was het ververwijderde geluid van muziek te horen. Snel liepen we naar de plek waar we de vrachtwagen hadden achtergelaten. Af en toe ging er ergens een deur open waardoor een straal licht over het plein viel, maar verder zagen we geen teken van leven.
'Hé, kijk. Hij staat er nog, jongens', zei Chalky.
Spot rende onmiddellijk naar de vrachtwagen en klom naar binnen. 'Dit keer moet maar eens iemand anders in de achterbak gaan zitten. Denk je dat ze hier nachtdiensten kennen, Chalky? Je ziet eruit als een arbeider, dus mag jij achterop zitten!'
Chalky grinnikte en klom in de achterbak van de vrachtwagen.
'Mij best, maar doe het rustig aan, jongens, ik ga een beetje pitten', zei hij kalm, terwijl hij een stuk canvas om zich heen wikkelde.
'Shit! Waarom heb ik daar zelf niet aan gedacht?', riep Spot uit toen ik naast hem ging zitten. 'Wat stinkt daar zo, Geordie? Heb je in de kamelenstront gestapt?'
'Het is dat verdomde jasje, ik heb geen idee wat er in heeft gezeten, maar het stinkt verschrikkelijk. Het verbaast me dat die hond het niet heeft geroken toen we aan de achterkant van dat gebouw stonden.'
Dynamo probeerde drie of vier keer de motor aan de praat te krijgen. 'Oh, kut. Dat hadden we nou net nodig', kreunde hij.
'Heeft hij daar vaker last van?', vroeg ik gniffelend aan Spot. 'Als ik me goed herinner, gebeurde dat ook met die jeep in het Troodosgebergte.'
Dynamo gaf me een harde stoot in mijn zij.
'Kunnen we niet een van die andere vrachtwagens nemen?', stelde Spot voor.
'Kom op zeg, doe niet zo stom! Zelfs dit soort idioten zal morgen onmiddellijk zien dat er één verdwenen is en er onverwijld naar op zoek gaan. Bovendien hoort deze zo'n honderdzestig kilometer ten noorden van de stad te zijn.' Juist op dat moment startte de motor. 'Godzijdank.' Dynamo slaakte een zucht van verlichting en reed weg. 'Oké, mannen, we doen het rustig aan en maken er een lekker ritje van. We hebben nog zeeën van tijd, dankzij ons kleine genietje hier', zei hij, in mijn richting grinnikend.
We reden de stad uit via dezelfde route als we haar binnen waren geko-

men. Onderweg zagen we slechts af en toe kleine groepjes stedelingen en wat militairen. De kapotte vrachtwagen stond nog steeds langs de kant van de weg bij de brug, maar de omgeving was nu een stuk rustiger dan overdag. Er was bijna geen verkeer; onze terugweg was dan ook net zo saai of rustig als Dynamo ons had voorspeld. Ongeveer zestig kilometer buiten Caïro reed Dynamo naar de kant van de weg om de benzine te controleren; Chalky was in diepe slaap.

'Hoe kan hij in godsnaam op dit uur van de dag slapen?', merkte Dynamo droog op terwijl we de brandstoftanks uit de achterbak haalden om de benzine bij te vullen. We passeerden de plek waar we 'zonder toestemming van de eigenaar' de vrachtwagen hadden overgenomen en sloegen ongeveer drie kilometer voor het strand waar we de boot hadden gekaapt, een smal weggetje in.

Dynamo volgde dit pad ongeveer tien kilometer alvorens we in een verlaten, moerassig gebied langs de oever van de rivier kwamen, een ideale plek om de vrachtwagen te dumpen. Hij reed hem rechtstreeks het riet in tot halverwege de helling naar de rivier. We sprongen uit de cabine en liepen naar de achterbak om Chalky wakker te maken. Hij was nog steeds in diepe slaap.

'Kom op, Doornroosje, de vrachtwagen is bezig de modder in te zakken!', zei Dynamo terwijl hij het stuk canvas met Chalky er nog in uit de achterbak begon te trekken.

'Oh nee, jongens, laat me met rust, het is hier lekker warm. Oké, oké, ik kom al', zei hij toen Dynamo nog harder aan het canvas begon te trekken.

'Kom op, duwen jongens. Hij moet de rivier in.'

Dynamo klom weer in de cabine en maakte de handrem los. Langzaam begon het vehikel naar voren te rijden en toen het genoeg snelheid had, sprong Dynamo er weer uit. We zagen hoe de vrachtwagen in het water verdween en langzaam begon te zinken.

'Als ze hem ooit vinden, zullen ze waarschijnlijk denken dat die kerels een ongeluk hebben gehad', merkte Spot op.

Dynamo pakte het stuk canvas van Chalky aan en sneed het met zijn mes in vier stroken, voor ieder van ons een. Ieder van ons maakte in zijn eigen exemplaar een gat en trok het over zijn hoofd, zodat het een soort kiel werd die we aan de onderkant met een stukje touw om ons middel bonden.

Dynamo, die in zijn stuk canvas nog een paar extra gaten had gemaakt, strikte zijn kiel vast en begon bevallig als een mannequin voor ons heen en weer te drentelen.

'Oh, oh! Wat vind jij ervan, Geordie? Perfecte regenkleding, niet? Als ik terug ben, ga ik een nieuwe kledinglijn openen. De "New Look", by Dynamo.'

'Oh, het ziet er beeldig uit!', zei Chalky. Hij pakte de hoekpunten van zijn kiel vast en trok ze aan weerszijden naar buiten terwijl hij zich omdraaide en een rondedansje maakte. 'Wat vind je van de mijne, schat?'

Spot en ik lagen dubbel en konden geen woord meer uitbrengen. Mijn gezicht en buik deden pijn van het lachen. Spot slaagde er uiteindelijk in, terwijl hij de tranen van zijn gezicht wreef, iets te zeggen. 'Kom op, stelletje prima donna's, hou op met dat gehuppel. Laten we snel naar de plek gaan waar we opgepikt zullen worden.'

We verlieten de rivier en liepen in een uiterst goed humeur in de richting van het moerassige gebied waar we geland waren. Nadat we ongeveer dertien kilometer gelopen hadden, werd het te donker om nog iets te zien en de bodem waarop we liepen werd almaar natter en zachter.

'Laten we een droog stuk zien te vinden en daar even uitrusten. Ik heb geen zin nog langer door deze natte troep lopen', zei Chalky, terwijl zijn voeten in de moerassige bodem zakten.

We vonden een bosje riet waar de bodem steviger en minder nat was en besloten daar de rest van de nacht te blijven zitten. We moesten tot het aanbreken van de dag wachten om precies te kunnen weten waar we ons bevonden, maar, afgaande op de richting die we waren ingeslagen, wisten we dat we niet meer dan een kilometer van het punt waar we opgepikt zouden worden, verwijderd konden zijn.

Nu we niet meer liepen, begonnen we het snel koud te krijgen. We waren dan ook blij dat we die canvas kielen hadden gemaakt. We trokken ze strak om ons heen en maakten het ons zo comfortabel mogelijk; we hadden nog een aantal uren te wachten.

HOOFDSTUK 13

De terugkeer

Het was bitter koud. Het grootste deel van de nacht lag ik klaarwakker naar de onbewolkte hemel en de sterren te kijken. Op een bepaald moment verzonk ik echter in een rusteloze slaap. Door een ritselend geluid in het riet werd ik wakker. Ik opende mijn ogen en zag dat het al licht was. Toen ik op mijn horloge keek, was het half zeven, de zon stond al hoog aan de hemel en de lucht was vochtig en warm. Naast me lagen de anderen nog te slapen. Ik schudde Chalky, die het dichtst bij mij lag, aan zijn schouder. Hij werd wakker, ging zitten en wreef zijn ogen uit.
'Zo, Geordie, heb je het overleefd? Vannacht niet door een krokodil opgegeten?', zei hij droog.
'Je maakt een grapje, niet?'
'Nee, serieus, Geordie, overal in dit gebied komen zoutwaterkrokodillen voor.' Ik vroeg me af of dat het ritselend geluid was geweest dat ik in het riet had gehoord en snel keek ik om me heen.
'Waarom heb je me dat gisteravond niet gezegd?'
'Dan zou je geen oog dicht gedaan hebben, of wel soms?'
'Ja, maar misschien zou ik wel voor "eeuwig" in slaap gevallen zijn.'
Dynamo en Spot waren inmiddels ook wakker geworden.
'We hebben nog een klein stuk te gaan tot het punt waar we opgepikt worden; laten we maar gaan voordat het nog warmer wordt', zei Spot, onze positie bepalend.
Terwijl we korte tijd door het hoge gras en het riet ploeterden, dat we met onze handen uiteenduwden, werden we door duizenden vliegen en muskieten belaagd, die rond ons hoofd zoemden. Onderwijl bleef ik steeds uitkijken naar tekenen dat er krokodillen in de buurt waren; gelukkig zag ik niks. Spot, die voorop liep, stopte opeens en gebaarde ons niet verder te lopen.
'De bodem hier is veel te drassig om verder te gaan.'
Hij had gelijk. Tijdens het lopen was de bodem steeds natter en zachter geworden; mijn voeten sopten in mijn schoenen. Gelukkig had ik ze voor we vertrokken met plantaardig vet ingesmeerd.

'Je hebt gelijk. De hack zou hier mooi in weg kunnen zakken. We kunnen beter teruggaan naar een plek waar de bodem een beetje steviger is,' viel Chalky hem bij. We liepen helemaal terug naar de plaats waar we de nacht hadden doorgebracht. De bodem was hier iets steviger en droger dan het omringende gebied. We nestelden ons in het hoge riet waar we wat met elkaar kletsten en een paar zeer droge 'hondenkoekjes' aten die we met het lauwwarme water uit onze veldflessen wegspoelden.
'Ken kan hier elk moment zijn', zei Chalky, terwijl hij met zijn verrekijker de horizon afzocht.
'Sst, luister!', zei Dynamo. Ik spitste mijn oren en hoorde vaag het geluid van de hack in de verte, maar ik kon hem nog niet zien. 'Daar, kijk, daar is-ie.' Bijna op hetzelfde moment zagen we de helikopter vanuit het westen recht op ons af komen. Hij vloog vlak over ons heen, waardoor het hoge riet uit elkaar geblazen werd. Vervolgens maakte hij een scherpe bocht en landde hij op een paar meter van ons vandaan. We trokken onze zelfgemaakte canvas kielen uit, pakten onze spullen bij elkaar, renden naar de helikopter en sprongen erin.
'Waarom zitten jullie in godsnaam hier? We hadden een kilometer meer naar het westen afgesproken', zei Ken. 'Nog een geluk dat ik jullie zo snel heb gevonden.'
Voor we de tijd hadden om te antwoorden of zelfs maar te gaan zitten, was de helikopter alweer in de lucht en vlogen we rechtstreeks richting de zee. Ken draaide zich naar ons om en stak zijn duim op. Chalky deed hetzelfde en schreeuwde: 'Missie volbracht.'
Ken vloog tweehonderdtwintig kilometer naar het oosten, terug naar de plek waar de brandstof was opgeslagen. Nadat we de tank hadden bijgevuld, vlogen we direct weer verder, nu in noordnoordwestelijke richting, terug naar Cyprus waar, op ongeveer dertig kilometer ten zuiden van het eiland, een boot op ons lag te wachten.
Nadat we iets meer dan een uur rakelings over de golven hadden gevlogen, wees Ken naar een punt voor ons op zee. Onmiddellijk pakten Spot en ik onze canvas tassen, staken onze armen door de hengsels en schoven ze als een soort rugzakken op onze rug. Vervolgens maakten we twee touwen vast aan de steunen boven de beide deuren om de helikopter in evenwicht te houden en abseilden we op een teken van Ken naar beneden. Terwijl de hack naar een nabijgelegen boot koers zette, bungelden Spot en ik ongeveer een halve meter boven het zeeoppervlak.
Het was een blauw met groene kajuitjacht die in een wolk van opspattend schuim onder de helikopter doorvoer. Spot en ik sprongen op het dek, enkele seconden later gevolgd door de andere twee die vlak achter ons op de boot terechtkwamen. Onmiddellijk maakte de hack een bocht naar het oosten en vloog hij weg.

Ik herkende de vent aan boord niet maar het was duidelijk dat de anderen hem goed kenden, hoewel er niet veel gesproken werd tijdens de reis terug naar Cyprus. Ongeveer drie kwartier later zetten ze me af op een rustig strand een paar kilometer buiten Dhekélia, terwijl ze zelf met de boot verder voeren. Ik had geen idee waarom ze dit deden, maar klaarblijkelijk hadden ze hier hun redenen voor. Ik vroeg niets en ze gaven me ook geen verklaring.

'Loop over een smalle weg die vanaf het strand vandaan loopt, tot je bij een kruispunt komt. Hou je daar verborgen tot we je met de jeep op komen halen, Geordie', zei Chalky tegen mij. Vervolgens zouden we naar de oude hangar gaan waar ik mijn tas kwijt zou kunnen en me in mijn gewone uniform om zou kunnen kleden.

Nadat ik het strand was overgelopen, zag ik het stoffige pad dat ze bedoeld hadden en liep ik naar het kruispunt waar Chalky me had gezegd dat ik op hen zou moeten wachten. Ik ging langs de kant van de weg zitten. Het was al laat in de morgen en snikheet. Ik had al lange tijd niets gedronken en was bang dat ik uit zou drogen. Ken had ons in de helikopter een paar sandwiches gegeven, maar die waren zo droog en smakeloos dat ik nog steeds honger had en vooral enorme dorst.

Door de crème die ze op mijn gezicht en mijn haar hadden gesmeerd om me donkerder te maken begon ik inmiddels flinke jeuk te krijgen. Ik durfde echter niet te krabben uit angst dat de ik dan strepen op mijn gezicht zou krijgen. Ik had het warm, ik was moe en ik snakte ernaar me te kunnen scheren. Niet ver van mij vandaan zag ik een stel mensen aan het werk; leden van de plaatselijke bevolking maar ook enkele van onze soldaten. Ze waren bezig met de afwatering en het herstellen van de weg. Achter hen zag ik een kantinetent.

Ik vermoedde dat sommige van de soldaten leden van mijn eigen compagnie waren, maar ik zag niemand die ik kende. Hoewel ze me opgedragen hadden uit zicht te blijven was ik zo dorstig dat ik nauwelijks kon slikken en me ook enigszins licht in mijn hoofd begon te voelen. Ik hoopte dat er niemand in de tent zou zijn, dat iedereen aan de weg aan het werken zou zijn. Ik besloot het risico te nemen de tent in te gaan om te kijken of ik iets kon vinden om mijn dorst te stelpen. Nadat ik zorgvuldig mijn tas onder een struikje in de buurt van het kruispunt had verborgen, sloop ik uit het zicht van de werklieden naar de achterkant van de tent, opende de tentflappen en liep ik naar binnen.

De tent was tamelijk groot. In het midden stond een tafel met een fles heldere vloeistof, waarschijnlijk limonade, een paar glazen en een aantal lege colaflessen. Links van mij was een canvas afscheiding waarachter zich nog een ander deel van de tent bevond. Door het geluid van een generator bui-

ten de tent kon ik niet verstaan of daar misschien mensen aanwezig waren.
Ik had geen geld bij me en omdat er ook niemand was om het in ontvangst te nemen, besloot ik zonder te betalen de fles limonade mee te nemen. Terwijl ik vlakbij de tafel was, keek ik even om de hoek van de canvas afscheiding links van mij. Ik zag een aantal Britse militairen in werkkleding die bij een lange tafel bedekt met lege flessen en glazen iets stonden te drinken; verderop stonden nog een aantal tafels. Onmiddellijk toen ze me zagen veranderde de sfeer in de tent en kon ik hun vijandschap bijna letterlijk voelen. Ze hielden op met praten en keken allemaal mijn richting uit.
Een lange, dikke soldaat keek me even over zijn schouder aan, draaide zich toen om en pakte een fles van de tafel. 'Wat denk je wel dat je aan het doen bent, jij onbeschofte rat? Hoe haal je het in je hersens om hier binnen te komen?' schreeuwde hij agressief, onderwijl met de fles zwaaiend. In mijn wanhoop iets te drinken te vinden, was ik helemaal vergeten hoe ik eruit zag en wat voor indruk dat op anderen zou maken! Twee andere mannen die aan een naburige tafel stonden, begonnen dreigend op me af te lopen. Een van hen had een koevoet in zijn hand. Onmiddellijk begreep ik dat ik in de nesten zat! Ze dachten dat ik een van de plaatselijke bewoners was en die hadden absoluut niets te zoeken in een kantinetent van het Britse leger. Door de terroristische activiteiten van de laatste tijd op het eiland waarbij een aantal Britse militairen en burgers gedood was, en in het bijzonder de aanslag op een stampvolle kantine, waren de verhoudingen tussen de plaatselijke bevolking en de Britse troepen behoorlijk bekoeld.
Oh shit, dacht ik, hoe kon ik zo stom zijn hier naar binnen te gaan! Ik kon niet tegen hen zeggen dat ik zelf ook een Britse militair was: dat zou het alleen nog maar erger maken; en hoe zou ik godsnaam moeten verklaren waarom ik er zo uitzag?
Plotseling liep het helemaal uit de hand. De lange soldaat kwam op me afgerend met de inmiddels kapotgeslagen fles voor zich uitstekend. Ik reageerde onmiddellijk, zonder erbij na te denken. Ik had mijn sash nog om mijn middel. Ik ontgrendelde de veiligheidspal en drukte op de knop: de fles in zijn hand knalde uit elkaar en door de terugslaande beweging raakte ik hem vol in een van zijn benen. Onmiddellijk viel hij kreunend op de grond terwijl ik ronddraaide en alle glazen en flessen op de naburige tafels verbrijzelde. De man met de koevoet en zijn maat weken onmiddellijk achteruit, ongeloof en angst op hun gezichten. Ik liet de sash weer om mijn middel terugspringen en vergrendelde de veiligheidspal.
De lange vent op de grond schreeuwde het uit van de pijn en ik kon me

wel voor mijn kop slaan dat ik op deze manier tegen Britse soldaten te werk was gegaan. Maar ik besefte dat ik geen andere keus had gehad. Als ik tegen hen gesproken had, zou ik me verraden hebben. Ik draaide me om en verliet de tent, in het voorbijgaan de fles limonade nog snel van de tafel pakkend.

Omdat het allemaal zo snel was gegaan, had waarschijnlijk niemand van hen enige notie van wat er precies was gebeurd. De tijd tussen het moment dat ik mijn sash had ontgrendeld en weer opgeborgen had, was zo klein geweest dat ze waarschijnlijk alleen maar een suizend geluid, gevolgd door het uit elkaar knallen van glazen en flessen hadden gehoord; een vorm van magie, net zoals ik het zelf de eerste keer dat ik de sash in werking zag op die knolrapen, had ervaren. Bovendien hadden ze ook geen enkele mogelijkheid gehad te zien hoe ik het deed, omdat ze instinctief weggedoken waren vanwege het rondvliegende glas. Ik had ze iets gegeven waar ze nog lang over na zouden praten!

Nadat ik vliegensvlug de tent had verlaten, nam ik een flinke slok uit de fles die ik meegenomen had. Maar in plaats van het heerlijke gevoel mijn dorst te lessen, brandde tot mijn afgrijzen de vloeistof in mijn keel en hapte ik naar adem. Recht voor me zag ik de jeep bij het kruispunt staan. Ik rende ernaartoe, pakte mijn tas vanonder de struik vandaan en sprong in de wagen. Ik keek nog even om maar niemand was achter me aan gekomen.

'Jezus, wat zit er in die klotefles', kreunde ik proestend terwijl ik naar mijn keel greep die aanvoelde alsof hij in brand stond.

'Wat is er in godsnaam met je aan de hand, Geordie? Wat is dit?', zei Spot, terwijl hij de fles van me afpakte. 'Stomme idioot, je hebt net een slok honderd procent pure wodka genomen', proestte hij lachend uit. 'Nu weet je hoe het is om vloeibare paraffine te drinken. Waar heb je dit in hemelsnaam vandaan? We hadden toch afgesproken dat je je gedeisd zou houden, nietwaar jochie?, zei hij, nog steeds lachend, waarna hij de fles de jeep uitwierp.

'Ik was uitgedroogd en ik had geen geld bij me. Bovendien was er niemand dus heb ik maar de eerste de beste fles gepakt die ik in die tent daar zag', legde ik uit.

Ik kon ze niet vertellen wat er werkelijk was gebeurd; ik was te veel in de war. Ik had nog nooit eerder alcohol gedronken en ik was nu vastbesloten dat smerige goedje ook nooit meer in mijn leven aan te raken.

Mede door het gebonk van de jeep op de hobbelige weg begon ik me niet lekker te voelen. Mijn maag brandde en ik voelde me behoorlijk ziek. Ze rolden om van het lachen toen ik hun vertelde dat ik had gedacht dat het limonade was.

Toen we bij de hangar kwamen, wist ik niet hoe snel ik bij het drinkwater moest komen.
We borgen onze spullen op en ik trok mijn gewone tropenuniform weer aan, nadat ik er eerst zorgvuldig voor had gezorgd alle sporen van mijn make-up te verwijderen. Vier uur later, na een korte lunch, werd ik teruggebracht naar de plek waar ik door de vrachtwagen opgepikt zou worden. Ik was nog geen twee dagen weggeweest en niemand in de vrachtwagen nam dan ook, afgezien van het gebruikelijke geouwehoer natuurlijk, enige notie van mij. Laat staan dat ze vermoedden dat ik heen en weer naar Caïro was geweest!

HOOFDSTUK 14

Weinig te doen

Na de spanning en de opwinding van onze operaties was het altijd weer moeilijk wennen aan het leven in het kamp. Net zo als in alle legerkampen moesten soldaten soms lange perioden van verveling zien door te komen, alleen onderbroken door de dagelijkse routineklussen. Dit hing voor een groot deel af van wat je opgedragen werd te doen. Werken buiten het kamp bestond voornamelijk uit het graven van latrines, het opzetten van tenten en het aanleggen van wegen voor andere regimenten, terwijl degenen die binnen het kamp bleven, zich bezighielden met het schoonhouden van het kamp of het werken in de keuken, wat eindeloos aardappelen schillen of ketels afwassen betekende. De enige uitzondering hierop vormden de mannen die als wacht waren aangesteld. Degenen die buiten te werk werden gesteld, hadden meestal een korporaal boven zich, terwijl degenen die in het kamp bleven, de bevelen van een sergeant moesten opvolgen. Om die reden was het niet zo gemakkelijk om je te 'drukken' zonder dat iemand het in de gaten had, behalve als je in een ander kamp te werk werd gesteld. Vanwege het soort kamp waarin we zaten, kwam dit regelmatig voor, soms voor een paar dagen maar vaak ook een aantal weken achter elkaar. Behalve onze vrije tijd was de tijd die we met het reizen van het ene kamp naar het andere kwijt waren, de enige tijd dat een gewone soldaat zonder een meerdere was; vanaf het moment dat hij in het kamp aankwam waar hij was aangesteld, stond hij weer onder bevel van een meerdere.

Ik ging ervan uit dat de keren dat ik ergens anders gedetacheerd was geweest, dit door een hoge piet geregeld was die ervoor gezorgd had dat het kamp waar ik naartoe zou gaan, niet van mijn komst op de hoogte was, waardoor ik in de gelegenheid was om me te 'drukken'. Ik was er vast van overtuigd dat deze orders van iemand kwamen die enigszins op de hoogte moest zijn met wat ik deed. Anders hadden ze net zo goed iemand anders kunnen sturen. Ik vroeg me vaak af wat de reactie van de officieren en de onderofficieren van de 524ste compagnie zou zijn als ze dit wisten.

Hoewel er, als ik erover nadenk, beter georganiseerde instellingen zijn dan het Britse leger; waarschijnlijk zou het dus niet zo moeilijk zijn om dit te regelen.
Ik vroeg me vaak af hoe het in zijn werk ging en had het idee dat er iemand in mijn peloton moest zijn die ervoor zorgde dat mijn naam met enige regelmaat op de lijst met 'buitenwerkers' werd gezet. Het zou de commandant kunnen zijn, maar voor hetzelfde geld wist hij er niets vanaf; misschien een onderofficier of zelfs de sergeant die belast was met het opstellen van de werkroosters. Ik wist niet wie dit was maar wel dat er iemand moest zijn die de opdracht gaf dat ik buiten het kamp moest gaan werken. Verder kwam ik niet. Het was echter duidelijk dat ik het aan niemand zou kunnen vragen.
Ik keek vaak naar iemand, een officier of onderofficier, met in mijn achterhoofd de vraag of hij er misschien iets mee te maken had; of hij misschien degene was die het organiseerde. Met twee officieren in het bijzonder was ik redelijk bevriend, kapitein Myers en luitenant Stevens. Ze waren altijd, om de een of andere reden, geïnteresseerd in waar ik mee bezig was, maar omdat ze met de meesten van ons redelijk vriendschappelijk omgingen, was ik er niet zeker van of ze op de hoogte waren van wat ik in werkelijkheid uitvoerde. Dan was er nog een sergeant, een zekere Lupton, die een hele rare manier van lopen had, alsof er veren in zijn schoenen zaten. Ik had de indruk dat hij altijd bij de poort was op het moment dat ik in het kamp terugkeerde, om een praatje met me te maken.
'Hoe gaat-ie, Geordie?', vroeg hij meestal. 'Goeie vakantie gehad?'
Hij probeerde me altijd een speciale behandeling te geven, maar dat kon, dacht ik, ook zijn manier zijn om te tonen dat hij me wel aardig vond. Bovendien gaf hij mij nooit de indruk dat hij wist wat ik buiten het kamp uitspookte.
Ken had me tijdens mijn inwijding in De 16 op het hart gedrukt dat ik niet te veel over alles na zou moeten denken, en ook niet te veel vragen zou moeten stellen. Hij wist dat ik nieuwsgierig was en meer over de organisatie wilde weten, maar zei me dat het niet in mijn belang was om uit te vinden hoe alles in elkaar zat, dat ik moest accepteren dat de dingen waren zoals ze waren.
In het begin begreep ik niet waarom De 16 iemand uit een gewoon regiment hadden gekozen, en niet iemand in actieve dienst. Maar alles wat ik te weten kwam, was dat het onmogelijk te organiseren zou zijn als ze met een beroepsmilitair zouden moeten werken. Later begreep ik dat de manier waarop ons regiment opereerde, ideaal geschikt was voor het doel dat zij voor ogen hadden. Maar ik ben er nooit achter gekomen of ze me

ook uitgekozen zouden hebben als ik in een ander regiment had gezeten of dat ze ook in andere regimenten naar mensen zoals ik hadden gezocht. Nog iets waar ik me echt het hoofd over brak, was de vraag welke verklaring ze zouden geven als ik, onverhoopt, tijdens een missie, in een ander land, of waar dan ook, de dood zou vinden. Hoe zouden ze dat kunnen uitleggen als ik volgens de instructies in een ander kamp zou moeten zijn en dat kamp geen enkele informatie had over het feit dat ik daar te werk was gesteld?

Daarentegen leek het me vrij gemakkelijk te regelen dat ze, als ik ver weg van mijn kamp dood aangetroffen zou worden, zouden denken dat ik zonder verlof was weggegaan of een deserteur was. Niemand zou enig vermoeden hebben dat iemand uit mijn regiment lid van een speciaal korps zou kunnen zijn.

Ken had gelijk, ik moest er niet te veel over nadenken. Ik kreeg er alleen maar koppijn van en antwoorden zou ik toch niet krijgen. Uiteindelijk besloot ik dan ook te proberen er niet meer aan te denken; het was zinloos om mijn tijd hieraan te besteden. Bovendien was het duidelijk dat men precies wist waar men mee bezig was en dat alles afgedekt was. Toch was het niet altijd gemakkelijk het naast me neer te leggen. Ze hadden me aangemoedigd op een andere manier over mijzelf te leren denken, om alles in twijfel te trekken en nog niet de helft te geloven van wat ik zag of hoorde. Door die opleiding was ik een ander mens geworden. Ik was volwassen geworden en de verlegen, stotterende, achttien jaar oude jongen had zijn onschuld verloren. Aan de buitenkant zag ik er nog hetzelfde uit, maar vanbinnen was ik een totaal ander mens geworden; zelfs mijn zware mijnwerkersaccent (Geordie = mijnwerker, vert.) was minder geworden.

Het is moeilijk uit te leggen hoe ik me voelde toen ik die eerste keer uit Beiroet terugkwam. Ik was zo opgewonden en kon niet geloven wat ik had gedaan. Zoals Spot had voorspeld, was er iets ongelofelijks met me aan het gebeuren. Ik had het gevoel dat we alles aankonden: dat er geen opdracht was die we niet uit zouden kunnen voeren. Door de vechttechnieken en de andere trucs die ze me geleerd hadden, voelde ik me onaantastbaar. Toen ik dan ook in het kamp terugkeerde, had ik het idee op een kerkhof te zijn aangekomen: alles was zo dodelijk rustig, iedereen hing maar een beetje rond. Ook na onze missie in Caïro had ik enigszins dat gevoel, de lange maanden daarna speelde mijn leven zich deels in grote verveling in het kamp af, deels in korte intense trainingsperioden met Dynamo, Chalky en Spot.

Het leven met hen betekende alles voor mij en ik had het idee dat ik, hoe gek het ook mag klinken, verslaafd raakte aan dit leven op het randje van de snede. De verwachting dat ik binnenkort weer de opwinding en de adrenaline van het risico mee zou maken, was het enige dat me in die lange, stomvervelende perioden in het kamp op de been hield.

Hoewel ik me nu een totaal ander persoon voelde, moest ik als ik met mijn maten van de 524ste compagnie was, de schijn ophouden dat ik helemaal niet veranderd was. Dat was niet zo moeilijk, omdat ik meestal maar een uur of zo 's avonds met hen doorbracht, voordat ze naar de legerkantine gingen om iets te drinken. Als we echter gezamenlijk te werk gesteld werden, was het een stuk moeilijker, omdat ik dan veel langer met hen samen was. In die perioden ging ik vaak met hen mee naar de legerkantines in andere kampen, waar ik het moeilijk vond om me afzijdig te houden als ze weer eens in de problemen kwamen, wat regelmatig voorkwam, omdat het door andere regimenten over het algemeen ontzettend leuk gevonden werd om iemand van het Pioneer Corps te kakken te zetten.

Op een keer, vlak voor mijn eerste missie in het Troodosgebergte, waren een paar van ons gedetacheerd in een ander kamp en besloten we een bezoek aan de kantine daar te brengen. Het was een grote tent van ongeveer tien bij twintig meter, met een bar en tafels en stoelen. Het publiek bestond uit gewone soldaten en enkele lagere onderofficieren. Er stond een jukebox en behalve bier en frisdrank waren er ook hotdogs en kleine snacks te koop. In sommige grotere kampen waren er meerdere van dit soort tenten.

Normaal gesproken kocht men hier zijn drankje en ging dan weer naar buiten, maar in dit geval was de tent afgeladen met meer dan zestig man, afkomstig van een aantal verschillende eenheden en regimenten, onder meer de RAF en de marine, en enkele Amerikanen. Blijkbaar hadden kortgeleden enkele Grieken een aantal platen in de jukebox verwisseld en het gerucht ging dat daar een plaat over Buddy Holly tussen zat. Zijn moeder had na zijn tragische dood verboden dat deze plaat gedraaid zou worden, dus wilde iedereen hem om die reden horen. Die Grieken hadden nadat ze de platen hadden verwisseld, echter een behoorlijk aantal nummers op de jukebox ingedrukt waardoor we lange tijd zouden moeten wachten tot het bewuste nummer gedraaid zou worden.

Zoals gewoonlijk dronk ik jus d'orange, in tegenstelling tot mijn vrienden en het merendeel van de omstanders. Naarmate de avond vorderde en het bier bleef stromen, kreeg een van mijn kameraden ruzie met een personeelslid van de RAF die aan een tafeltje achter ons zat. Het was duidelijk dat dit uit de hand zou lopen, maar wat ik ook probeerde om de zaak te kalmeren, het hielp niet; mijn kameraden begonnen de mannen aan de andere tafel uit te schelden.

Ik wilde zo snel mogelijk de zaak verlaten om mogelijke problemen uit de

weg te gaan. 'Kom op, jongens, pak je bier en laten we naar buiten gaan', zei ik. Ze speelden domino en hadden geen zin weg te gaan.
'Nee, doe niet zo moeilijk, blijf nou hier.'
'Kom op, Geordie, neem nog wat te drinken.'
'Hé, maak je niet druk, we kunnen ze wel aan.'
'Het zijn tenslotte maar een paar mietjes!'
De mannen aan de andere tafel lieten zich ook niet onbetuigd, terwijl zich steeds meer mensen de hete, rokerige tent inpersten.
'Hé, waar zijn je emmertje en je schepje, dikzak?'
De scheldpartij werd steeds erger en ik besefte dat de zaak langzamerhand uit de hand begon te lopen. Ik probeerde me te concentreren op wat mijn vrienden tegen me zeiden terwijl ik tegelijkertijd oplette wat er aan de tafel achter me gebeurde. Plotseling stond een van die RAF-kerels op en pakte hij een nabijgelegen brandblusapparaat. Toen hij ermee boven zijn hoofd zwaaide, was het me duidelijk dat het de bedoeling was dat het op het hoofd van mijn kameraad die met zijn rug naar me toe gekeerd naast me aan tafel zat, terecht zou komen. Razendsnel stond ik op, pakte hem het brandblusapparaat af en sloeg hem ermee tegen zijn kaak waardoor hij tegen de grond knalde.
Omdat er in tent enkele korporaals en sergeanten aanwezig waren en ik geen moeilijkheden wilde, zette ik het brandblusapparaat snel tegen een van de tentpalen, pakte de man op, sleepte hem naar zijn tafel en zette hem in zijn stoel.
'En haal het niet in je hoofd iets terug te doen', waarschuwde ik zijn vrienden terwijl ik me over hun tafel boog. 'Anders wordt het echt menens!'
Snel ging ik weer zitten, in de hoop dat ik mijn acties in de rokerige tent zo snel had uitgevoerd dat niemand precies had gezien wat er gebeurd was. Helaas, dat was niet het geval.
'Hallo, hé, wat doe je nou, Geordie? Ik heb je nog nooit zoiets zien doen; dat had ik niet van je gedacht. Geef mij eens een slokje van dat drankje van jou', zei de maat die naast me zat, terwijl hij me op mijn rug sloeg.
'Ik deed niets bijzonders, ik hielp hem alleen maar een handje om weer te gaan zitten', zei ik zo luchtig mogelijk.
'Een handje helpen om weer te gaan zitten!', riep een van mijn andere vrienden uit. 'Ik legde hem bijna om, zal je bedoelen.' Omdat hij recht tegenover mij aan tafel zat, had hij het hele incident kunnen volgen en onmiddellijk begon hij de anderen te vertellen wat hij had gezien.
'Hij leek wel een robot. Eerlijk waar, je had het moeten zien', ging hij verder. 'Ik heb nog nooit iemand op die manier zien bewegen. Laat nog eens zien hoe je dat deed, Geordie.'
'Stel je niet zo aan; overdrijf niet zo', zei ik tegen hem. 'Ik deed helemaal

niets. Hij was stomdronken en verloor zijn evenwicht toen ik het brandblusapparaat van hem afpakte. Waarschijnlijk kwam hij er met zijn hoofd tegenaan toen hij omviel.'

Maar hij was veel minder dronken dan de anderen en was niet erg overtuigd door wat ik had gezegd. Hij schudde zijn hoofd en bleef maar doorouwehoeren dat hij zoiets nog nooit van zijn leven gezien had. Gelukkig hadden de anderen er niets van gezien; er stonden te veel mensen om me heen en het enige wat ze gemerkt hadden, was dat er enige commotie achter hun was geweest. Bovendien waren ze zo gewend aan mijn gebrek aan interesse en mijn pogingen altijd moeilijkheden te ontwijken dat ze me enigszins 'soft' vonden. Niet overtuigd door de verklaring van mijn maat verloren ze dan ook al snel hun belangstelling voor het voorval en hielden ze zich weer volledig bezig met domino spelen en drinken.

'Doe niet zo idioot. Geordie had zoiets nooit kunnen doen.'

'Nee, daar is hij veel te soft voor; die andere vent was gewoon ladderzat.'

Door het beeld dat ik zo zorgvuldig van mezelf wilde bewaren, namelijk dat ik verlegen en gesloten was, had ik me uit deze penibele situatie kunnen bluffen. Ook kwam het goed van pas dat ik altijd enigszins een loner was geweest, die niet al te veel aandacht wilde trekken. Door al die jaren dat ik had gestotterd, was ik zo geworden.

De sfeer in de tent was nog steeds behoorlijk gespannen en het zag ernaar uit dat het nog erger zou worden, gezien de hoeveelheid bier die er werd geconsumeerd. Bovendien stikte ik bijna omdat er steeds meer mensen de tent binnenkwamen en de lucht door het vele roken en de stank van bier en zweet ondraaglijk werd. Ik had er nu dan ook geen enkele moeite mee mijn maten ervan te overtuigen naar buiten te gaan. Tijdens mijn training had ik geleerd dat ik me altijd in een positie moest bevinden vanwaar ik precies kon zien wat er om me heen gebeurde. Ik was dan ook zeer opgelucht toen ze ermee instemden met me mee naar buiten te gaan.

We gingen op de grond zitten tegen enkele zandzakken die rond de tent waren neergelegd, op enige afstand van de ingang. Hoewel het behoorlijk druk was in het kamp was het niets in vergelijking met de verstikkende onrust binnen de tent. De zon was juist aan het onder gaan en de atmosfeer was rustig en relatief koel. Met onze drankjes in de hand zaten we ontspannen te luisteren naar de muziek die binnen op de jukebox werd gedraaid. Plotseling hoorden we de opwinding stijgen. 'Dit is hem, dit is hem!' Waarna iedereen stil werd omdat de langverwachte plaat begon te spelen.

We gingen achterover zitten om naar het melodieuze nummer te luisteren. Het was een zeer emotioneel liedje, ter herinnering aan de popsterren die door dat verschrikkelijke vliegtuigongeluk om het leven waren gekomen: Buddy Holly, de Big Bopper en Ritchie Valens.

Plotseling begon de grond te trillen en hoorden we het geluid van een enorme explosie. Ik werd voorover geworpen en kwam op mijn gezicht terecht. Zandzakken vlogen in het rond en de tent knalde uit elkaar. Lichamen, losse ledematen, verwrongen meubilair en glasscherven vielen om ons heen. Nadat het enkele ogenblikken merkwaardig stil was geweest, brak de hel los. De lucht was vervuld van gesteun, gekreun en geschreeuw.

Ik probeerde op te staan, maar door het gewicht van de zware zandzakken die bovenop me waren gevallen, lukte dat niet. Mijn hele lichaam voelde aan alsof ik verlamd was en ik dacht dat ik misschien gewond was, maar ik voelde geen enkele pijn. Mijn mond en ogen zaten vol stof en ik kon bijna geen adem halen. Langzamerhand slaagde ik erin mijn hoofd enigszins te bewegen waardoor ik diep kon ademhalen. Het enige wat ik zag waren mensen die verwilderd rondrenden; hun stemmen leken van heel ver te komen. Ik kon nog steeds niet goed horen omdat mijn oren nog nasuisden van het geluid van de explosie. Een voor een slaagde ik erin mijn ledematen te bewegen en al snel besefte ik dat ik niets had gebroken. Met enige moeite kon ik me onder de zandzakken uit werken en op mijn benen gaan staan. Ik keek ongelovig om me heen naar de verwoesting die de bom had aangericht; overal was bloed, alsof iemand met rode verf in het rond had gespetterd.

Naast mij waren mijn vrienden ook bezig zich van de zware zandzakken te ontdoen en ik was bezorgd dat ze misschien gewond waren geraakt. Ik hielp ze een handje met het verwijderen van de zakken en constateerde opgelucht dat geen van hen iets ernstigs was overkomen. Net als ik waren ze in een shock en vroegen ze zich af hoe het met de anderen was gegaan. Maar gelukkig was niemand van ons gewond geraakt.

'Jezus, Geordie, wat was dat verdomme? Alles goed met je?'

'Ja, maak je maar geen zorgen, met mij is alles goed. Ik heb alleen een mond vol met stof', stelde ik hen gerust.

'Godverdorie, wat een kankerzooi! Wat is er in godsnaam gebeurd?'

'Oh shit, ik ben doof. Ik hoor niets meer!'

'Verdomme, we hebben geluk gehad dat we naar buiten zijn gegaan. Ongelooflijk, moet je zien wat een klerezooi!'

We zagen enkele mensen die zich vanonder het dikke canvas van de verwoeste tent naar buiten worstelden. Ze zagen er verward en met bloed besmeurd uit. Omdat mijn oren weer langzamerhand normaal begonnen te functioneren, hoorde ik nu het enorme lawaai om ons heen. Overal liepen mensen schreeuwend rond. Het Rode Kruis, de militaire politie, de onderofficieren: iedereen probeerde bij de gewonden onder het canvas te komen. Alleen de twee grootste palen van de tent stonden nog overeind, de rest was in stukken gescheurd.

Ik ging ernaar toe om te helpen, maar werd door de militaire politie teruggestuurd. Ze vertelden me dat ik samen met de anderen die niet gewond waren geraakt, naar het wachthuis moest gaan. Daar werden we gefouilleerd en kort ondervraagd.
'Zijn jullie van plan ons hier vast te houden', vroeg ik aan een van de agenten.
'Waarom?'
'Wel, we zijn hier al de hele week en we moeten om elf uur vanavond in ons eigen kamp terug zijn', legde ik uit.
'Oké. Laat me je identiteitskaart zien, dan kun je gaan. Als we je nog nodig hebben, laten we je dat wel weten. Zorg ervoor dat je rechtstreeks naar je compagnie terugkeert', beval hij bits.
De geruchten over het incident verspreidden zich snel. Men beweerde dat er twee Britse militairen bij gedood waren. Algemeen werd aangenomen dat Griekse terroristen een grote bom in de jukebox hadden geplaatst die zo was afgesteld dat hij af zou gaan op het moment dat het verboden nummer zou worden gespeeld. Door zich ervan te verzekeren dat er eerst een groot aantal andere nummers aan de beurt zou zijn, hadden ze ruimschoots de tijd gehad ervandoor te gaan. Ik wist niet of dit ook werkelijk zo was, maar het klonk redelijk plausibel. Zoals gewoonlijk werd de zaak, om repercussies te voorkomen en het moreel hoog te houden, in de doofpot gestopt; nooit kregen we een officiële verklaring te horen. Na dit incident werd de bewaking rond de kampen flink opgevoerd en werd een groot aantal Grieken dat in de kampen werkte, ontslagen.
Een ander incident waarbij ik bijna ontdekt werd, vond enkele maanden eerder plaats, korte tijd nadat we op het eiland waren aangekomen en ik met mijn training met De 16 was begonnen. Het maakte diepe indruk op me. Ik had met een aantal anderen de wacht en het was mijn beurt om te gaan slapen. Ik werd echter al weer snel wakker door het bloedstollende geschreeuw van een vrouw en rende onmiddellijk naar de anderen toe.
'Jezus, wat was dat?'
'Geen idee. Het kwam daar ergens vandaan', vertelde een jonge soldaat met de naam Curran me, lijkbleek en duidelijk zeer bang. Hij wees op een punt op ongeveer zeshonderd meter afstand van het kamp waar een klein stenen gebouwtje stond waarin zich een oude generator bevond. In die tijd stond er nog geen van prikkeldraad voorzien hek om het kamp, maar was het kamp nog volledig open. Ik wilde op onderzoek uitgaan, maar de officier van wacht stond erop dat we tot het aanbreken van de dag zouden wachten voor het geval het een truc van de terroristen was om ons in het donker het kamp uit te lokken.
Zo gauw het licht was geworden wees hij enkele mannen aan om op

onderzoek uit te gaan, onder meer Curran en ik. Zorgvuldig oplettend of we geen hinderlaag of boobytrap tegenkwamen, liepen we naar het gebouwtje toe. Toen we aan de achterkant waren, maakte een van ons de deur open. Hij liep naar binnen, maar kwam er onmiddellijk weer uit.

'Getverderrie! Jezus Christus! Wat een klerezooi!', steunde hij, waarna hij ons opzij duwde om luidruchtig over te geven.

Voorzichtig keken we naar binnen. Bovenop de oude generator lag het lichaam van een jonge Griekse vrouw van ongeveer achttien jaar oud. Haar keel was dusdanig doorgesneden dat haar hoofd bijna van haar romp was gescheiden. Ze baadde in het bloed. De kleur van haar huid, die waarschijnlijk olijfbruin was geweest, zag er vaal, bijna geel uit. De officier van wacht schreeuwde dat we allemaal naar buiten moesten komen en sloot de deur.

'Terug naar het kamp, jullie', beval hij. 'Dit is iets voor de officieren.' Berustend liepen we terug naar het kamp. Niemand sprak een woord; het was een afschuwelijk gezicht geweest. Korte tijd later kwamen de commandant, enkele hoofdofficieren en de officier van de medische troepen naar de plaats des onheils. Later die dag hoorde ik dat mensen van het naburige dorp, waarschijnlijk familieleden, het lichaam hadden opgehaald.

Het gonsde in het kamp natuurlijk van de geruchten en de bloedige details werden aan iedereen doorverteld. Het hardnekkigste gerucht was dat ze zich met Britse militairen had afgegeven en om die reden door de Grieken, die ons als hun vijand beschouwden, was vermoord. Waarschijnlijk hadden enkele leden van de plaatselijke bevolking haar in het gezelschap van Britse militairen gezien en haar op hun manier daarvoor afgestraft. Of ze haar in dat specifieke gebouwtje hadden gedood als waarschuwing voor de soldaten, weet ik niet, maar het leek me een overdreven daad en een verschrikkelijk verlies voor haar familie, zeker gezien het feit dat het door haar eigen mensen was gedaan.

Toch was ik bij het zien van deze op brute wijze omgebrachte jonge vrouw zowel geestelijk als lichamelijk veel minder aangedaan dan de meeste van mijn collega's die haar hadden gezien. Ik ging naar mijn tent en sliep dan ook zonder problemen in.

Een aantal weken later stond ik weer met Curran op wacht. Het was een kleine, stille jongen van ongeveer negentien jaar die eruitzag alsof hij meer op zijn plaats zou zijn in een kledingwinkel dan in het leger. Ik had het idee dat het incident hem zeer aangegrepen had en dat het de laatste weken niet uit zijn gedachten was geweest. Hij zei echter dat alles goed met hem ging, dat hij er geen problemen mee had.

Hij was gewoon een beetje stiller dan anders, meer niet. Later die nacht, toen ik even was gaan rusten, kreeg hij echter een soort zenuwinzinking. Of dat het directe gevolg was van het zien van de vermoorde vrouw of niet, zal ik wel nooit te weten komen. Ik had net mijn eerste wacht gelopen en lag in diepe slaap op het bovenste bed van het wachthuis. Plotseling werd ik wakker door het geluid van schoten; alle lichten van het wachthuis gingen uit. Onmiddellijk sprong ik uit het bed op de grond en zag ik twee mannen in dekking liggen. Omdat ik buiten een enorm geschreeuw hoorde, dacht ik dat we door terroristen werden aangevallen. De twee mannen deden hun zaklantaarn aan, toen de deur werd opengegooid en een van de anderen die die nacht de wacht had, naar binnen kwam rennen.

'Waar is de officier? Curran is gek geworden', gilde hij. 'Hij schiet als een waanzinnige om zich heen. De kogels vliegen je om de oren; het is onmogelijk die stomme lul te pakken te krijgen.'

'De officier is er nog niet', antwoordde een van de mannen.

'Shit, er moet snel iets gebeuren voor hij iemand voor zijn kop schiet. Hij neemt het hele kamp onder vuur.'

'Weet je zeker dat hij het is?', vroeg ik.

'Ja, verdomd zeker; hij is stapelgek geworden.'

Op dat moment hield het schieten op en stormden we naar buiten, de twee met de zaklantaarns voorop. We liepen tot een paar meter afstand van de zandzakken, maar Curran zagen we niet. Plotseling ontdekte ik hem. Hij draaide zich naar ons om en we beschenen zijn gezicht met de zaklantaarns. Zijn ogen waren wijd opengesperd en hij leek totaal in de war te zijn. Onmiddellijk begon hij op ons te schieten, in de richting van de zaklantaarns. Terwijl we op de grond dekking zochten, vlogen de kogels over ons hoofd. Snel deden we de zaklantaarns uit.

'Waar heeft hij in godsnaam al die kogels vandaan?', vroeg ik, me afvragend hoe hij zo veel munitie bij elkaar had kunnen krijgen; ieder van ons kon maar over een zeer klein aantal beschikken. Het was donker en op de plek waar Curran zat, was geen enkele verlichting. Toch kon ik duidelijk de lichtflitsen zien vanuit de ronde met zandzakken versterkte bunker waar Curran zich bevond. Ook zag ik de omtrekken van enkele andere mannen die in de buurt van ons op de grond lagen.

Ik vermoedde dat hij binnen de cirkel van zandzakken in een kringetje rondkroop om op die manier naar alle kanten te kunnen schieten waardoor het onmogelijk was dichterbij te komen om niet het risico te lopen door een verdwaalde kogel overhoop te worden geschoten.

Op het moment dat ik zag dat hij naar de ander kant begon te schieten, stond ik snel op, sprong ik over de zandzakken heen en nam ik hem razendsnel en zonder problemen zijn wapen af, voordat hij of de anderen zich konden realiseren wat er gebeurde. Hij bleef stokstijf staan, zijn mond open, zijn ogen glazig, zich van niets bewust. Vervolgens donderde hij op de grond. Ik pakte hem op en sleepte hem naar de ingang van de bunker waar ik even met hem bleef staan.

'Dokter! Waar is een dokter?', schreeuwde iemand, terwijl de zaklantaarns weer aangingen. Ik was volledig omsingeld. Aan alle kanten zag ik mannen op de grond liggen, hun .303 geweren op mij gericht! Het was een wonder dat niemand gedood was of zwaargewond was geraakt. Het merendeel van de kogels was gelukkig in de zandzakken terechtgekomen. Toen de artsen arriveerden, legden ze Curran op een brancard en droegen hem weg. Ik had zijn pistool nog in mijn hand. Het zat onder het bloed, net als ik. Later ontdekte ik dat dat afkomstig was van een wond aan zijn linkerhand. Het topje van zijn pink had vastgezeten in het mechanisme van zijn stengun, ongeveer tien centimeter vanaf het eind van de loop. Tijdens het schieten gaat dit razendsnel heen en weer om de lege hulzen uit te werpen. Hij was blijkbaar zo in de war geweest dat hij niet had gemerkt dat het topje van zijn pink eraf was gesneden! Hij had als een waanzinnige rondgelopen, schietend in de zandzakken.

Nadat Curran weg was gebracht, moest ik de officier van wacht verslag uitbrengen van het incident.

'Wat gebeurt hier allemaal, Urwin? Ik heb mijn kont nog niet gekeerd of jij gaat als een razende Roeland te keer. Waar ben je in godsnaam mee bezig? Je speelt met je leven!', zei de sergeant.

'Ik speelde helemaal niet met mijn leven, sergeant. Hij hield op met schieten en ik sprong over de zandzakken heen, boven op hem. Meer niet.'

'Dat is niet wat ik gehoord heb. Het was godsonmogelijk wat je deed. Wie denk je verdomme wel dat je bent, Errol flynn of zo? Probeer dat soort geintjes niet nog een keer uit te halen; je hebt hier totaal geen ervaring mee.'

Het kostte me moeite niet te glimlachen. 'Ja, u hebt gelijk, sergeant. Ik ben hier niet voor getraind!'

Een paar dagen na het incident kwam ik sergeant Lupton met dat rare loopje van hem tegen op het exercitieterrein.

'Hallo, sergeant, nog nieuws van Curran?', riep ik naar hem.

'Wel, wel, als dat onze held Geordie niet is. Een krankzinnige ontwapenen, hè? Nogal link, nietwaar, jochie?'

'Nee, sergeant zo was het niet, zijn pistool was leeg. Overigens, hoe gaat het met hem?'

'Ze hebben hem naar het hospitaal in Nicosia gebracht', vertelde hij me. 'Het ziet ernaar uit dat hij binnen een paar weken ontslagen zal worden en naar het vaderland teruggestuurd zal worden.'

Hij had gelijk. Curran werd uit militaire dienst ontslagen en voor verdere behandeling naar Engeland gestuurd. Hoewel ik erg te doen had met de jonge Griekse vrouw, was ik veel minder onder de indruk geweest van haar dode lichaam dan de anderen; er werd nog lang over nagepraat. Een of twee van hen maakte nog wel eens een stomme opmerking over de manier waarop ik Curran had ontwapend, maar al na een paar dagen verloren ook zij hun interesse in het verhaal. Ik besefte echter wel hoe voorzichtig ik in het vervolg zou moeten zijn om niet onnodig de aandacht te trekken. Tijdens mijn volgende trainingsperiode vertelde ik Dynamo, Spot en Chalky wat er was gebeurd.

'Oh, je bedoelt die kerel met die stengun?', zei Chalky. 'Beetje in het geniep aan het oefenen geweest zeker?'

'Hoe weet jij dat in godsnaam?', zei ik verbaasd.

Dynamo leunde voorover en zei kalm: 'We weten precies wanneer je tandpasta op is, Geordie. Zelfs hoe vaak je naar de plee gaat.'

'Wat?!'

'Geintje', lachte hij.

'Verdomme, ik wou dat je dat niet gezegd had', kreunde ik. 'Ik ga nu op alles letten in het kamp.' Ik was juist opgehouden met piekeren wie de 'contactpersoon' in mijn peloton was en nu kwam hij met dit op de proppen.

'Ik probeer me steeds buiten dit soort situaties te houden, zoals met Curran. Maar des te harder ik het probeer, des te meer ik erin betrokken raak', legde ik uit. 'Bovendien is het niet gemakkelijk om niet net als mijn maatjes te kunnen vertellen waar ik ben geweest en wat ik de hele week heb uitgespookt. Het gebeurt nog eens dat als ze me het vragen en ik even niet oplet, er alles uit zal flappen.'

'Nou, maak je daar maar geen zorgen over', zei Dynamo. 'Ze kunnen geen enkel idee hebben wat er gaande is. Ze weten hooguit dat je ergens anders een putje aan het scheppen bent.'

'Overigens, als je er zo mee zit, waarom vertel je het dan niet gewoon?', zei Spot in volle ernst. 'Maar doe het wel voorzichtig.'

Ik was perplex. 'Wat bedoel je, het hen vertellen? Dat meen je niet, Spot.'

'Wel, Geordie, bekijk het eens op deze manier', ging hij verder. 'Wie zal je geloven, nietwaar? Het is zo onaannemelijk. Stel je eens voor dat je hun vertelt dat je in plaats van ergens goederen op het eiland af te leveren of putjes te graven, met een uiterst geheime eenheid op terroristenjacht bent geweest. Of ze denken dat je een grapje maakt, of ze denken dat je, net als die Curran, stapelgek bent geworden. Probeer het maar eens en kijk hoe ze reageren.'

Nu begreep ik wat ze bedoelden; niemand van mijn peloton zou me gelo-

ven, ook al zou ik de waarheid vertellen. Sinds die tijd, maakte ik, als Bill of Dave me iets vroeg, er dan ook maar een grapje over.
'Oh, ik ben naar Caïro geweest om een paar Arabieren om te leggen!'
Het was vreemd. Door zoiets te zeggen voelde ik me een stuk beter!

HOOFDSTUK 15

Allemaal samen

In de maanden na de operatie in Caïro werd ik regelmatig opgepikt om te trainen, ongeveer om de twee of drie weken. Hoewel we in die tijd geen missies uitvoerden, was onze training nog even intens als altijd; ik werd echter steeds rustelozer.

Ik voelde precies zo als Spot me voorspeld had; sinds het karwei in Beiroet was ik een ander mens geworden. Het op klaarlichte dag vermoorden van die vent, onder de neus van zijn bewakers en alle andere mensen op straat, had me niet onberoerd gelaten. Het is moeilijk uit te leggen, maar ik voelde me fantastisch. Het lijkt misschien gek maar ik stond te popelen weer aan het werk te gaan; als er tenminste nog ooit een nieuwe missie zou komen.

Die onzekerheid was het enige wat me niet beviel aan mijn situatie, het feit dat ik nooit wist of, en zo ja wanneer, ik weer opgepikt zou worden. Ik leefde op het scherp van de snede, altijd in spanning, slingerend tussen hoop en teleurstelling. Iedere keer dat ik door hen opgepikt werd, hoopte ik dat het grote moment aangebroken was, maar lange tijd gebeurde er niets.

Dit ging zo weken door. Tot op een maandagmiddag, middenin een trainingssessie, de deur van de hangar plotseling open werd gegooid. Het zweet druppelde van mijn voorhoofd in mijn ogen waardoor ik slechts met moeite Ken in de deuropening kon zien staan, een grote grijns op zijn gezicht.

'Oké, mannen, aan de slag! Morgenavond vertrekken we naar Jarâba', kondigde hij handenwrijvend aan.

Ik draaide me om en keek Dynamo aan. 'Waar is dat in hemelsnaam?'

'Dat weet ik niet zeker, Geordie', antwoordde hij. 'Maar ik denk dat het ergens in de buurt van de Syrische grens is.'

'Helemaal goed, Dynamo', zei Ken, waarna hij zich tot mij wendde. 'Jij wilde toch zou graag de anderen ook eens ontmoeten, Geordie. Nou, morgenavond is je grote kans.'

'Fantastisch!', zei ik, grinnikend; het klonk me als muziek in de oren.
'Dat moet wel een behoorlijk grote operatie zijn als we allemaal tegelijkertijd opgetrommeld worden', zei Spot.
'Wel, groot genoeg', antwoordde Ken. 'Jullie reizen door Libanon naar het grensgebied tussen Israël en Syrië. Als het misgaat, breekt de hel uit.'
'Wat is ons doelwit deze keer, Ken?', vroeg Dynamo.
'Onze inlichtingendienst heeft ontdekt dat er een geheime bijeenkomst plaats zal vinden tussen enkele belangrijke politieke figuren en een aantal hooggeplaatste militairen. Als deze bijeenkomst doorgaat, zal dat enorme consequenties hebben voor het gehele Midden-Oosten', legde Ken uit. 'Het is onze taak te voorkomen dat deze bijeenkomst plaats zal vinden. We vermoeden dat ze iets smerigs van plan zijn. Om die reden wordt alles strikt geheim gehouden en vindt de bijeenkomst midden in de woestijn plaats. Doordat het zo geheim is, zal onze taak een stuk gemakkelijker zijn en zullen we ook vrij eenvoudig het terrein weer kunnen verlaten. Ze zullen niet het risico nemen het gehele land te alarmeren als we hun kleine onderonsje op brute wijze verstoren. Mijn mannen en ik zorgen voor het vervoer. Pak een kop thee dan leg ik jullie uit wat onze plannen zijn. Als we de anderen op het strand ontmoeten, hebben we daar geen tijd meer voor.'
Ken ging ons voor naar het kantoortje, schonk een kop thee in en ging aan tafel zitten waar hij een aantal foto's en een grote landkaart uitspreidde. Nadat wij vieren ook waren gaan zitten, stak hij van wal.
'Oké. Er zijn drie dingen die in ons voordeel werken: ten eerste natuurlijk het element van verrassing; ze verwachten ons niet. Ten tweede, hoewel ze waarschijnlijk goed bewaakt worden, is volgens onze informatie de ontmoetingsplek slechts door één hek omringd. Ten derde, staat de rivier de Jordaan op het punt buiten haar oevers te treden vanwege hevige regens en sneeuwval in het gebergte rond Mount Hermon.' Ken pauzeerde even om een slok thee te nemen.
'Het slechte nieuws is dat ze er niet allemaal zullen zijn als we er aankomen; twee van hen voegen zich pas woensdagavond bij het gezelschap. Dat betekent dat jullie een hele dag de tijd hebben om je daar voor te bereiden. Wel, dit is het plan. Morgenavond om elf uur kom ik hier met de hack om jullie op te pikken. Ik vlieg jullie tot op ongeveer acht kilometer van het vasteland, waar een kleine vissersboot op jullie ligt te wachten die jullie naar een verlaten gebied twaalf kilometer ten zuiden van Tyrus zal brengen.'
'Oh, nee', bromde ik. 'Niet weer Lynch en die kloteboot; de laatste keer brak ik bijna mijn nek.'
'Maak je niet druk, Geordie, je krijgt weer een heerlijke portie vette bacon

met eieren', lachte Spot. Ken dronk zijn thee op en ging verder met zijn verhaal.

'Niet ver van de kust waar jullie landen, lopen een spoorlijn en een snelweg; daar zullen jullie de anderen ontmoeten. Ik hoef natuurlijk niet te vertellen dat jullie niets mee moeten nemen waaraan jullie te herkennen zijn!', zei hij met nadruk. 'Je weet hoe het is, geen onderscheidingstekens op jullie kleding, niets dat een aanwijzing kan zijn wie jullie zijn of waar jullie vandaan komen. Laat je horloge en je kompas maar hier, die kun je ook daar wel ergens te pakken krijgen. Ik pik jullie donderdagnacht om een uur weer op op het strand.'

Zoals gewoonlijk wilde ik veel meer weten over de operatie en over hoe alles was georganiseerd. 'Waar haalt Lynch die boot vandaan?', vroeg ik. 'En waar laat hij hem als hij hem niet gebruikt?'

'Vergeet dat maar, Geordie, dat hoef je niet te weten. Het enige wat van belang is, is dat hij op de afgesproken plaats aanwezig is', antwoordde Ken, terwijl hij mij een knipoog gaf en op de landkaart tikte.

Dynamo, die, terwijl hij met aandacht naar Ken had zitten luisteren, een hardgekookt ei had zitten pellen, boog zich voorover om de kaart beter te kunnen bestuderen en legde het ei op de hoek van de tafel. Het ei rolde van de tafel op de stoffige vloer. Dynamo draaide zich om, pakte het op en stopte het in zijn geheel in zijn mond. Zijn wangen bolden op terwijl hij het verorberde, waarbij hij het stof dat tussen zijn tanden knarste vanuit de hoek van zijn mond naar buiten spoog. We keken allemaal met verbijstering naar dit tafereel; hij leek wel een hamster.

Spot stootte me aan. 'Weet je, hij eet alleen maar graankorrels, Geordie', zei hij, met een bijna perfecte imitatie van mijn Geordie-accent.

'Erg goed hoor', zei ik grinnikend. 'Precies in de roos, Spot. Je doet je naam weer eens eer aan!'

Dynamo keek ons verontwaardigd aan. 'Wat zitten jullie te zeiken, man? Verspil niks, wil niks, dat is mijn motto', zei hij met zijn mond vol. 'Overigens zijn er wel belangrijkere zaken om je over druk te maken dan dit hardgekookte ei. Wat doen we bijvoorbeeld met die stomme Israëliërs langs de grens? Het ziet ernaar uit dat we behoorlijk dicht in hun buurt zullen komen, gezien de route die we moeten nemen. Jullie weten hoe snel ze naar hun wapens grijpen, nietwaar!'

'Dat is geen enkel probleem, daar hebben we al voor gezorgd, jullie zullen in geen geval in hun buurt komen', antwoordde Ken, waarna hij verder ging. 'Vanaf jullie ontmoetingspunt op het strand is het nog ongeveer vijftig kilometer landinwaarts,' zei hij, terwijl hij de kaart van Dynamo overnam en hem weer op de tafel uitspreidde. 'Bren zal jullie met een vrachtwagen ongeveer vijfenveertig kilometer landinwaarts rijden, tot op ongeveer vijf kilometer van jullie doel, dat net ten noorden van deze plaats hier, Jarâba, ligt en vlakbij Jordanië is. Daar moeten jullie de rivier oversteken en te voet verdergaan. Eenmaal aan de overkant van de rivier moeten jullie je opsplitsen in jullie eigen teams, waarna jullie elkaar weer zullen ontmoeten op een van tevoren afgesproken plaats in de heuvels. Dit is jullie ontmoetingspunt en dit zijn de coördinaten', zei hij, een punt op de kaart aanwijzend terwijl wij notities maakten.

'Waarschijnlijk zullen jullie geen problemen hebben op de reis ernaartoe, maar als jullie de doelwitten hebben uitgeschakeld en de hel losbreekt, zou het wel eens penibel kunnen worden', zei Ken onbewogen, zijn schouders ophalend. 'Dat is niet te voorkomen. Jullie grootste voordeel op jullie terugreis is die kloterivier; jullie kunnen daaroverheen, maar zij niet. Dat zal de sleutel tot jullie veilige terugkomst moeten zijn, omdat er in beide richtingen geen brug in de buurt is. Zolang jullie eerder bij het water zijn dan zij, is er niets aan de hand. Zoals ik al eerder heb gezegd, heeft het de laatste tijd behoorlijk geregend in dat gebied. De rivier is daarom vrij breed en woest en niet op een conventionele manier over te steken. Bovendien hebben enkele anderen van ons ongetwijfeld landmijnen in de weg aangebracht waardoor jullie achtervolgers, als ze er al in slagen zover te komen, wel even opgehouden zullen worden', zei hij grinnikend. 'Verdere informatie over de actuele situatie krijgen jullie op het strand.'

'Oké. Nu iets over jullie doelwitten. Het zijn er vijf en des te minder jullie over hen weten, des te beter', zei hij onverschillig. 'Zover ik weet gaat het om drie burgers en twee militairen. Het team van Rostin is verantwoordelijk voor hun uitschakeling. Jullie en de andere teams moeten hen daarbij terzijde staan en ervoor zorgen dat hij en zijn mannen zonder kleerscheuren het garnizoen weer kunnen verlaten. Neem maar van mij aan dat dat niet gemakkelijk zal zijn. Het garnizoen wordt goed bewaakt en er is weinig plek om je te verbergen, hooguit een klein met bos bedekt gebiedje op de nabijgelegen heuveltop.'

'Zoals jullie op de foto's kunnen zien, zal het een verdomd lastige klus worden om binnen te komen, laat staan de doelwitten uit te schakelen. We hebben alles grondig bestudeerd en zijn tot de conclusie gekomen dat het onmogelijk is die mannen uit te schakelen zonder de aandacht te trekken, maar dat is hun probleem: dat moeten Rostin en zijn mannen maar oplossen.' Hij sloeg zich op zijn knieën. 'Ik ben benieuwd waar ze mee voor de dag zullen komen.'

'Zal wel iets heel interessants zijn', mompelde Chalky terwijl Ken opstond en naar buiten liep. Een paar minuten later kwam hij terug met een aantal tassen die hij op de grond gooide.

'Dit is jullie bagage', zei hij, terwijl hij de tassen openmaakte en er vier paar op spijkerbroeken lijkende broeken uithaalde, samen met vier jasjes en een paar Arabische hoofddeksels. 'Dit is jullie outfit.'
'Behalve dit nemen jullie ook nog de voor de hand liggende dingen mee, zoals een aantal touwen, kruisboog, katrollen, nylondraden en karabiners, enzovoort, en vergeet vooral de crème niet, mannen; je weet maar nooit hoe het in de buurt van de rivier zal zijn. In die houten kist daar zit voor ieder van jullie een nieuw camouflagepak', zei hij, 'en het zwaardere materiaal zal op het strand op jullie liggen te wachten.'
'Oké, ik ga aan het werk. Ik zie jullie morgenavond om elf uur. Oh, voor ik het vergeet, vergeet vooral niet voldoende te eten voor jullie weggaan. Waarschijnlijk zullen jullie de volgende dagen niet veel te bikken hebben, afgezien van wat water en een paar "hondenkoekjes". En probeer morgenmiddag zo veel mogelijk rust te nemen, jullie zullen het nodig hebben, mannen! Tot morgen.' En nadat hij dat gezegd had, ging hij er weer net zo abrupt vandoor als hij gekomen was.
De rest van de dag gingen we door met onze training, waarna we vroeg onder de wol kropen. Dinsdag gebeurde er niets bijzonders: 's morgens trainden we en in de middag maakten we onze bagage klaar, waarna we aten en gingen uitrusten, zoals Ken ons had aangeraden. Omstreeks tien uur stonden we startklaar; in kleding die ons zo veel als mogelijk was op de plaatselijke bevolking moest laten lijken, en ons gezicht en haar met donkere crème ingesmeerd, net als op onze vorige missies. We hadden onze sashes omgegord en onze messen in onze laarzen gestoken en onze MK1's, samen met de rest van onze uitrusting en de nieuwe camouflagepakken, in de tassen gedaan.
Ken arriveerde precies om elf uur. Hij landde zoals gewoonlijk in een enorme wolk verstikkende stof. We renden op de helikopter af en klommen aan boord, waarna we onmiddellijk opstegen. Het lawaai was weer net zo oorverdovend als de vorige keren.
Al snel waren we boven zee. Nadat we ongeveer een uur hadden gevlogen, wees Ken ons erop dat we naar de boot moesten uitkijken. Hoewel ik de kustlijn nog niet kon zien, wist ik dat het niet ver meer kon zijn; de lichtjes van enkele dorpen waren in de verte goed te zien. Dynamo, die voorin zat, zag de boot het eerst en stootte Ken aan die onmiddellijk de helikopter draaide, een stuk daalde en recht op hem afvloog. Terwijl hij over de boot heenvloog, abseilden wij op het dek.
Deze keer lukte het ons zonder problemen op de boot te landen. Net als de vorige keren ging Ken er onmiddellijk weer vandoor, terwijl de touwen nog buiten de helikopter hingen, en verdween hij in de nacht.
Nadat de helikopter was vertrokken en het geluid van de wieken en de

motor langzaam wegstierf, werd het eindelijk weer stil. De zee was rustig en het was een warme nacht met een heldere hemel vol sterren. Behalve het geronk van de motor van de kleine boot was er geen geluid te horen. Lynch maakte voor ons een pot thee en terwijl we zaten te kletsen, keek ik aandachtig om me heen. Het was aardedonker en als die lichtjes op het vasteland er niet geweest waren, zou ik niet hebben geweten in welke richting we voeren. Juist op het moment dat we onze thee op hadden, wees Lynch naar een punt recht voor ons uit.

'Okidoki, mannen, pak je spullen, we zijn er bijna.' Hoe hij dat in godsnaam wist, ging me mijn pet te boven. Ik tuurde in het duister, maar kon nog steeds de kust niet zien; het was te donker. Een paar minuten later begon hij weer.

'We zijn er, mannen', zei hij en wees nogmaals in de richting van de kust. Recht voor ons uit kon ik een klein rood knipperlichtje zien. Lynch beantwoordde het signaal en zette de motor af, waarna we zonder geluid te maken richting kust dreven tot de bodem van de boot plotseling het strand raakte. Onmiddellijk kwamen er twee figuren uit het niets te voorschijn die de boot vasthielden terwijl Chalky en ik er aan de ene kant en Dynamo en Spot er aan de andere kant uitsprongen, waarbij we tot onze knieën in het water terechtkwamen. Nadat we onze bagage op het strand hadden gegooid, hielpen we mee de boot terug in zee te duwen. Hij voer langzaam achteruit en verdween in het donker. Enige tijd later hoorden we de motor starten en ging Lynch er als een haas weer vandoor.

Nadat we onze bagage hadden opgepakt, liepen we het strand op. Op dat moment zagen we echter een aantal op en neer gaande lichten; het leken wel schijnwerpers. Bij nader inzien bleken het de koplampen van voertuigen te zijn die over de weg langs het strand reden.

'Deze kant uit, mannen, snel!', zei een van die kerels. We volgden hem ongeveer honderd meter tot we bij de onderkant van een spoordijk kwamen, waar ik de in elkaar gedoken silhouetten van nog een aantal andere mannen zag. Behalve een klein stinkend riviertje was er niets in het donker te zien.

'Oké, mannen, ga hieronder zitten', zei één van hen terwijl hij een soort grondzeil omhoog hield. Aan de andere kant van het spoor hoorden we een aantal vrachtwagens voorbijrijden.

'Zo gaat dat de hele nacht al; het is de hoofdweg', zei de man die het dichtst bij mij zat. Een van hen stak een zaklantaarn aan, terwijl een ander een kaart op de grond uitspreidde. Toen ik hun gezichten voor het eerst zag, moest ik wel even schrikken. Ze zagen er zeer realistisch uit, als een stelletje donkere en getaande Arabieren.

Ik grinnikte en stootte Dynamo aan. 'Weet je wel zeker dat we niet ver-

keerd zitten?' De eerste man begon weer te praten.
'Oké, jongens, we hebben nog tien minuten tot de vrachtwagen komt.'
Vreemd om iemand met zo'n beschaafd accent in deze omstandigheden te horen praten.
'Onder de spoorbaan door loopt een rioolbuis. Helaas is dat de veiligste route om naar de andere kant te komen. Over de spoorbaan gaan is te gevaarlijk. Ieder moment kan er weer een wagen langskomen en we mogen niet het risico lopen dat ze ons op de spoorbaan zien', ging hij verder, terwijl hij op de kaart voor hem wees. 'Kijk, hier zitten we nu, daar loopt de spoorlijn en dat is de weg; en hier loopt het kleine stoffige weggetje waar de vrachtwagen ons op zal wachten. Oh, voor ik het vergeet, dit is Geordie, 16.'
Ik vroeg me af wat hij daarmee bedoelde en stootte Chalky aan, mijn wenkbrauwen ophalend.
'Hij bedoelt dat jij de laatste bent, Geordie', legde hij uit. 'Nummer 16, begrijp je wel.'
Terwijl we nog steeds onder het canvas zaten, werd ik aan ieder van hen voorgesteld; een bizarre ervaring en ik moest dan ook moeite doen mijn lachen in te houden. Ze spraken perfect Engels maar zagen eruit als een stelletje zwervers. Beleefd vertelden ze me de naam waaronder ze in de groep bekend waren. Het leek wel of we op een receptie waren.
'Prettig kennis met je te maken, Geordie, kerel.'
'Leuk je bij ons te hebben, ouwe jongen.'
Terwijl ik zacht in mijn rug werd gestompt, hoorde ik een stem achter mij 'Hé, team-Dynamo, pak eens aan.'
Ik hoorde het gekletter van metaal en toen we onder het canvas vandaan kwamen, kreeg ik een stengun in mijn handen gedrukt, met vijf patroonhouders en een aantal losse kogels. Dynamo en Spot kregen elk een .303 geweer en Chalky een andere sten. Het leek erop dat ze ook een aantal granaten hadden gekregen. Aldus beschikten we over een groot assortiment wapens, hoewel niet iedereen hetzelfde was bewapend.
De man die ons de wapens had gegeven, begon weer te spreken. 'Vergeet niet dat we deze weer terug willen hebben. Zorg ervoor dat je ze in de vrachtwagen laat liggen als we terugkomen.'
Nadat ik de munitie in mijn tas had gestopt en de riem van de stengun over mijn schouder had getrokken, liep ik achter de anderen aan naar de grote rioolbuis onder de spoorbaan. De pijp was ongeveer dertig meter lang en ruwweg tweeëneenhalve meter in doorsnede; de stank binnen was niet te harden en ik voelde mijn maag opspelen. We strompelden al glibberend door de pijp, met onze beide armen zijwaarts uitgestrekt tegen de met slijm bedekte wanden, terwijl we ons oriënteerden op het rode lichtje van degene die voorop liep.

'Jezus, wat een stank!' zei ik, walgend van hetgeen ik aan mijn handen voelde.
'Hé! Gebruik nooit die naam in deze contreien', zei iemand grinnikend. 'Je zou wel eens een nieuwe oorlog uit kunnen lokken.'
'Wat eten die mensen hier in hemelsnaam? Het ruikt naar schapenstront.'
'Oh, je hebt de plaatselijke specialiteit al uitgeprobeerd, hoor ik?'
Een koor van nauwelijks onderdrukt gegniffel en gesnuif was in de tunnel te horen.
'Oké, bek houden, mannen', zei iemand toen we aan het eind van de pijp kwamen, waar we onze longen gelukkig weer met frisse lucht konden vullen alvorens de helling naar de weg op te kruipen. Ongeveer tweehonderd meter van mij vandaan zag ik de zijlichten van enkele voertuigen. Ik liep achter de anderen aan naar de plek waar de vrachtwagen op ons stond te wachten, waarbij ik over de losse stenen en rommel van de ongelijke weg heensprong. Ondanks het schijnsel van de maan was het nog steeds moeilijk iets te onderscheiden.
Nadat ik mijn tas in de achterbak van de oude legertruck had gegooid, waarmee Bren op ons had staan wachten, en op het punt stond om erin te klimmen, voelde ik een paar sterke handen die me bij mijn nek omhoog hesen. Toen ik weer rechtop stond, stond ik oog in oog met een goedgebouwde, knappe vent van ongeveer mijn lengte. Hij boog zich naar mij toe om me beter te kunnen zien.
'Ah, jij bent dus Geordie', zei hij, mijn hand schuddend. 'Ik heb veel over je gehoord.'
'Hopelijk alleen maar de goede dingen', antwoordde ik.
'Dat klusje in Caïro, zeer slim was dat', zei hij met een knipoog. 'Overigens, ik heet Rostin; ik spreek je later nog wel.'
Nadat we op de harde houten banken waren gaan zitten die aan beide zijden van de achterbak stonden, reed Bren onmiddellijk weg. De helft van de canvas kap die over de achterbak zou moeten hangen, was verdwenen en aan het geluid dat de wagen maakte, moest ik concluderen dat het een ouwe gammele brik was. Iedere keer dat we over een bobbel in de weg reden, ratelde het voertuig zo erg dat ik bang was dat hij uit elkaar zou vallen. Ik kon in het duister de gezichten van mijn medepassagiers niet onderscheiden, wel viel het me op, aan de silhouetten te oordelen, dat ze allemaal ongeveer van hetzelfde postuur waren.
Bren reed met de lichten uit. Hij deed ze alleen af en toe aan om zijn positie te bepalen en te zien waar we ongeveer reden. Hoe hij erin slaagde in het donker te zien, was me volslagen duister. Ik zat net achter de cabine waar een klein vierkant uit het canvas was gesneden. Terwijl ik daar door-

heen keek, probeerde ik of ik iets door de voorruit van de wagen kon zien, maar ik kon als Bren de lichten even aandeed, niet meer onderscheiden dan een hobbelige stoffige weg met grote rotsen en stenen erlangs.
‘Hoe weet hij in godsnaam waar we zijn?’, vroeg ik.
‘Maak je maar geen zorgen. Hij kent dit gebied door en door. Hij komt hier regelmatig; je kan bijna wel zeggen dat hij hier woont. Van alles wat er in dit gebied gebeurt, is hij op de hoogte; hij fungeert als onze informant hier’, legde de man naast mij uit.
Het was een ongemakkelijke zware rit over die hobbelige weg vol gaten. Na ongeveer vijftien minuten rijden merkte ik dat we de bergen inreden. De motor steunde en kreunde en ik vroeg me af de oude vrachtwagen het zou overleven. Na ongeveer een uur langzaam vooruit te zijn gekomen, begonnen we weer steil te dalen. Kort hierna stopte Bren de wagen en deed hij onmiddellijk de motor uit. Iedereen sprong er tegelijkertijd uit.
‘Oké, mannen, hier laat ik jullie achter’, zei Bren. ‘Probeer hiervandaan in een zo recht mogelijke lijn naar de rivier te lopen. Loop niet te veel naar rechts; het is een beetje moerassig daar. Een paar honderd meter in die richting moeten jullie de overblijfselen van een oude brug tegenkomen. Dynamo, ik haal jou en je team donderdagmorgen vroeg weer op. Wacht op me bij die oude ruïne daar. Ik zal twee keer met mijn lichten knipperen, zodat je weet dat ik het ben.’
‘En zij dan?’, vroeg ik aan Chalky.
‘Overal wordt voor gezorgd, Geordie, kom op!’, zei hij en liep naar de anderen toe die bij een groepje bomen op een heuvel stonden om te bepalen hoe we het beste konden lopen.
‘Oké’, zei Rostin. ‘Laten we gaan.’ We pakten onze bagage en begonnen de heuvel af te lopen naar de Hulehlaagvlakte. Zover ik bij het maanlicht kon zien, was het een vlak open gebied. Het was donker en stil, het enige geluid dat we hoorden was het ruisen van de rivier beneden ons in het dal. Te oordelen naar het lawaai dat de rivier maakte, had Ken waarschijnlijk gelijk gehad; het moest een behoorlijk woeste rivier zijn.
Het was een koude, heldere nacht; het maanlicht was iets sterker geworden waardoor het iets gemakkelijker werd om te zien waar we liepen. Soms zagen we delen van de rivier in de verte, zilverachtig oplichtend in het maanlicht, en na ongeveer twintig minuten lopen begon de bodem waarop we liepen, zachter te worden. We hadden het moerasgebied langs de rivier bereikt. Het werd steeds kouder en ik was dan ook blij dat Ken ons had gewaarschuwd om niet te vergeten de crème mee te nemen. Toen we dichter bij de beboste rivieroever kwamen, liep de weg weer iets omhoog waardoor we op droger en steviger grond kwamen.
‘Op deze plek van de rivier staan genoeg bomen en struiken, aan de over-

kant is er echter niets dat we kunnen gebruiken. We moeten dus die oude brug zien te vinden waar Ken het over had; hij moet hier ergens in de buurt zijn', zei Rostin. 'Eenmaal aan de overkant moeten we een oud weggetje volgen.'

Twee van ons gingen stroomopwaarts en twee anderen gingen stroomafwaarts om de overblijfselen van de brug te zoeken. De rest van ons wachtte bij de rivier waar we probeerden in te schatten hoe breed het water was. Volgens ons was zij ongeveer dertig meter breed. Na ongeveer vijftien minuten kwamen de twee mannen die stroomafwaarts waren gelopen, weer terug.

'We hebben hem gevonden, hij ligt hier ongeveer driehonderd meter vandaan', zei één van hen.

'Het is inderdaad een verdomd oude brug, Rostin; er is bijna niets meer van over, alleen een paar steunbalken staan nog overeind', voegde de ander hieraan toe.

'Oké, laten we hopen dat er aan de andere kant ook iets is wat we kunnen gebruiken. Ga die andere twee halen en dan zien we jullie daar', zei Rostin tegen hem, waarna we onmiddellijk in zuidelijke richting begonnen te lopen. Na een paar minuten kwamen we bij de overblijfselen van de brug. Ze hadden gelijk gehad: er was niet veel meer van over.

'Zien jullie iets aan de overkant?', vroeg Rostin, zijn stem iets harder om boven het lawaai van de brede, gezwollen rivier uit te komen. Ken had gelijk gehad; iemand die met conventionele methoden de rivier over zou willen steken, zou dat nooit lukken.

Aan de tot nu toe heldere hemel waren enkele wolken te zien, waardoor het maanlicht wegviel. Zelfs met onze verrekijkers was het nu moeilijk iets in het donker te onderscheiden. We wachtten een aantal minuten tot de maan weer te voorschijn kwam.

'Kijk, daar steekt een of andere anderhalve meter hoge paal uit de grond, en daar achter nog een', wees de man die zich aan mij had voorgesteld als Reg ons aan. 'Zien jullie het?'

'Verdomd, je hebt gelijk', zei Spot. In de richting die hij ons had gewezen, zagen we een verroeste H-balk staan, een paar meter vanaf de rivierhelling aan de overkant, en een paar meter daarachter een iets kleinere houten paal. Rostin keek door zijn verrekijker.

'Wel, iets anders schijnt er niet te zijn', zei hij. 'We zullen het hiermee moeten doen, Reg. Pas op voor die bosjes erachter. Een mooi klusje voor Spot.'

Reg en een andere vent die Den werd genoemd, liepen dertig meter verder stroomafwaarts tot ze diagonaal tegenover de stalen steunbalk waren. Op die plek aangekomen, haalden ze hun nylondraden, kruisboog en een korte, stompe pijl te voorschijn. Reg, de man met de kruisboog, maakte

aan de pijl een nylondraad vast waarvan het andere uiteinde opgerold op een haspel aan de riem van Den zat. Den ging vervolgens in de richting staan die de pijl zou nemen terwijl Reg met zijn verrekijker de tegenoverliggende oever afzocht om het punt te bepalen vanwaar de twee obstakels aan de overzijde, de stalen steunbalk en de houten paal, ongeveer in elkaars verlengde stonden. De bedoeling was dat de pijl tussen de twee palen doorgeschoten zou worden en iets achter hen terecht zou komen.
Hij had nu alleen nog wat licht nodig. Nadat hij even had gewacht tot de maan weer achter een wolk te voorschijn kwam, vuurde hij de kruisboog af. De draad vloog gierend over het water, precies tussen de twee palen door. Terwijl Reg naar ons toekwam om te vertellen dat zijn poging was geslaagd, bleef Den op zijn plek staan. Hoewel we door onze verrekijkers naar de overkant keken, konden we de draad nauwelijks zien liggen.
'Oké, Spot, nu ben jij aan de beurt', zei Rostin.
Spot, die ook een haspel aan zijn riem had vastgemaakt, begon onmiddellijk de lijn af te spoelen, waarbij hij rekening hield met de door hem geschatte breedte van de rivier (zijn specialiteit) en de afstand van de door Reg geschoten pijl tot de palen. Hij moest nauwkeurig weten hoe lang de draad moest zijn, omdat hij niet het risico wilde lopen dat zijn pijl in de bosjes direct achter de palen verstrikt zou raken.
Nadat hij de lengte van de draad zo nauwkeurig mogelijk had berekend, wond hij de rest weer op de haspel en zekerde deze zodat de draad niet verder af zou kunnen spoelen. Vervolgens pakte hij zijn kruisboog, ging op één knie zitten en plaatste zorgvuldig een pijl met een enkele haak in de boog. Hij richtte op een punt iets linksachter de stalen steunbalk waar hij vermoedde dat Regs draad op de grond zou liggen.
Spots draad vloog ook gierend naar de overkant, vlak langs de stalen steunbalk, waarna hij plotseling strak kwam te staan en op de grond viel. We konden niet zien of hij de andere draad ook daadwerkelijk had gekruist, maar Spot deed zijn naam weer alle eer aan!
Langzaam begon hij de draad naar zich toe trekken. Als alles volgens plan zou verlopen, zou door de draad terug te trekken de haak van de pijl achter de draad van Reg blijven haken. Terwijl hij hiermee bezig was, kwam Reg op ons toegerend.
'Gelukt, hij zit vast!', riep hij uit.
Spot grinnikte en gaf me een knipoog. Terwijl Spot bezig was zijn draad terug te trekken, was de draad die aan de haspel van Den vastzat, strak komen te staan, waardoor Reg onmiddellijk had begrepen dat Spot in zijn opzet was geslaagd. Den liet zijn draad nu vieren zodat Spot de pijl van Reg naar ons toe kon trekken. Toen we de pijl weer terug hadden, kwam Den over de oever weer naar ons toegelopen; zijn draad liep nu in

een lus rond de steunbalk aan de overkant naar ons toe. Spot verwijderde de stompe pijl die Reg over de rivier had geschoten, en maakte ons dikke abseiltouw aan de draad van Den vast.
Vervolgens begon Den zijn draad op te spoelen waardoor het dikkere touw via de steunbalk aan de overkant weer bij hem terechtkwam. Alles wat we nu nog moesten doen, was het touw met behulp van onze katrollen strak trekken en ons met onze klimgordels aan het touw vastmaken.
De hele operatie die ons in staat stelde zonder natte voeten te krijgen de snelstromende, gezwollen rivier over te steken, had slechts een paar minuten in beslag genomen. Nadat de laatste man de overkant had bereikt, lieten we het touw vieren waardoor het onder het rivieroppervlak verdween. Vervolgens klauterden we naar de oever van de rivier, waar we het touw met een pin in de grond vastmaakten en het opgerolde overige deel van het touw in de struiken verborgen, zodat we het later op onze terugweg weer zouden kunnen gebruiken.
Het hele proces was rustig en efficiënt verlopen. Er was nauwelijks een woord gesproken; niemand van ons had tegen iemand anders hoeven te zeggen wat hij moest doen; dat was ook niet nodig geweest. We wisten allemaal precies wat we moesten doen en hoe we het moesten doen; we hadden allemaal dezelfde training gehad.
Aan de andere kant van de rivier liep vanaf de overblijfselen van de brug een smal pad de rivieroever op. We volgden dit pad ongeveer vijfhonderd meter tot we bij een T-kruising kwamen met een veel bredere en waarschijnlijk redelijk vaak gebruikte stoffige weg. We wisten dat deze weg, die de heuvels inliep, ons uiteindelijk naar ons doel zou brengen dat op niet meer dan een kilometer van hier was gelegen. Jarâba zelf lag iets meer naar het zuiden.
Om ontdekking te voorkomen, splitsten we ons in onze eigen teams op en gingen we verspreid van elkaar op weg naar het punt in de heuvels waar we volgens afspraak elkaar weer zouden ontmoeten.

HOOFDSTUK 16

Jarâba

Het wolkendek was inmiddels verdwenen en de hemel was weer helder. Hoe hoger we op de heuvel kwamen, hoe kouder het werd. Door de steile beklimming kregen we het echter wel behoorlijk warm. Toen we bijna bij het ontmoetingspunt waren, slingerde de weg zich rond de voet van een heuvel waar we over de top enkele zwakke lichten zagen schijnen, die duidelijk van de andere kant van de heuvel afkomstig waren. Het was dus tijd de weg te verlaten en de beschutting van de paar bomen hoger op de helling op te zoeken.

Terwijl we omhoog klommen, werd de begroeiing steeds dikker en toen we bijna bij de top waren, was het aantal bomen uitgegroeid tot een klein bos met een dichte ondergroei van kleine struiken. Toen we ons ontmoetingspunt naderden, dat zich aan de andere zijde van de berg, iets onder de top, bevond, konden we duidelijk het garnizoen in het dal zien liggen, ongeveer driehonderdvijftig meter beneden ons, links van een aantal oude ruïnes.

Net over de top van de heuvel kwamen we Rostin en zijn mannen tegen die zich in het struikgewas hadden verborgen. Precies op hetzelfde moment kwamen ook Reg en de anderen tussen de bomen rechts van ons vandaan. Enige tijd bleven we daar zitten om met onze verrekijkers het dal beneden ons af te speuren.

Het garnizoen was gebouwd op een verhoogd gedeelte van het dal dat aan drie kanten door heuvels werd ingesloten. De hoofdpoort bevond zich recht tegenover ons en lag op slechts enkele meters van de weg die we door het dal hadden gevolgd. Hij liep rond de voet van de heuvel waar we zaten, langs het garnizoen naar de nabijgelegen ruïnes.

Het hek rond het garnizoen was voorzien van gaas en aan de bovenkant zagen we prikkeldraad zitten. Zoals Ken ons had verteld, leek het een in allerhaast opgezet en niet erg stevig geheel te zijn, wat voor ons een grote verrassing was. Binnen het hek stonden een aantal vrachtwagens en andere voertuigen geparkeerd, en net achter deze 'parkeerplaats' stond een

twee verdiepingen hoog gebouw dat eruitzag alsof het van B-2-blokken was gemaakt. Links van dit gebouw bevond zich een aantal kleine barakken en bijgebouwen. Rechts, buiten het hek, zagen we de vervallen overblijfselen van een oud dorpje. Het hele garnizoen was goed verlicht door een aantal rijen lampen die aan draden over het terrein hingen.
De hoofdpoort werd door twee mannen bewaakt; twee anderen stonden voor de hoofdingang van het twee verdiepingen hoge hoofdgebouw, terwijl over het terrein een bewaker met hond rondliep. Ze maakten een ontspannen indruk. Ze kletsten wat met elkaar, rookten een sigaretje en schenen geen problemen te verwachten.
Links van de hoofdpoort, binnen het hek, stond een klein gebouwtje met houten muren. Het bevond zich op ongeveer dertig meter van de hoek van het hek en op ongeveer viereneenhalve meter van het hek zelf vandaan. Aan de bovenkant bevond zich rond het hele gebouw, net onder de rand van het zinken golfplaten dak, een opening van ongeveer zestig centimeter hoog. Onderaan, net boven de grond, zat een gelijksoortige opening, maar een stuk minder hoog. Dit moest zonder twijfel het toiletblok zijn, gezien het aantal mannen dat er naar binnenging en er, aan hun broek sjorrend, weer uitkwam.
Ondertussen hadden we een betere plaats gevonden in het bos, recht tegenover de hoofdpoort, vanwaar we een goed zicht hadden op alles wat er in het garnizoen gebeurde. In het twee verdiepingen hoge gebouw brandde op verschillende plaatsen licht. Vanuit onze positie konden we door de ramen zien wat er zich in de verschillende kamers afspeelde. In het merendeel gebeurde echter niks. Alleen in de achterste kamer op de tweede verdieping scheen enige activiteit te zijn.
Het was een grote ruimte die met een dubbele houten deur op het eind van een gang uitkwam. De deuren stonden open. Op de tegenoverliggende muur zagen we twee vlaggen hangen. Hoewel we het niet precies konden zien, gingen we ervan uit dat een van deze de Syrische was. Het grootste gedeelte van de kamer werd in beslag genomen door een groot gepolitoerd houten bureau en een aantal stoelen met hoge achterleuningen.
'Ik denk dat dat de kamer is waar de vergadering zal plaatsvinden. Ons is verteld dat hij zich aan het einde van het gebouw zou moeten bevinden', mompelde Rostin zacht.
'Er gebeurt daar op dit moment echter niet veel, Rostin. Ik denk niet dat we nu veel wijzer zullen worden', zei Dynamo. 'Het lijkt me beter om te proberen een paar uurtjes te gaan slapen.'
'Ja, je hebt gelijk', stemde Rostin in. 'Verspreid je een beetje, jongens, en neem vooral iets te eten.'

Een paar van ons bleven de wacht houden terwijl de rest het zich zo gemakkelijk mogelijk maakte. Toen we wakker werden, ontrolde zich voor ons een letterlijk adembenemend schouwspel. De vroege morgenzon bescheen de in het noorden liggende Mount Hermon, waardoor de met sneeuw bedekte pieken en hellingen met een zachte, gouden, paarsomrande kleur oplichtten. Het was een prachtig gezicht dat ik nooit zal vergeten.

'Wel, het is nu jullie beurt. Hoe denken jij en Greg het aan te gaan pakken?', vroeg Dynamo aan Rostin, toen hij en een donkere, breedgeschouderde man, waarschijnlijk Greg, zich bij ons voegden terwijl we ons karige ontbijt van droge biscuits en water zaten te verorberen.

'Wel, het is duidelijk dat de veiligheidsmaatregelen hier niet veel voorstellen; het garnizoen is als een kerstboom verlicht', zei Rostin met walging. 'Er is niemand die de heuvels rond het garnizoen bewaakt. Het kan dan ook geen militaire basis zijn, waarschijnlijk is het een of andere oude opslagplaats. Heb je die rotzooi niet overal zien liggen! Die twee militairen bij de poort zullen pas later op de avond weer terugkomen en de enige activiteit die ik kan waarnemen, speelt zich af rond het toiletblok. Meer naar achteren staat nog een toiletblok, waarschijnlijk alleen voor officieren.'

Chalky zat door zijn verrekijker naar het gebouw te kijken. 'Moet je dat nou zien, stelletje geluksvogels', zei hij. 'Die hebben het een stuk beter dan wij, durf ik te wedden!' Een aantal mannen in burgerkleding was een van de kleinere kamers binnengekomen en was in comfortabel uitziende leunstoelen rond een met eten gedekte tafel gaan zitten. Het was duidelijk dat dit hun ontbijt was.

'Vergeet dat "Laatste Avondmaal" maar; dit wordt hun "Laatste Ontbijt"', lachte Spot.

'Oké', zei Rostin. 'Zover ik het kan beoordelen, moeten we in die grote kamer aan het eind van de tweede verdieping zien te komen, zonder dat iemand iets in de gaten heeft. Mijn mannen hebben het gebouw grondig bestudeerd en zijn tot de slotsom gekomen dat we alleen door de deur waar die twee wachten staan, naar binnen kunnen komen. Niemand van ons zal dus langs de achterkant kunnen wegvluchten, mochten er problemen ontstaan.'

Greg was het met hem eens. 'Ook kunnen we niet wachten tot ze het garnizoen verlaten. Misschien blijven ze wel een paar dagen. Bovendien bestaat de kans dat ze niet allemaal tegelijk weggaan. Dus we moeten toeslaan op het moment dat ze allemaal in één kamer bij elkaar zijn.'

'Juist. Mannen, dit is ons plan,' ging Rostin verder. 'Greg en ik hebben ontdekt dat ze regelmatig van het linkertoiletblok gebruikmaken. We

hebben besloten dat ik degene ben die naar binnen zal gaan. Ik moet eerst het toiletblok in en wachten tot er iemand komt. Als ik me dan voor kan doen alsof ik een van hen ben, is het mogelijk dat ik die kamer kan binnendringen. Maar ik heb daarbij ieders hulp nodig, ook die van hen.'
'Wat bedoel je? Hoe ga je dat aanpakken?', vroeg Dynamo.
'Luister, dit is mijn idee', begon Rostin. 'Zoals ik zei, wordt dat toiletblok zeer regelmatig gebruikt, voor het merendeel door de mannen uit de barakken achter het hoofdgebouw. De meesten gaan direct weer terug naar de barakken, een enkeling loopt echter na het bezoek aan het toilet het hoofdgebouw binnen. Ik heb het idee dat de bewakers niet al te nauwkeurig opletten wie er naar binnengaat. Welnu, voordat ik toe kan slaan, moet ik zeker weten dat alle VIP's in die achterste kamer zijn; ik heb geen zin om ze één voor één uit te schakelen. Greg en ik zullen onder dekking van het donker een gat in het hek maken vlakbij het toiletblok en het garnizoen binnengaan.'
'Op het moment dat we weten dat ze allemaal in dat kantoor zijn, klim ik door een van die ontluchtingsgaten aan de achterkant het toiletblok in. Vanaf dat moment zal Greg, die zich in de buurt van het toilet ophoudt, me moeten waarschuwen als er iemand aankomt. In feite is het beter als er iemand naar binnengaat, omdat de bewakers dan zullen verwachten dat er ook weer iemand naar buiten komt. Maar ik denk eigenlijk niet dat het veel zal uitmaken; ik heb gemerkt dat ze alleen maar in de richting van het toiletblok kijken als iemand bij het verlaten van de plee met de deuren slaat. Om jullie te laten weten dat ik het ben, zal ik, als ik het toiletblok uitkom, mijn sten over de grond laten slepen en terwijl ik naar de bewakers loop, mijn broek pas dichtdoen.'
'Op dat moment zal ik jullie hulp nodig hebben', ging hij verder. 'Als ik nog maar een paar meter van de bewakers vandaan ben, moeten jullie het hoofdgebouw onder vuur nemen. De bewakers zullen daardoor zo in verwarring raken dat ik ongemerkt het gebouw binnen kan gaan.'
'Hoewel we niet te veel munitie kunnen verspillen,' voegde Greg hieraan toe, 'lijkt het me een goed idee om tegelijkertijd zo veel mogelijk voertuigen onklaar te maken.'
'Prima', ging Rostin verder. 'Ik zal ongeveer een minuut nodig hebben om de trap op te rennen en bij dat kantoor te komen. Hopelijk hebben ze tegen die tijd het licht uitgedaan, zodat ze me in het donker en in de algehele verwarring niet direct herkennen. Zoals ik al zei, is er blijkbaar geen andere uitgang waardoor ze als ratten in de val zullen zitten. Neem maar van mij aan dat niemand die kamer levend uit zal komen!', zei hij nadrukkelijk. 'Bovendien zullen ze tegen de tijd dat ze zich realiseren dat ik niet een van hen ben, niet meer in staat zijn om zich te verweren. Dus met een

beetje geluk loop ik zonder problemen het gebouw weer uit', besloot Rostin, vol zelfvertrouwen.
'Nou, dat is het beste plan dat ik tot nu toe heb gehoord', zei Dynamo, die op zijn hurken zat.
'Gemakkelijk zat, het is het enige dat je hebt gehoord!' riep Rostin uit.
'Dat bedoel ik ook', lachte Dynamo. 'Het is jouw verantwoordelijkheid, ouwe knakker.'
'Hoeveel soldaten denk je dat er zijn?', vroeg Spot. 'Ik heb er vijfentwintig geteld maar het kunnen er ook veel meer zijn.'
'Precies, ik heb er wel dertig gezien', zei Greg. 'Maar omdat ze steeds heen en weer lopen en het donker was, kan het best zijn dat ik sommigen van hen dubbel heb geteld.'
'Oké, als we er even van uitgaan dat de laatkomers in hun eentje komen, hebben we dus met vijfentwintig tot dertig man te maken', zei Rostin.
'Eitje, niet?', zei Dynamo.
'We hadden nog iets anders bedacht maar dat leek ons toch te link. Het tweede plan was namelijk om die twee hoge militairen op een of andere manier uit te schakelen nog voor ze bij het garnizoen waren, hun uniformen aan te trekken en vervolgens doodleuk het hoofdgebouw binnen te lopen. We weten echter helemaal niet of ze wel of niet alleen zijn. Als ze bijvoorbeeld een groot escorte bij zich hebben, zou dat wel eens zoveel lawaai kunnen geven dat het garnizoen al lang en breed in staat van alarm zou zijn op het moment dat we daar aankomen. Nee, dat plan is veel te riskant.'
'Ben ik met je eens', knikte Chalky. 'Het is op zich een goed idee maar er kleven te veel risico's aan.'
Ook Greg knikte instemmend. 'Het voordeel van het eerste plan is inderdaad het element van verrassing. Als het hoofdgebouw onder vuur genomen wordt, zullen ze ongetwijfeld het licht uitdoen, zoals Rostin al zei, waardoor het een stuk gemakkelijker zal zijn om niet herkend te worden.'
Terwijl we onze laatste biscuits opaten, werden de beide plannen tot in detail besproken. We waren het er allemaal over eens dat de tweede optie te riskant was, vanwege de redenen die Rostin al eerder had aangevoerd.
'Om het risico te verkleinen dat ze achter ons aan gaan, moeten we inderdaad zo veel mogelijk voertuigen onklaar maken', zei Dynamo. 'En ook zo veel mogelijk van die militairen om zeep helpen.'
'We hebben ook iemand nodig die de weg in de gaten houdt', merkte Chalky op. 'Volgens mij wordt die redelijk vaak gebruikt. Dus kan het best zijn dat ook nog iemand anders een bezoekje aan het garnizoen wil brengen. En dat kunnen we natuurlijk niet hebben.'
'Je hebt gelijk', gaf Rostin toe. 'Als er iemand aan komt rijden, zal hij waar-

schijnlijk direct naar de hoofdingang van het hoofdgebouw doorrijden waardoor we, omdat die vrachtwagen die daar staat geparkeerd ons zicht belemmert, niet kunnen zien wie eruit stapt. Het zou dus mooi zijn als ze die vrachtwagen weg zouden halen voor die twee militairen hier arriveren.

Zo niet, dan kunnen van hieruit niet goed zien wie er het gebouw binnengaan.'

'Overigens zullen we, zelfs met een verrekijker, niet kunnen zien wie er aan komt rijden, omdat het veel te donker zal zijn. Wat vinden jullie van het idee dat ik ergens langs die weg ga zitten, vanwaar ik een goed zicht heb op de auto's die langskomen?', stelde ik voor.

'Goed idee, Geordie, zoek een goeie plek op', zei Rostin tegen mij.

'En pas op voor slangen', lachte Chalky.

'Als het eens geen kroko's zijn, dan zijn het wel slangen', pestte ik terug.

Terwijl we ervoor zorgden onder dekking van de bomen te blijven, verspreidden we ons in het bos om de gehele omgeving nauwkeurig te kunnen onderzoeken. Een paar van ons hielden zich bezig met het bestuderen van het achterste deel van het kamp, dat vlakbij het vervallen dorpje lag, terwijl enkele anderen tussen de bomen een paar mijnen aanbrachten die ze van een voor ons goed zichtbaar teken voorzagen zodat we precies zouden weten waar ze lagen.

Ikzelf bracht met Chalky het grootste deel van de dag door aan de andere kant van het bos, vanwaar we goed zicht hadden op de rivier, de weg en het omringende dal. Hoewel we bijna de gehele dag in de schaduw van de bomen waren, hadden we het snikheet.

Omstreeks twee uur keek ik door mijn verrekijker en zag ik een motorfiets rijden, ongeveer een kilometer van ons vandaan, die op weg was naar het garnizoen. De bestuurder had een militair uniform aan. Chalky had hem ook gezien. De bewakers, die blijkbaar van zijn komst op de hoogte waren, openden onmiddellijk de poort en lieten hem door zonder hem tegen te houden om naar zijn papieren te vragen. De motorrijder reed zonder gas te minderen rechtstreeks naar de bewakers bij de ingang van het hoofdgebouw. Hij stopte, stapte af en overhandigde een van de bewakers een leren aktetas, waarna hij weer op zijn motor stapte en met grote snelheid het garnizoen verliet, over dezelfde weg als hij was aangekomen.

Het duurde nog ongeveer een uur voordat we weer iemand over de weg naar het garnizoen zagen rijden. In de tussentijd had ik mijn camouflagepak uitgepakt en hem met de kleverige zijde op de grond gelegd waardoor er stof, twijgjes en bladeren aan bleven plakken. Toen ik nog een keer door mijn verrekijker keek, zag ik dat er in werkelijkheid twee vrachtwagens over de weg reden, en niet één zoals ik eerder had gedacht. Beide waren beladen met fruit en een aantal kisten. Terwijl Chalky een oogje in het zeil bleef houden, liep ik voorzichtig tussen de bomen door naar Dynamo en Rostin.

'Er komen twee vrachtwagens aan', deelde ik hen mee. 'Ik dacht eerst dat zij het waren, maar bij nader inzien blijken het een paar vrachtwagens te zijn die voedsel komen brengen.'

'Nee, dat kunnen ze ook helemaal niet zijn, het is nog veel te vroeg. Ik verwacht ze pas rond een uur of zes', zei Rostin. 'Hoe laat denk je naar de weg te gaan?'

'Half zes had ik gedacht. Ik heb een goede plek gezien, vlakbij het punt waar we gisteren de weg zijn afgegaan. Het is daar vrij steil, waardoor er niet hard gereden kan worden en ik dus goed zal kunnen zien wie er in de voorbijrijdende voertuigen zit', zei ik tegen hen. 'Ik ga er al om half zes heen omdat ik niet het risico wil lopen dat ze er eerder zijn dan zes uur!'

Ik liep terug naar de andere kant van de heuvel waar Chalky nog steeds op zijn buik in de struiken de weg lag te observeren. Omstreeks half vijf verlieten de twee vrachtwagens het garnizoen via dezelfde weg als ze gekomen waren. Na nog een uur wachten trok ik mijn camouflagepak aan en liep ik naar de weg, naar de plek die ik al eerder had uitgekozen, terwijl Chalky naar de anderen ging om hen te vertellen dat ik mijn positie had ingenomen.

Langs de weg was een kuil waarin ik me goed kon verbergen. Als ik languit lag, kwam ik niet boven de omringende omgeving uit. De kuil bevond zich op ongeveer twee meter van de weg af, vlak achter een lichte glooiing van het wegdek. Ik knielde bij de rand van de kuil en liet me voorover vallen, met mijn hoofd richting dal, waarna ik mijn armen onder mijn hoofd kruiste waardoor mijn hele lichaam, behalve mijn hoofd, door het camouflagepak bedekt werd. Ik legde mijn voorhoofd op mijn armen en bewoog me flink heen en weer zodat ik iets dieper kwam te liggen en het stof dat daarbij vrij kwam over mijn lichaam zou vallen waardoor ik nog minder op zou vallen. Vervolgens trok ik de kap over mijn hoofd waardoor ik nu volledig bedekt was.

Omdat ik in de richting van het dal lag, bevonden mijn voeten zich iets hoger dan mijn hoofd. Ik pakte mijn verrekijker en keek in de richting vanwaar mijn doelwit aan zou komen rijden.

Toen ik na een tijdje op mijn horloge keek, zag ik tot mijn stomme verbazing dat het al zeven uur was. Ik had daar al anderhalf uur gelegen! Ze waren dus veel te laat. Omdat ik al die tijd stil had gelegen, zodat niemand me vanaf de weg zou kunnen zien, begon ik me enigszins ongedurig te voelen; ik had behoefte om te bewegen en wenste dat ik me niet zo

snel als vrijwilliger had aangeboden. Bovendien liepen er veel insecten over me heen, waarschijnlijk mieren, wat het nog moeilijker maakte stil te blijven liggen.
Omdat het langzamerhand donkerder werd, kon ik zelfs met mijn verrekijker niet veel meer van de weg onderscheiden. Plotseling hoorde ik het geluid van met grote snelheid naderende voertuigen.
Verdomme, dacht ik, die rijden veel te snel om ze goed te kunnen bekijken als ze langsrijden.
Ik zag drie voertuigen: een legertruck, gevolgd door een gewone auto en daarna nog een truck. Ik was er zeker van dat dit ze moesten zijn, maar ik kon niet alleen op mijn gevoel afgaan. De eerste truck reed me spoorslags voorbij. Ik zag dat er vijf of zes soldaten in de achterbak stonden. Tot mijn grote verbazing kwamen de twee andere voertuigen opeens abrupt tot stilstand, ongeveer zeven meter van mij vandaan. Achterin de bak van de truck zag ik zeven of acht militairen staan. Twee van hen sprongen uit de wagen. Ik was bang dat ze me ontdekt hadden. Er gebeurde echter niets bijzonders. De mannen in de truck zaten alleen maar een beetje met elkaar te kletsen terwijl de twee die uit de wagen gesprongen waren op slechts enkele meters van mij vandaan hun behoefte begonnen te doen.
De auto voor de truck was vuilgrijs gekleurd en droeg geen kentekenen. Omdat tussen de bestuurder en de achterbank een afscheiding zat, was het moeilijk te zien hoeveel mensen erin zaten. Achterin zat echter minstens één man, gekleed in uniform, die strak voor zich uit zat te kijken, waarbij hij rustig met zijn hand over zijn kin streek. Na ongeveer twee of drie minuten drukte de bestuurder plotseling op zijn claxon, sloeg hij met zijn hand op de buitenkant van de wagen en gebaarde hij naar de truck achter hem dat ze op moesten schieten. Onmiddellijk begonnen beide voertuigen weer te rijden, terwijl de twee soldaten ernaartoe renden en in de achterbak van de truck sprongen, op slechts een meter van mij vandaan.
Terwijl ze voorbijreden, draaide de man op de achterbank zijn hoofd naar rechts om iets tegen iemand die naast hem zat, te zeggen; ik kon hun beide gezichten nu redelijk goed zien. Ze klopten met de beschrijvingen die Rostin me van hen had gegeven. Er was geen twijfel meer mogelijk. Ze waren eindelijk aangekomen!
Ik bleef nog even stil liggen tot het geluid van de beide voertuigen geheel verdwenen was, waarna ik voorzichtig mijn hoofd optilde en om me heen keek. De kust was veilig. Mijn ledematen waren behoorlijk stijf geworden van het lange liggen en ik zat onder het stof en de insecten. Maar omdat ik niet kon wachten om naar de top van de heuvel te gaan, stond ik zo goed en zo kwaad als het ging op en strompelde ik, me krabbend en uit-

rekkend, naar de plek waar Chalky op me lag te wachten.
'En?', vroeg hij.
'Wat bedoel je?'
'Waren ze dat?'
'Ja, natuurlijk!'
'Godzijdank; ik zou het geen dag langer uithouden op deze kloteheuvel. Even dacht ik dat ze je te pakken hadden. Toen ik zag dat ze stopten en die twee mannen uit de truck sprongen, stond ik bijna op het punt naar je toe te komen om je een handje te helpen. Dat zou onze plannen behoorlijk in de war hebben geschopt, denk je niet? Wat was er eigenlijk aan de hand?', vroeg hij.
'Geen idee; die twee kerels moesten pissen.'
'Kom op, laten we gaan.' Snel liepen we door het bos naar de plek waar de anderen waren.
'Het zijn ze hoor; Geordie heeft ze herkend', kondigde Chalky aan.
'Prima!', zei Rostin. 'Goed idee van je, Geordie, om naar de weg te gaan. We zagen ze wel aankomen maar ze stopten inderdaad precies achter die vrachtwagen waardoor we niet konden zien wie eruit stapten.'
'Ik had niet gedacht dat ze zover zouden komen', zei ik.
'Wat bedoel je?', vroeg hij.
'Wel, ze stopten vlak bij mij. Ik ging ervan uit dat ze me ontdekt hadden', zei ik tegen hem.
'Oh, dat gebeurde er?', zei hij. 'We vroegen ons al af wat er aan de hand was. De eerste truck stopte vlak nadat hij om de bocht was gekomen. De bestuurder zwaaide naar de bewakers bij de poort waarna de truck keerde en weer terugreed. De volgende keer dat we hem zagen, reed die personenauto er vlak achter', informeerde hij me. 'Vraag me niet wat er precies aan de hand was. Ik ben nu al enkele jaren in het Midden-Oosten en ik begrijp nog steeds niks van die idioten.'
'Ik vroeg me natuurlijk ook af wat er aan de hand was maar vanaf de plaats waar ik lag, kon ik dat niet zien', zei ik.
'Laat maar, we weten nu dat ze binnen zijn en dat is het belangrijkste. Laten we ons liever bezig houden met de manier waarop we ze zullen uitschakelen.'
Zowel in het hoofdgebouw als op het terrein zelf waren nu de lichten aan, waardoor we alles goed konden overzien. Twee mannen in uniform liepen samen met een man in burgerkleding over het terrein rond. We konden echter niet zien of het de mannen waren waar het ons allemaal om te doen was. Korte tijd waren ze uit ons zicht en toen ze weer te voorschijn kwamen, liepen ze naar het hoofdgebouw toe. Door de twee ramen op de eerste verdieping, vlak boven de geparkeerde truck, zagen we een aantal

mannen zitten, die met een drankje in hun hand met elkaar zaten te praten. Onze beoogde slachtoffers zagen we niet. Deze waren zo te zien naar de achterste kamer gegaan, waar de vergadering plaats zou vinden. Nadat ze daar enige tijd hadden gezeten, gingen ze de kamer uit om er enige tijd later weer met zeven of acht anderen terug te keren. Ze gingen allemaal rond de tafel zitten.

'Dat moeten ze zijn', verzekerde Rostin ons, terwijl hij door zijn verrekijker keek op het moment dat iemand in de kamer een rolgordijn over het raam naar beneden trok. 'Oké, mannen, aan het werk. Dynamo, vergeet vooral niet de anderen te waarschuwen: als ik het er levend vanaf breng, zal ik als een idioot naar de poort rennen terwijl ik met mijn pistool over jullie heen zal schieten. Bovendien kunnen jullie me herkennen aan een rood lichtje op mijn borst. Dat is overigens geen hulpmiddel om me gemakkelijker te raken', lachte hij. 'Zorg er bovendien voor dat jullie die twee bewakers bij de poort niet uitschakelen; die zal ik nog nodig hebben om de poort voor me open te maken', voegde hij er nog aan toe.

'Het lijkt misschien dat hij niet helemaal in orde is, maar het is een verdomd slimme vent', lachte Dynamo.

'Kom op, laten we gaan', zei Rostin tegen Greg.

Nadat ze omzichtig de heuvel waren afgelopen en de weg waren overgestoken, liepen ze naar de hoek van het hek waarachter zich het toiletblok aftekende. Daarna zagen we ze niet meer. De rest van de groep maakte zich gereed om Rostin en Greg dekking te geven en Dynamo ging naar hen toe om hen te vertellen wat de bedoeling was. Ik keek op mijn horloge; het was negen uur en al volledig donker. Zo gauw we door hadden dat Rostin aan zijn missie was begonnen, namen we onze posities op de helling tegenover het garnizoen in. Ieder van ons zou een ander deel van het gebouw onder vuur nemen. Ik had de opdracht gekregen de hoofdingang te dekken en de daar in de buurt staande voertuigen onklaar te maken.

Ik ging nog iets verder de heuvel af om zo dicht mogelijk bij de hoofdingang te komen zonder dat ik ontdekt zou worden. Dynamo zat rechtsachter mij met Chalky en Spot. Iets hogerop zat nog iemand. De anderen zaten verspreid over de helling rechts en links van mij. Greg zou Rostin dekken vanaf zijn plaats links van de hoofdpoort, in de buurt van het toiletblok.

Binnen enkele minuten zagen we Rostin door de opening aan de bovenkant van het toiletblok kruipen, uit het zicht van de bewakers bij de poort. Juist op dat moment liep een soldaat naar de toiletten toe en we hielden onze adem in toen hij door de deur naar binnenging.

Plotseling hoorden we de luide klap van een deur die dichtgeslagen werd en kwam er iemand naar buiten. De man liep naar de ingang van het

hoofdgebouw, zijn geweer over de grond slepend, terwijl hij ondertussen zijn broek dichtmaakte. Het was Rostin. Het was hem gelukt!
'Laten we wachten tot hij op ongeveer één meter van die bewakers is en dan het vuur openen', zei Dynamo zacht. 'Als we beginnen te schieten, zullen zij dat ook doen. En ik wil dat hij levend het gebouw ingaat.'
Rostin was nog iets meer dan een meter van de bewakers vandaan toen Dynamo als eerste op de ramen begonnen te schieten. Op het moment dat we allemaal schoten brak de hel los. De twee bewakers renden onmiddellijk het gebouw in met Rostin op hun hielen en alle lichten gingen uit. Soldaten kwamen in verwarring de barakken achter het hoofdgebouw uit en begonnen luid schreeuwend in alle richtingen te rennen. Met dodelijke precisie gooiden we onze handgranaten en overal tussen de in paniek geraakte soldaten vlogen de voertuigen de lucht in.
Ik raakte een grote truck die naast het hoofdgebouw stond. Ik had gemikt op zijn banden en de plaats waar ik dacht dat de benzinetank zat. De truck vloog in brand op hetzelfde moment dat ik een luide explosie binnen het hoofdgebouw hoorde en uit een van de ramen op de tweede verdieping een lichaam zag vliegen. Het kwam bovenop de canvas huif van de brandende truck terecht waar zich blijkbaar een extra benzinetank bevond die met zo'n knal uit elkaar klapte dat stukken ervan hoog de lucht in werden geslingerd en over het hele terrein verspreid werden.
Door het felle schijnsel van het brandende voertuig werd bijna het hele terrein verlicht en konden we overal wanhopig schreeuwende soldaten zien rennen. Ze hadden dit totaal niet verwacht en werden dan ook een voor een afgeslacht. Ze hadden geen idee waar de schoten vandaan kwamen en wisten daarom ook niet welke kant ze uit moesten rennen om dekking te zoeken. Ik voelde me alsof ik op de kermis stond te schieten. Overal was lawaai, verwarring, geschreeuw en gegil.
'Concentreer je op de ingang van het gebouw', gilde Spot. 'We moeten Rostin zo veel mogelijk dekking geven als hij naar buiten komt.'
Plotseling zag ik door de rook en de vlammen heen een man naar ons toe komen rennen, een klein rood lichtje op zijn borst.
'Daar is-ie! Het is hem', schreeuwde iemand achter mij.
Rostin liep zwaaiend met zijn stengun in de richting van de poort! We konden boven al het lawaai uit hem iets in het Arabisch tegen de bewakers horen roepen. Het was ongelofelijk; een van hen rende naar de poort om die voor hem open te maken! Rostin rende er onmiddellijk doorheen, op de voet gevolgd door de twee bewakers; een aantal meters achter hen kwamen er nog vier of vijf andere soldaten aan.
Omdat we continu een andere plaats op de helling innamen om ervoor te zorgen dat we niet geraakt zouden worden als ze ons onder schot zouden

nemen, was ik nu slechts enkele meters van Rostin en de hem achtervolgende soldaten verwijderd. Toen ik aanlegde om hem dekking te geven en zo veel mogelijk soldaten neer te leggen, greep Dynamo me plotseling bij mijn arm.
'Nee, Geordie, wacht', schreeuwde hij.
Op dat moment kwam de grond voor Rostin omhoog en stonden twee figuren op die de rennende mannen achter Rostin, toen deze hen voorbijliep, neerschoten. Twee leden van zijn team hadden hier op Rostin liggen wachten; door hun camouflagepakken waren ze door niemand opgemerkt, ook niet door mij. Verlicht door het schijnsel van de vlammen op het garnizoensterrein, zagen ze eruit als twee reusachtige hamsters die op hun achterpoten stonden. Ze draaiden zich om en begonnen achter Rostin aan te rennen. Omdat ze daarbij enige last van hun komkommervormige pakken hadden, probeerden ze al lopend de riemen waarmee het pak aan hun benen was bevestigd, los te maken.
Dynamo en ik gingen ook achter Rostin aan; Greg liep iets achter ons. Toen we de bocht aan de voet van de heuvel voorbij waren, voegde de rest van de groep zich bij ons.
'Rustig aan', zei iemand. 'Laat ze maar denken dat we met zijn honderden zijn.'
'Wel, het ziet er niet naar uit dat er nog veel van hun voertuigen over is', lachte Rostin.
We hadden ieder voertuig op het garnizoensterrein vernietigd. We bleven even stil staan om Reg en Den de gelegenheid te geven hun camouflagepakken uit te trekken.
'Waarom heb je me niet verteld dat ze daar lagen', zei ik tegen Dynamo. 'Ik had bijna een van hen te pakken.'
'Ze zijn daar gaan liggen in de tijd dat jij de weg in het oog hield. Verdomd goeie camouflage, niet?', lachte hij, terwijl we onze spullen inpakten. 'Is iedereen er? Heeft iemand geteld? Oké, laten we er als de gesmeerde bliksem vandoor gaan en terug naar die kloterivier lopen.'
Terwijl we over de weg liepen, hoorden we een aantal explosies achter ons; de mijnen op de heuvel werkten blijkbaar. Terug bij de rivier, liepen we eerst iets verder stroomopwaarts dan het punt waar we dachten dat de oude brug en onze touwen zouden zijn. Vervolgens gingen we langs de oever terug om er zeker van te zijn dat we ze in het donker niet voorbij zouden lopen. Zonder al te veel moeite vonden we de plek waar we overgestoken waren. Tot onze grote verbazing was het water in de korte tijd dat we weg waren geweest nog ongeveer een halve meter gestegen. Gelukkig waren onze touwen niet weggespoeld, hoewel dat niet zo erg zou zijn geweest omdat we er nog een aantal extra bij ons hadden en we zonder al

te veel problemen het hele proces van het overschieten van de touwen nog eens over zouden kunnen doen.
Snel staken we de rivier over. De laatste van ons maakte voor het zijn beurt was eerst het dikke touw aan zowel de H-balk als de houten paal vast, waarna wij aan de overkant met behulp van onze katrollen het touw strak trokken zodat hij veilig naar de overkant zou kunnen komen.
Ondertussen had hij een nylondraad aan de karabiner van het dikkere touw vastgemaakt en nam het andere uiteinde hiervan mee naar de overkant. Vervolgens vierden we de katrollen waardoor het touw slap kwam te hangen en we de karabiner met het eraan vastgemaakte dikke touw naar ons toe konden trekken. Ook deze keer had het hele proces slechts een paar minuten in beslag genomen. We hadden geen enkel spoor achtergelaten. Niemand zou ooit weten dat we hier geweest waren. Toen we allemaal aan de overkant waren, bespraken we, terwijl we onze spullen inpakten, met Rostin het verloop van de operatie.
'Nou, hoe ging het?', vroeg Spot.
Rostin grinnikte breeduit. 'Het was ongelofelijk. Toen jullie het vuur openden, liep ik achter de twee bewakers het gebouw in en pas toen ik bovenaan de trap was, gingen de lichten uit, zodat ik nog even goed om me heen heb kunnen kijken. Ik had geluk. Er was zo veel verwarring en lawaai dat niemand in de andere kamers enige aandacht aan mij schonk. Ze hadden het veel te druk met jullie. Ik rende dus ongestoord naar het einde van de gang waar ik de man die op wacht stond, uitschakelde. Omdat de deur op slot zat, schoot ik het slot kapot en gooide ik een granaat naar binnen', zei hij alsof het de gewoonste zaak van de wereld was.
'Sorry dat het zo lang duurde maar ik moest er zeker van zijn dat ze allemaal dood waren voor ik weer terug zou gaan. Dat kostte me een paar minuten. Het was donker en ik had alleen een zaklantaarn bij me. De vijf mannen die we moesten uitschakelen kon ik vrij gemakkelijk identificeren. De andere drie in de kamer waren zonder twijfel Europeanen. Ik vraag me af wat ze daar in hemelsnaam aan het bespreken waren.'
'Dat zullen we waarschijnlijk nooit te weten komen', zei Chalky
'Wat maakt het ook uit, we hebben ze uitgeschakeld en daar ging het om', zei Greg.
'Er was zo veel lawaai en iedereen was zo in de war dat ik waarschijnlijk iedereen in het gebouw had kunnen doden; ze hadden geen flauw idee wat er aan de hand was', ging Rostin verder. 'Op de terugweg heb ik dan ook waarschijnlijk het merendeel van de mensen in de andere kamers in die gang uitgeschakeld. Omdat ze allemaal uit de ramen zaten te schieten was dat geen enkel probleem. Bovendien hadden ze door al dat lawaai

geen idee of de kogels van binnen of van buiten kwamen', voegde hij eraan toe. 'In die laatste kamer is in ieder geval iedereen door die handgranaat gedood. Ik heb het daarna niet al te bont meer gemaakt, omdat ik dacht dat ik beter jullie een handje zou kunnen helpen', zei hij lachend.
'Dus dat was de reden dat die vent naar buiten vloog en op die brandende truck terechtkwam', zei ik tegen Dynamo. We feliciteerden Rostin met zijn missie; we schudden zijn hand en sloegen hem uitbundig op zijn schouder.
'Wel, mannen, het is tijd om afscheid te nemen', zei Dynamo. 'We kunnen hier niet de hele nacht blijven kletsen.'
'Nee, je hebt gelijk', gaf Rostin toe. 'Oké, Geordie, hoewel we niet met elkaar hebben gepraat, vond ik het leuk je eens te ontmoeten.'
Nadat we afscheid van elkaar hadden genomen, pakten we onze spullen op en ging ieder team een andere richting uit. Ik had geen idee waar de anderen naartoe zouden gaan. Het was echter zinloos dat te vragen omdat ik toch geen antwoord zou krijgen. Het enige dat me echt interesseerde op dat moment, was hoe we zo snel mogelijk weer bij de vrachtwagen en de helikopter zouden kunnen komen. Dynamo, Chalky, Spot en ik liepen via dezelfde weg terug naar het ontmoetingspunt op de heuvel, waar Bren ons later met de vrachtwagen op zou pikken; we verwachtten niet dat we onderweg nog problemen tegen zouden komen en we hadden nog genoeg tijd over zodat we ons niet hoefden te haasten.
Terwijl we van de rivieroever wegliepen, hoorden we, iets van ons vandaan, geluiden aan de overkant. Ze waren blijkbaar naar ons op zoek. Het was echter duidelijk dat ze nooit de rivier op dit punt over zouden kunnen steken, zelfs al hadden ze enig idee waar we waren, wat duidelijk niet het geval was.
Hoewel het een vrij zware beklimming was, deden we er niet al te lang over om het ontmoetingspunt bij de ruïnes te bereiken, waar Bren ons zou oppikken. Omdat we nog genoeg tijd hadden tot hij zou komen, gingen we op de grond liggen om van een welverdiende rust te genieten. Na enige tijd moest ik echter pissen.
'Ik ben zo weer terug', zei ik tegen de anderen terwijl ik opstond.
'Pas op dat je niet tegen de wind in pist', riep Chalky me na.
'En kijk uit voor slangen', grinnikte Spot.
'Grappig, hoor', riep ik over mijn schouder. 'Jij altijd met je stomme slangen.'
'En schorpioenen', voegde Dynamo eraantoe.
Aan de andere kant van de heuvel vond ik langs het nabijgelegen modderpad dat tussen de steile hellingen doorliep een geschikte struik om mijn behoefte te doen. Verderop de weg zag ik het schijnsel van koplam-

pen. Bren is behoorlijk vroeg dacht ik en ging door waar ik mee bezig was. Toen ik terugliep, hoorde ik het geronk van een motor en zag ik het licht van de koplampen weer. Aan de voet van de heuvel reed een vrachtwagen. Ik bleef midden op de weg staan om op hem te wachten. Hij stopte op enkele meters van mij vandaan. Omdat de koplampen in mijn gezicht schenen kon ik niet zien wie er achter het stuur zat. Ik hoorde de deur opengaan, iemand stapte uit en kwam naar me toegelopen. Tot mijn verbazing begon hij in het Arabisch tegen me te praten.

Erg leuk, Bren, dacht ik. Ik had natuurlijk geen idee wat hij zei. 'Oké, oké, houdt op met die grapjes, Bren. Je weet best dat ik geen Arabisch spreek.' Opeens realiseerde ik me dat de man, die nu vlak bij mij was, niet Bren was maar iemand anders. De andere deur van de wagen ging nu ook open waarop de eerste man zich omdraaide en iets tegen zijn medepassagier begon te roepen.

Net op het moment dat ik op het punt stond de eerste man uit te schakelen, zag ik dat de tweede man, die ook naar buiten was gekomen, iets in zijn hand had. Het leek een ijzeren staaf maar door de koplampen achter hem kon ik het niet precies zien. Ik bevond me precies tussen de twee mannen voor de vrachtwagen en de plaats waar ik mijn vrienden had achtergelaten. Ik wist dat ze vlakbij moesten zijn maar zich op dit moment nog niet wilden vertonen. Omdat ik precies in de vuurlijn stond, zouden ze ook niet kunnen schieten. Bovendien zou dat te veel lawaai geven; het geluid van een geweerschot draagt erg ver.

Ik besloot de tweede man dichter bij zijn maat te laten komen zodat ik hen beide tegelijkertijd te pakken zou kunnen nemen; ik wist dat dat vrij eenvoudig was. Op dat moment zag ik iets glinsteren; de tweede man had een mes in zijn hand. De eerste man zei iets waarop de tweede man naar mij uithaalde. Onmiddellijk nam de machine het over.

Ik blokkeerde het mes met mijn linkerhand, draaide mijn linkervoet iets naar binnen en zwaaide mijn rechterbeen naar achteren. Ik kwam hierbij met mijn rechterhiel tegen een flinke rots terecht waardoor ik mijn been niet goed kon strekken. Het mes was langer dan ik dacht en ik voelde een scherpe pijn toen het mijn dij binnendrong en het bot raakte. Ondanks deze heftige pijn raakte ik de man met de zijkant van mijn hand hard onder zijn neus waardoor zijn neusbeen in zijn hersenen werd gedrukt. Onmiddellijk stortte hij ter aarde waardoor het mes uit mijn been werd getrokken. In de paar seconden die de aanval had geduurd, hadden mijn maatjes ongemerkt de andere man uitgeschakeld.

Chalky en Dynamo grepen me bij mijn shirt en sleepten me naar de kant van de weg waar ze me tegen een rots aan legden.

'Doe die klotelichten uit, Spot', zei Dynamo, terwijl Chalky de bovenkant

van mijn broekspijp opensneed, die doordrenkt was van het bloed. De pijn was verschrikkelijk, ik voelde me duizelig en misselijk tegelijk en mijn been voelde aan alsof het uit puur lood bestond.
'Het was te mooi, het liep allemaal te perfect', zei Chalky bitter, terwijl hij de wond nauwkeurig onderzocht.
'Sorry dat ik de boel verknald heb', kreunde ik.
'Hou nou op zeg, Geordie, het had ieder van ons kunnen overkomen. Iedereen maakt wel eens een fout; ik zelf heb ook de nodige littekens opgelopen. Bovendien is die andere vent dood, en niet jij!', stelde hij me gerust. 'Als je maar levend terugkomt, dat is het belangrijkste.'
'Kom, Dynamo, help eens een handje', zei Spot, terwijl hij één van lichamen naar de vrachtwagen sleepte. 'Als we die hele handel de helling afduwen, zal men denken dat ze een ongeluk hebben gehad.'
Ze gooiden de twee lichamen in de vrachtwagen en duwden hem vervolgens de weg af waarna hij snel de helling afhobbelde en beneden te pletter sloeg. Juist op het moment dat ze weer bij Chalky en mij terug waren, hoorden we een andere vrachtwagen aan komen rijden; met knipperende lichten kwam hij de bocht om. Hij stopte en Bren sprong eruit.
'Waar bleef je in godsnaam?', vroeg Dynamo.
'Wat bedoel je? Ik ben veel te vroeg!', antwoordde Bren lachend. 'Niet vroeg genoeg. Jammer dat je hier niet tien minuten eerder was', zei Spot. 'Nou ja, maakt niet uit, je bent er nu; help even Geordie in de achterbak te tillen.'
'Wat is er gebeurd?', vroeg Bren bezorgd.
'We hadden het aan de stok met een paar mannen uit de buurt en Geordie is in zijn been gestoken. Ik vertel het je nog wel op de terugweg', zei Chalky.
Bren haalde een verbanddoos uit de vrachtwagen en gaf hem aan Chalky. 'Laten we zo snel mogelijk vertrekken', zei hij. Dynamo en Bren klommen in de cabine terwijl Chalky en Spot in de achterbak sprongen. Chalky gaf me een paar pijnstillers en begon mijn been te verbinden. De terugreis leek eeuwen te duren. Ik voelde iedere hobbel en kuil in de weg. Tegen de tijd dat we het punt bij de spoorbaan bereikten waar we gedropt zouden worden, waren de pijnstillers gelukkig eindelijk gaan werken en voelde mijn been minder pijnlijk aan. Bren stopte de wagen en stapte uit om Chalky en Spot te helpen mij de wagen uit te tillen, terwijl Dynamo de geweren uit onze bagage haalde en ze in een zak in de achterbak stopte.
'Hou je haaks, Geordie', zei Bren. 'Ik moet ervandoor. Zie je later nog wel.' Waarna hij in de wagen stapte en wegreed.
Dynamo liep voorop met de tassen terwijl Chalky en Spot me tussen hen in voortsleepten, met mijn armen over hun schouders heen. Omdat ik

niet op mijn ene been kon staan, was de tocht door de stinkende rioolbuis verre van gemakkelijk. Het was pikdonker en we moesten er zijwaarts doorheenlopen omdat hij niet breed genoeg was voor ons drieën. De stank leek erger te zijn dan de vorige keer en even had ik het gevoel dat ik moest kotsen. Nadat Dynamo de tassen op het strand had gelegd, kwam hij terug met een zaklantaarn waardoor het iets gemakkelijker voor Chalky en Spot was om me voort te slepen.

Eenmaal aan de andere kant aangekomen, gingen we in het zand zitten. Na ongeveer tien minuten hoorden we iemand over het strand naar ons toelopen. Dynamo en Spot stonden zonder geluid te maken op, klaar om eventuele problemen het hoofd te bieden. Het was Ken die op zoek was naar ons.

'Wat is er gebeurd?', vroeg hij.

'Dat vertellen we je nog wel. Laten we er zo snel mogelijk vandoor gaan', antwoordde Chalky.

'Oké, deze kant uit. De hack staat een stuk verderop op het strand; deze plek lag me iets te dicht bij de hoofdweg. Sinds ik hier ben, ongeveer vijftien minuten, heb ik al een behoorlijk aantal wagens voorbij zien komen.'

Ze sleepten me ongeveer driehonderd meter over het strand tot we bij de plek kwamen waar Ken was geland. Ze tilden me naar binnen en legden me op de vloer. Terwijl de helikopter snel opsteeg, zette Chalky een koptelefoon op mijn hoofd, en hij en Spot hielden me de hele reis goed vast. We hadden de afgelopen vierentwintig niet geslapen en ik voelde me dan ook plotseling doodmoe. Met hulp van de pijnstillers en het monotone gedreun van de motor viel ik al snel in slaap.

Ik kwam pas weer bij toen we al achter de hangar waren. Chalky had de koptelefoon van mijn hoofd gehaald en door het lawaai van de landende helikopter was ik wakker geworden. Hij en Spot hielpen me naar buiten, waarna Ken er, zoals gewoon, direct weer vandoor ging. Het was donderdag, nog vroeg in de morgen. De uren tot lunchtijd bracht ik slapend door, afgewisseld met korte perioden dat ik wakker was.

Chalky deed een soort rekverband om mijn been. De beide zijden van het verband, aan weerszijden van de wond, waren kleverig en uitgerust met veters. Ik had nog nooit zoiets gezien, maar het werkte wel. Hij legde een gaasje gedrenkt in een ontsmettingsmiddel over de wond heen en trok vervolgens de veters vast waardoor de beide kanten van de wond naar elkaar toe werden getrokken.

'Zo, dat zit; je hoeft niet bang te zijn dat het gaat ontsteken en de wond zal redelijk snel genezen, als je tenminste dit verband om de paar dagen verschoond. Wat je ook doet, laat niemand merken dat je gewond bent of je moet je misschien ziek melden', waarschuwde hij, terwijl hij me een aantal extra verbanden gaf en nog wat pijnstillers. 'Daar zul je genoeg aan hebben. Nogmaals, pas op dat niemand dit ziet', zei hij, op het vreemde verband wijzend.

'Je zult flink met dat been moeten oefenen,' zei Spot. 'We hebben nog tot morgenmiddag vier uur de tijd je weer op de been te krijgen.'

De rest van de middag en het grootste deel van de volgende dag strompelde ik rond waarbij ik steeds steviger op mijn gewonde been probeerde te staan en tegen de tijd dat ik moest vertrekken, liep ik nog slechts een beetje mank. Terug in het kamp zou ik het hele weekeinde de tijd hebben om met mijn been te oefenen. Als iemand me zou vragen wat er gebeurd was, zou ik zeggen dat het kwam door een kapotte veer in mijn matras. Dit gebeurde regelmatig in het kamp, dus niemand zou er iets bijzonders achter zoeken.

HOOFDSTUK 17

Terug naar huis

Om negen uur 's morgens op de dag voor kerstmis 1959 zat ik op de kade van Limassol. Om me heen waren duizenden andere militairen, net als ik met hun plunjezak bij zich. Ze praatten honderduit over het feit dat ze naar huis gingen, iets waar ze al lang naar uitgekeken hadden. Ik daarentegen zat naar de besneeuwde toppen van het Troodosgebergte in de verte te kijken, diep in gedachten verzonken.

'Oh, man, wat zal ik die jongens missen. Wat zouden ze op dit moment aan het doen zijn?', zei ik tegen mezelf. 'Zou het voor hen ook afgelopen zijn? Misschien zitten ze hier wel ergens op de kade.'

Ik keek verlangend naar de gezichten van de wachtende mannen om me heen, maar niemand kwam me bekend voor. Nadat ik zo ongeveer vijftien minuten had gezeten, voelde ik plotseling een hand op mijn schouder.

'Je gaat me toch niet vertellen dat je het hier zal missen, Geordie?', zei iemand vlak bij mijn oor.

Ik draaide me razendsnel om. Even had ik gedacht (gehoopt) dat het Dynamo, Chalky of Spot zou zijn, maar het was Bill, die naast me kwam zitten.

'Wat heb je? Je was mijlenver weg met je gedachten. Je hebt toch niet nu al heimwee naar dit stinkende gat, hè?'

'Nee, natuurlijk niet, Bill', antwoordde ik rustig. Kon hij maar weten wat ik dacht, kon ik hem maar vertellen wat ik echt zou missen en wat er op dit moment door me heen ging. Ik had hetzelfde gevoel als twee jaar geleden toen ik afscheid van mijn familie nam, hoewel de situatie natuurlijk anders was. Ik voelde me echter net zo leeg en verlaten als toen.

De afgelopen achttien maanden had ik de broers gevonden die ik nooit had gehad: nog nooit had iemand me in mijn leven zo behandeld als zij. Ik had me man onder mannen gevoeld. Toch hadden we nooit over iets persoonlijks gesproken; ze accepteerden me zoals ik was. Ze hadden me altijd met respect behandeld, als hun gelijke. In hun gezelschap had ik altijd het gevoel gehad dat ik gewaardeerd werd, dat ik er mocht zijn. Het ergste van het afscheid vond ik de gedachte dat het definitief zou zijn, dat er geen weg terug was: ik zou ze nooit meer zien.

Ik had iedere minuut dat ik in het leger zat vervloekt, het gewone leger bedoel ik dan, en verlangde er oprecht naar mijn familie weer te zien. Maar ik was in de tussentijd erg veranderd en een deel van mij wilde het liefst hier blijven, in het gezelschap van De 16. Ik wilde geen medailles of andere erkenning voor wat ik had gedaan, ik had alleen mezelf willen bewijzen dat ik niet zo'n idioot was als mijn vader altijd vond dat ik was. Van kinds af aan had ik me anders dan anderen gevoeld, een buitenstaander. Maar ook toen al had ik geweten dat ik een beter mens was dan hij dacht, dat ik niet zo stom was als hij altijd zei.

Helaas kon ik, nu ik voor het eerst van mijn leven iets gedaan had wat de moeite waard was, er met niemand over praten. Niemand zou me geloven en bovendien zou ik hun vertrouwen in mij beschamen. Voor hen zou ik altijd de jonge Geordie blijven die in militaire dienst bij het Pioneer Corps was geweest.

Terwijl ik naar de bergen zat te kijken en nog maar enkele minuten had voordat we zouden vertrekken, voelde ik me verschrikkelijk alleen. Ik had een leeg, ziek gevoel in mijn maag. Is dit het einde of misschien een nieuw begin? Hoe ver had ik nog met hen kunnen komen, vroeg ik me af? Een ding wist ik zeker: nooit zou ik meer dit soort mensen tegenkomen.

Hoewel het al een aantal weken geleden was dat ik ze voor het laatst had gezien, had ik het gevoel dat het pas gisteren was geweest dat Ken me het slechte nieuws had meegedeeld. Zijn woorden stonden in mijn geheugen gegrift. Die dag zal ik nooit meer vergeten. Die dag is een deel van mij gestorven. Voor het eerst van mijn leven had ik willen schreeuwen en vloeken, waarbij ik alle krachttermen zou gebruiken die ik maar kon bedenken.

Ik was die dag opgehaald en zoals gewoonlijk naar de oude hangar gebracht. Tot mijn verbazing was Ken echter aanwezig. Chalky had tijdens de reis in de jeep niets gezegd over een eventuele karwei dat op ons zou liggen te wachten. Ken wilde me onder vier ogen spreken, maar wat hij zei, had ik nooit, niet in mijn wildste dromen, kunnen bevroeden.

Toen ik tegenover hem stond, begreep ik onmiddellijk dat er iets grondig mis was. Hij gedroeg zich anders dan anders; hij keek enigszins somber en begon zelfs licht te stotteren.

'Eh, Geordie, eh, ik hoop niet dat je me verkeerd zult begrijpen, maar vanwege veiligheidsredenen kan ik niet al te diep op de zaak ingaan. Toen ik hoorde dat je nog drie jaar bij wilde tekenen, was dat het beste nieuws dat we in tijden hadden vernomen, en met "we" bedoel ik iedereen hier in de kleine hangar, zoals jij dit gebouw altijd noemt.' Hij glimlachte even.

'Echt, Geordie, geloof me, dat was fantastisch nieuws. Je hebt je van een kant laten zien die ons allemaal heeft verbaasd, veel meer dan we verwacht hadden. Je bent echt één van ons geworden. Daarom kost het me enorm veel moeite om je dit te vertellen. Maar het is niet anders, je tijd is om. Je gaat weer naar huis, samen met de andere soldaten. Normaal gesproken zou dat goed nieuws moeten zijn, nietwaar, maar ik weet verdomd goed dat jij er anders over denkt.'

Ik had het gevoel dat de grond onder mijn voeten wegzakte. Ik was sprakeloos, met stomheid geslagen door zijn woorden. Ik keek hem verbijsterd aan. Eerst hoopte ik nog dat hij een grapje maakte, maar op zijn gezicht stond af te lezen dat het de waarheid was. Hij zag er verslagen uit.

'Het is niet anders', ging hij verder, met een stem die van heel ver leek te komen. 'Zoals je weet, hebben ze in februari vrede met elkaar gesloten en is Makarios in maart naar het eiland teruggekomen. Vanaf nu hebben we hier niets meer te zoeken. Begin volgend jaar zal de republiek uitgeroepen worden. Onze militaire installaties zullen afgebroken worden en al onze troepen zullen binnenkort weer naar Engeland terugkeren. We wisten dat al geruime tijd maar dachten dat we misschien nog een uitweg zouden kunnen vinden. We hebben alles geprobeerd wat we konden, maar soms blijken dingen onmogelijk te zijn, zelfs voor ons.'

'Kijk, Geordie, als je nu zou bijtekenen, zou dat bij het regiment zijn waar je nu onderdeel van uitmaakt. Dat hele regiment gaat echter terug naar het vaderland waardoor het bijkans onmogelijk is om je, als er een operatie uitgevoerd moet worden, op te pikken. Ook voor ons zal er veel veranderen, maar ik kan je niet zeggen wat precies. Voor het doel waar we je voor nodig hadden, ben je altijd op de juiste plaats en in de juiste omstandigheden geweest. De 518ste compagnie blijft hier op Cyprus achter, maar het zal niet meer mogelijk zijn de dingen op die manier te regelen zoals we dat altijd hebben gedaan. Het zou dan ook geen enkele zin hebben je over te plaatsen, als je begrijpt wat ik bedoel', zei hij betekenisvol. 'De veranderingen op het eiland zullen ook op ons hun effect hebben. We kunnen je alleen maar gebruiken als je op het eiland blijft en dat is onmogelijk als je hele regiment terug gaat naar Engeland. Ik ben bang dat het enige wat je hier aan over zult houden, Geordie, een of ander waardeloos lintje zal zijn', zei hij met verstikte stem.

'Nee, Ken, nee!', barstte ik uit, plotseling mijn stem weer terugvindend. 'Zeg dat het niet waar is. Het kan niet waar zijn. Eindelijk heb ik iets dat ik mijn leven lang al wilde. Eindelijk voel ik me degene die ik altijd al had willen zijn. Eindelijk heb ik gevonden waarnaar ik altijd al op zoek was – zelfvertrouwen en trots. En het maakt me niet uit of iemand anders dat weet of dat iemand anders het merkt. Het is de enige erkenning die ik wil.

En geloof me, Ken, daar zal ik mijn hele leven trots op zijn!'
De rest van de middag deden we niets meer. We zaten met zijn vijven bij elkaar, dronken thee, maakten grapjes en ouwehoerden urenlang over de karweitjes die we hadden opgeknapt, de plaatsen waar we samen naartoe waren geweest en de manier waarop we onze slachtoffers te pakken hadden genomen. Ze deden alle moeite om me op te vrolijken, maar zonder resultaat. Iets in mij was voor altijd gestorven.
Ik wist dat zij, net als Ken, oprecht bedroefd waren over de situatie. Ik verliet hen op dezelfde manier als ik was gekomen, zonder meer over hen te weten dan dat ze, zonder enige twijfel, de meest opmerkelijke mensen waren die ik ooit zou ontmoeten.
Ieder van hen schudde me de hand, zonder veel te zeggen. Ikzelf kon geen woord uitbrengen; ik was in een soort shock, volledig van de kaart door het vooruitzicht dat ik ze nooit meer zou zien en nooit meer met hen op stap zou gaan.
Ik had er lang over nagedacht of ik bij zou tekenen. Eenmaal de beslissing genomen, was ik ervan uitgegaan dat zij verder alles zouden regelen zoals ze dat altijd voor mij hadden gedaan. Ik had er nooit bij stilgestaan dat er zoiets als dit zou kunnen gebeuren.
Ken legde een hand op mijn schouder, keek me recht aan en zei met een stem waarin duidelijk zijn teleurstelling doorklonk: 'Je was een soldaat van de toekomst, je was je tijd ver vooruit, Geordie.' Ik begreep niet wat hij bedoelde. 'Geloof me, vanaf nu zal alles anders worden; ooit zul je dat beseffen. Let goed op jezelf.' Hierna draaide hij zich vlug om en liep hij weg, zonder nog een keer om te kijken.
'Hou je haaks, Geordie', zei Spot zacht, waarna hij mijn hand pakte, zich omdraaide en achter Ken aan liep.
Dynamo schudde me stevig de hand en boog zich naar voren om iets in mijn oor te fluisteren. 'Ik zal je een geheimpje vertellen, Geordie. Ik kom uit de plaats waar ze de beste kaas maken', zei hij kalm, waarna hij een stap achteruit deed en me recht in de ogen keek. 'Trek het je niet aan, aan alles komt een eind, nietwaar? Maar we hebben ze wel een poepie laten ruiken, hè?', zei hij met een knipoog. Vervolgens draaide ook hij zich om en liep weg. Ik stond vastgenageld aan de grond.
'Kom op, Geordie, tijd om te gaan. We kunnen hier niet eeuwig blijven', zei Chalky, waarna ik voor de laatste maal naast hem in de jeep stapte.
'Je was de beste van allemaal, Geordie, de snelste leerling die ik ooit ben tegengekomen. Onthoud dat goed', zei hij terwijl hij de motor startte.
'Je hoeft dat soort dingen niet te zeggen om me op te vrolijken', zei ik tegen hem, nauwelijks in staat te spreken.
Hij schudde zijn hoofd. 'Nee, echt, Geordie, ik meen het.' Tot het moment

dat ik gedropt werd, werd er geen woord meer gesproken. 'Hou je haaks, Geordie', was alles wat hij nog zei. Hij gaf me een knipoog, keerde de jeep en ging er in een dikke wolk stof vandoor. Ik bleef staan tot hij uit het gezicht was verdwenen, verward en met stomheid geslagen.
Ik had die dag in een ander kamp moeten werken en wachtte langs de rand van de weg tot de truck zou komen die me op moest pikken. Ik wilde dolgraag alleen zijn, niet tussen dat stelletje luidruchtige grappenmakers. Ik zat dan ook stil voor me uit te staren en bemoeide me niet met de anderen.
'Kop op, Geordie; je leeft maar eenmaal', zei mijn buurman terwijl hij in mijn ribben porde. Plotseling herinnerde ik me weer wat Dynamo me had toegefluisterd.
'Waar maken ze de beste kaas van Engeland?', vroeg ik.
'Hè! Waarom moet je dat nou opeens weten?', vroeg hij verbaasd.
'Doet er niet toe! Waar maken ze de beste kaas?'
'Wel, dat is niet zo gemakkelijk, hangt ervan af wat je de beste kaas vindt, denk ik. Je hebt Cheddar, Cheshire.'
'Lancashire', viel iemand anders hem bij.
'Leicester.'
'Wensleydale.' Plotseling bemoeide iedereen zich ermee.
'Nou, ik hou van Caerphilly.'
'En wat denk je dan van Derby?'
Ik barstte in lachen uit toen ik me realiseerde dat Dynamo me uiteindelijk nog niks over zichzelf had verteld. Ik dacht dat hij de regels geschonden had, maar ik had beter moeten weten.
Ik keek naar het schip waar we aan boord zouden gaan, de Devonshire. Het was een tamelijk klein passagiersschip dat was omgebouwd om in tijden van oorlog troepen te kunnen vervoeren. Men had ons verteld dat het meerdere malen door torpedo's was geraakt en toch nooit was gezonken. Of deze informatie ons een veiliger gevoel zou geven, was echter nog maar de vraag.
Hoewel de vijand dit schip dus nooit tot zinken had weten te brengen, leek het erop dat het een of ander burgermannetje, met de bedoeling geld uit te sparen, wel zou lukken. Het schip zou namelijk zo afgeladen met soldaten zijn dat het me zou verbazen als we veilig weer thuis zouden komen, dacht ik. Het leek me onmogelijk dat het schip zo veel man zou kunnen vervoeren.
'Maak je maar geen zorgen, mannen', zei de officier van dienst. 'Het ziet er misschien wat klein uit maar het is oorspronkelijk gebouwd om 2000 passagiers te vervoeren. Na enige aanpassingen is het nu echter in staat jullie allemaal in een keer te vervoeren.'

'Oh, nu voel ik me al een stuk veiliger, sir', zei ik.
We moesten om de een of andere reden nog een paar uur wachten voor we uiteindelijk aan boord van die oude roestige schuit konden gaan. Tegen de tijd dat we ons inscheepten, waren de meesten van ons door het urenlange wachten zo murw gemaakt dat het hen niks meer kon schelen hoe het schip eruitzag, als het ons maar naar huis zou brengen.
Terwijl ik voor Bill de loopplank opliep, draaide ik me nog eenmaal om. Ik had het stomme idee dat er nog een wonder zou gebeuren; dat de plannen opeens gewijzigd waren en we niet zouden vertrekken; dat we onmiddellijk rechtsomkeert zouden moeten maken. In mijn dromen hoopte ik dat De 16 dat alsnog geregeld hadden. Ik wenste met heel mijn hart dat een of andere sergeant me met zijn grote bek zou roepen om me mee te delen dat ik achter moest blijven.
'Kom op, Geordie, loop eens door', stootte Bill me aan. 'Weet je zeker dat je naar huis wilt; volgens mij heb je nu al heimwee naar dat verdomde gat!'
Zo gauw we aan boord waren, moesten we ons naar onze slaapkwartieren begeven. Het was echter niet gemakkelijk om beladen met onze rugzakken en geweren een deur door te gaan. De slaapafdelingen bestonden uit rijen boven elkaar hangende hangmatten. Gelukkig slaagde ik erin er een vlak bij een patrijspoort te bemachtigen. Omdat er geen enkele bagageruimte was gooiden we onze spullen gewoon op het dek; met zijn tientallen moesten we een ruimte delen die waarschijnlijk oorspronkelijk ontworpen was om slechts vijf personen te herbergen.
De meesten van ons gingen naar het dek, waar we nog een aantal uren rondhingen tot het schip eindelijk in beweging kwam. Terwijl Cyprus, onze thuisbasis van de afgelopen achttien maanden, langzaam uit het zicht verdween, ging er een enorm applaus op.
Ik stond nog enige tijd in mijn eentje over de reling te kijken. De meeste anderen waren al lang uit verveling afgetaaid en naar een ander deel van het schip gegaan. Zouden Dynamo, Chalky, Spot en Ken vanuit de bergen met hun verrekijkers naar het schip zitten te kijken, vroeg ik me af? Misschien waren ze met een andere operatie bezig, of misschien, heel misschien, waren ze hier aan boord, ergens tussen de duizenden andere militairen. Als dat zo was, wat zou ik dan doen als ik ze tegenkwam?
Ook bedacht ik me dat ze misschien al iemand anders aan het trainen waren, mijn opvolger. Maar dat was wel het laatste waar ik aan wilde denken. Ik probeerde die gedachte dan ook snel zo ver mogelijk van me af te zetten.
Ik was blij dat alles zo gelopen was. Niet uit politiek oogpunt, want daar hield ik me niet mee bezig; bovendien wist ik nooit of onze acties enig ver-

schil hadden uitgemaakt. Ik was blij om de verandering die zich in mijn leven had voltrokken. Ik had de kans gekregen mezelf te zijn.
Toen ik uiteindelijk het eiland niet meer kon zien, ging ik naar de anderen toe, omdat er niet echt iets anders te doen was. Binnen enkele minuten nadat ik weer benedendeks was, begon ik al enorm te zweten. Het enige wat ik nog wilde, was zo snel mogelijk naar huis gaan.
Niemand van ons had ooit in een hangmat geslapen. Het was dan ook een vrolijke boel toen we erin probeerden te stappen. Tegen de tijd dat iedereen erin geslaagd was zijn bed op te zoeken, waren we zo uitgeput dat we alleen nog maar, met onze armen over de randen van de hangmat, een beetje met elkaar konden ouwehoeren en grapjes maken. Dit ging echter uren door tot we uiteindelijk aanlegden bij Malta, de plaats waar het eigenlijk voor mij echt begonnen was.
Sommigen van ons gingen van boord in een van de felgekleurde bootjes die langszij waren gevaren. Ze hadden het erover dat ze naar een plaats zouden gaan die de 'Darm' werd genoemd, een beruchte wijk vol cafés en hoeren. Maar dat was niks voor mij en nadat ze weg waren gegaan, lag ik nog een tijdlang in mijn hangmat na te denken. Ze waren geen spat veranderd, hooguit twee jaar ouder geworden. Ikzelf daarentegen was niet alleen ouder geworden maar ook een stuk wijzer.
We bleven die nacht in Malta en vertrokken de volgende morgen naar onze volgende halteplaats, Gibraltar. Een uur nadat we Malta hadden verlaten, brak de hel los: de zee werd zo onrustig dat de meesten van ons uit hun hangmat op het dek werden geworpen. De golven waren zeer hoog en de Devonshire dobberde als een kurk op het water. De meesten van ons werden zeeziek en zelfs degenen die hier aan konden ontsnappen, voelden zich ook niet erg lekker.
Het was dan ook een grote opluchting toen we eindelijk Gibraltar bereikten. Ook hier ging een aantal van ons aan wal; de meesten waren echter nog te ziek om op hun benen te staan. Ik voelde me goed, ik was alleen een beetje misselijk. Niemand dacht dat het nog erger kon worden dan we juist hadden meegemaakt.
'Wacht maar af tot we in de Golf van Biskaje zijn', zei een van de leden van de bemanning opgewekt. Hij zou verdomme gelijk krijgen.
We verlieten Gibraltar en stoomden op naar de Atlantische Oceaan. De eerste dagen was er niet veel aan de hand, maar toen we de Golf invoeren, sloeg het weer om en werd het schip als een luciferhoutje op de golven heen en weer geslingerd. Het was veel erger dan de vorige keer en ik had medelijden met de mannen die net weer een beetje hersteld waren. Hoewel ik ook deze keer niet echt zeeziek was, waren het een aantal zeer onplezierige dagen. Zelfs de kapitein bleek ziek te zijn.

Na een aantal dagen ging de wind liggen en werd het weer een stuk rustiger aan boord. Iedereen was echter doodop, verveeld en de reis meer dan zat. Plotseling kwam iemand naar binnen gerend.
'Land in zicht! Het vaderland!', gilde hij. Iedereen snelde naar het bovendek. Eindelijk, we waren thuis. Het was 4 januari 1960; de reis had twaalf dagen geduurd.
Bijna iedereen was boven op het dek, opgewonden met elkaar pratend. De lucht was loodgrijs, het was bitter koud en ik stond te trillen op mijn benen; maar dat maakte me op dat moment niets meer uit. Ik was bijna thuis! Ik had het idee dat de ijskoude wind de laatste overblijfselen van de hitte, de vliegen, het zand, het stof en het zweet van me afblies. Ik voelde me fantastisch.
Toen we dichter naar het land voeren, zagen we honderden mensen op de kade staan, uitbundig schreeuwend en naar ons zwaaiend. Als bij toverslag verdween iedereen naar beneden om zijn spullen te gaan halen; we wilden allemaal niets liever dan deze verdomde schuit zo snel mogelijk verlaten.
Het schip kwam bijna tot stilstand om zich voor te bereiden naar de kade te varen. Terwijl de loopplank werd uitgelegd, stonden we gespannen op het dek te wachten. Zo gauw iemand op de kade man, vriend of kind zag, begon men te schreeuwen en de kerels aan boord deden hetzelfde als ze hun familie in de menigte ontdekten. Er speelde zelfs een militaire kapel. Het lawaai was ongelofelijk.
Iedereen scheen wel iemand te hebben die op hem wachtte, iemand om te omhelzen. Ik stond in mijn eentje op de afgeladen kade, blij dat ik weer vaste grond onder mijn voeten voelde, maar ik voelde me ook alleen omdat ik wist dat er niemand op me stond te wachten. Ik keek naar de punt van mijn schoenen en zag tot mijn verbazing een inscriptie op de marmeren tegel waar ik op stond: 'The Mayflower left here in 1620'. Ik bleef even staan kijken en vroeg me af hoe dat schip eruit zou hebben gezien en of iemand van de bemanning toen hetzelfde zou hebben gevoeld als ik nu.
Om me heen was het een drukte van belang. Overal zag ik mannen die hun vrouw, vriendin of moeder omhelsden. Ik voelde me plotseling ijskoud en verschrikkelijk alleen. Hoewel ik wist dat mijn moeder me had geschreven dat ze geen geld had om me af te komen halen, was het een bittere anticlimax voor mij, in mijn eentje tussen al die gelukkige gezichten te staan. Ik besefte hoe gelukkig ze moesten zijn en hoezeer ik ernaar verlangde om mijn familie voor het eerst in twee jaar weer te zien. Het was al een tijd geleden dat ik voor het laatst aan mijn vader had gedacht. Plotseling verscheen hij echter voor mijn geestesoog. Wat een schok zou het

voor die nietsnut zijn als hij me weer terug zou zien, dacht ik. Zijn dagen als de grote man, die alles over me te zeggen had, waren definitief voorbij. Nadat ik nog een keer naar de zee had gekeken en in gedachten van Dynamo, Chalky en Spot afscheid had genomen, liep ik achter de anderen aan naar het konvooi legertrucks dat op ons stond te wachten. Het waren twee lange, ongelofelijke jaren geweest. Ik was op weg naar huis, terug naar de dagelijkse werkelijkheid.

BIJLAGE

Achtergronden van het Midden-Oostenconflict

19 oktober 1954
Egypte en Groot-Brittannië sluiten een verdrag over het Suezkanaal, waarmee een einde komt aan 72 jaar Britse bezetting. Groot-Brittannië stemt ermee in binnen 20 maanden haar 80.000 manschappen uit de kanaalzone terug te trekken, terwijl Egypte de vrije doorvaart door het kanaal garandeert.

13 januari 1956
Syrië en Libanon tekenen een wederzijds defensieverdrag waarin is vastgelegd dat ze elkaar te hulp zullen komen als één van beide landen door Israël wordt aangevallen. Dit als antwoord op de Israëlische aanval van 11 december 1955 op de Syrische stellingen langs het Meer van Galilea. Op 19 januari wordt Israël unaniem door de VN-veiligheidsraad berispt vanwege deze aanval, die een 'flagrante schending' van de Palestijnse wapenstilstand wordt genoemd.

10 mei 1956
De secretaris-generaal van de VN verkondigt dat Israël, Egypte, Jordanië, Syrië en Libanon een overeenkomst voor een onvoorwaardelijk staakt-het-vuren hebben getekend.

13 juni 1956
Aan de 74 jaar durende Britse bezetting van het Suezkanaal komt een einde als de laatste Britse soldaat Port Said verlaat, als uitvloeisel van het in 1954 gesloten verdrag tussen Groot-Brittannië en Egypte.

26 juli 1956
President Nasser nationaliseert het Suezkanaal na openlijk het opschor-

ten van financiën uit het Westen voor het Aswandam-project aan de kaak te hebben gesteld, met de bedoeling met de opbrengsten van het kanaal alsnog de dam te laten bouwen.

1-2 augustus 1956
Als reactie op de Suezcrisis komen Groot-Brittannië, Frankrijk en de Verenigde Staten voor topoverleg in Londen bijeen. In dezelfde tijd wordt de oorlogsdreiging door het zenden van Britse en Franse troepen naar het Middellandse-Zeegebied vergroot. Op 16 augustus neemt de spanning af als vertegenwoordigers van 22 landen in Londen bijeenkomen voor besprekingen over het Suezkanaal; alleen Egypte en Griekenland weigeren aan de vergadering deel te nemen.

29 oktober 1956
Israël valt de Egyptische Sinaïwoestijn binnen. Nadat Egypte een staakt-het-vuren heeft genegeerd, wordt het door zowel door Groot-Brittannië als Frankrijk gebombardeerd, te beginnen op 31 oktober, waarna op 5 en 6 november troepen het land binnenvallen. De Brits-Franse aanval wordt afgekeurd door de VS die een oproep tot een staakt-het-vuren van de VN ondersteunen. Egypte en Israël accepteren het voorstel tot een staakt-het-vuren, waarna Groot-Brittannië en Frankrijk al snel volgen. Op 7 november worden de gevechten beëindigd. Het bestand wordt door een internationale troepenmacht van de VN gecontroleerd. De Britten en Fransen zijn gestationeerd in het noordelijke deel van het Suezkanaal en Israël controleert de Sinaï en de Gazastrook. Het kanaal zelf is onbegaanbaar door gezonken en vernietigde schepen en ingestorte bruggen. Egypte houdt aan deze oorlog de VS en Rusland als bondgenoten over, tenminste wat deze kwestie betreft.

29 december 1956
Hulptroepen van de VN beginnen in het kanaal met het opruimen van scheepswrakken en andere obstakels. Het kanaal wordt op 17 maart 1957 voor de scheepvaart heropend.

Cyprus
In Cyprus strijden duizenden Britse troepen, na de deportatie van aartsbisschop Makarios in 1956, tegen de terroristen van het EOKA. Onder leiding van generaal George Grivas plegen deze terroristen een groot aantal aanslagen, onder meer op onschuldige burgers, in een poging het eiland bij Griekenland aan te laten sluiten. Een aantal van hen wordt door Britse troepen gedood.

5 januari 1957
President Eisenhower vraagt het Amerikaanse congres toestemming om troepen in te zetten tegen de communistische agressie in het Midden-Oosten. Deze maatregelen die op 9 maart bij wet worden aangenomen en waarbij landen in het Midden-Oosten hulp van de VS krijgen tegen het communisme, zullen later bekend worden als de Eisenhower-doctrine.

6 maart 1957
De Israëlische troepen trekken zich volledig uit Egyptisch gebied terug. Troepen van de VN nemen de controle over de Gazastrook en Sharm el-Sheikh over.

13 maart 1957
JORDANIË/GROOT-BRITTANNIË
Na beëindiging van het uit 1948 stammende verdrag tussen Groot-Brittannië en Jordanië worden de economische en militaire banden tussen beide landen verbroken. De Britse troepen moeten binnen zes maanden het land verlaten. Jordanië wordt gedwongen $11.9 miljoen te betalen, verspreid over zes jaar, voor de Britse militaire installaties en voorraden die in het land achterblijven. De Britten beëindigen hun jaarlijkse subsidie van $35 miljoen aan Jordanië.

28 maart 1957
CYPRUS
Nadat hij erin heeft toegestemd een oproep te zullen doen om de gewelddadigheden op het eiland Cyprus te beëindigen, wordt aartsbisschop Makarios, in ballingschap op de Seychellen, door de Britten op vrije voeten gesteld. Het wordt hem verboden naar het eiland terug te keren.

14 april 1957
JORDANIË
Koning Hoessein onderdrukt een opstand van pro-Egyptische elementen in zijn leger. Ter ondersteuning sturen de VS de Zesde Vloot naar de Middellandse Zee. Koning Hoessein verkondigt op 5 mei dat de crisis bedwongen is.

3 juni 1957
De VS nemen deel aan een conferentie van het Pact van Bagdad (METO) in Karachi en verzekeren nogmaals hun steun aan de lidstaten – Turkije, Irak, Iran, Pakistan en Groot-Brittannië – in hun strijd tegen de communistische agressie.

26 december 1957
CAÏRO
Delegaties van 40 Afrikaanse en Aziatische landen en kolonies nemen deel aan een conferentie van Afrikaanse en Aziatische landen ter bevordering van de onderlinge solidariteit, waarbij resoluties worden aangenomen ter ondersteuning van de oproep van de Sovjet-Unie tot vreedzame coëxistentie, en de westerse imperialistische en koloniale politiek en de Eisenhower-doctrine worden veroordeeld. Een vertegenwoordiger van de Sovjet-Unie biedt alle Afrikaanse en Aziatische landen economische en technische hulp aan.

december 1957/januari 1958
Groot-Brittannië stuurt 18.000 Britse troepen naar het Middellandse-Zeegebied.

1958
In het jaar 1958 wordt het gehele Middellandse-Zeegebied bedreigd door instabiliteit en oorlogsdreiging. Vooral Israël heeft het hard te verduren. De Engels-Franse invasie van het Suezkanaal in november 1956 is nog niet vergeten. Het zenden van troepen door de Britten naar Port Said wordt in brede kring veroordeeld. President Nasser van Egypte wordt zowel door de VS als de Sovjet-Unie gesteund in zijn openlijke afkeuring van deze Britse actie.

21 januari 1958
De Sovjet-Unie waarschuwt de leden van het Pact van Bagdad voor de pogingen van het Westen nucleaire wapens en raketbases op hun grondgebied te plaatsen.

1 februari 1958
Na de verkiezingen van 21 februari gaan Egypte en Syrië op in de Verenigde Arabische Republiek (VAR) met Nasser als president. Jemen wordt op 8 maart eveneens lid van deze unie. Op 14 februari stichten Jordanië en Irak als tegenwicht de Arabische Unie.

1 mei 1958
EGYPTE/SOVJET-UNIE
Tijdens een achttiendaags staatsbezoek aan de Sovjet-Unie neemt de Egyptische president Nasser samen met de sovjetleiders deel aan de viering van de 1-meiparade op het Rode Plein in Moskou. De Sovjet-Unie en Egypte ondertekenen een gezamenlijke verklaring waarin Nasser zegt de

buitenlandse politiek van de Sovjet-Unie te zullen ondersteunen en de sovjets zich uitspreken de bevrijding van alle Aziatische en Afrikaanse staten te zullen bewerkstelligen.

14 juli 1958

Na de omverwerping van de monarchie in Irak wordt de Arabische Unie van Irak en Jordanië opgeheven en sluit Irak zich op 19 juli aan bij de door Egypte en Syrië gevormde VAR. De stabiliteit in het Midden-Oosten, en met name in Israël en Jordanië, wordt hierdoor ernstig bedreigd. De VAR wordt, naar men zegt, door de Sovjet-Unie gesteund met wapens en militaire adviseurs.

15 juli 1958

LIBANON

Uit grote bezorgdheid over deze ontwikkelingen en de dreigende invloed van de Sovjet-Unie in de regio, zendt president Eisenhower op verzoek van de Libanese president Chamoun, die vreest dat moslimrebellen, waarschijnlijk gesteund door de Sovjet-Unie en de VAR, het land zullen overnemen, Amerikaanse marine-eenheden naar Libanon. De aankomst van 3500 Amerikaanse marine-eenheden in Beiroet ter ondersteuning van de pro-westerse regering van Libanon en ter bescherming van de Amerikaanse belangen, wordt door de Sovjet-Unie in felle bewoordingen veroordeeld. Nadat de rust is teruggekeerd, beginnen de VS op 12 augustus met de terugtrekking van haar troepen.
Deze politieke situatie heeft enige tijd een serieuze bedreiging gevormd voor de fragiele wereldvrede na de Tweede Wereldoorlog.

17 juli 1958

JORDANIË

Als gevolg van de opstand in Irak vreest ook koning Hoessein van Jordanië een op handen zijnde poging van de VAR de monarchie door binnenlandse onrust omver te werpen. Op verzoek van koning Hoessein zendt de Britse premier Macmillan 2000 Britse troepen naar Jordanië. Tot 20 oktober blijven die hier gelegerd.

23 oktober 1958

EGYPTE/SOVJET-UNIE

Na het stopzetten van de financiële steun van de VS voor de bouw van de Aswandam, biedt de Sovjet-Unie Egypte een lening aan van 100 miljoen dollar voor de constructie van de tweede Aswandam in de rivier de Nijl, op voorwaarde dat technici, apparatuur en materialen uit de Sovjet-Unie worden gebruikt. Door dit voorstel nam de populariteit van de Sovjet-Unie in het Midden-Oosten sterk toe.

De interpretatie van bovenstaande gebeurtenissen is ontleend aan de *Chronicle of 20th Century History* (Magna Books, 1989 © Bison Books Ltd).

Wat de feitelijke bedoeling van Nasser in deze onzekere tijd tussen 1956 en 1967 was, is niet duidelijk. Aangenomen wordt dat hij op een bepaald moment de intentie had Israël opnieuw aan te vallen; als militair was hij zich zeer bewust van de nederlagen die Egypte in 1948 en 1956 had geleden. Dit feit alleen was, ongeacht of hij de staat Israël eventueel wilde vernietigen, al voldoende voor hem om ten oorlog te trekken.
De sovjetmotieven om hem met wapens te steunen zijn een stuk duidelijker. Moskou had de bedoeling Egypte sterk genoeg te maken om een door de Amerikanen gesteunde aanval van Israël tegen de 'progressieve' regimes in Caïro en Damascus te kunnen weerstaan. De sovjetleiders waren ervan overtuigd dat het Westen niet zou toestaan dat de nieuwe regimes in Syrië en Egypte in vrede zouden kunnen bestaan en dat het Westen op een bepaald moment onder de vlag van Israël zou toeslaan. De oorlog van 1956 werd beschouwd als een ondersteuning van dit gezichtspunt, waarbij meer de nadruk gelegd werd op de oorlogshandelingen van Frankrijk en Groot-Brittannië dan op het staakt-het-vuren dat door de VS, zei het nogal iets te luidruchtig, werd opgelegd. Aan de andere kant deed de Sovjet-Unie er alles aan een gewapend conflict met de VS te vermijden. Dit leidde niet alleen tot grote teleurstelling bij de Arabische landen, die de hun toegezegde militaire steun in kritieke perioden moesten ontberen, maar ook tot het niet volledig op sterkte komen van het Egyptische, Syrische en (in mindere mate) het Iraakse leger.
Deze legers waren afhankelijk van Russische wapens. De Sovjet-Unie weigerde echter wapens te zenden waarmee de drie Arabische landen Israël zouden kunnen aanvallen, uit angst dat de VS in deze oorlog zouden ingrijpen. In plaats daarvan werden ze alleen voorzien van wapens waarmee ze Israël van enige agressie zouden kunnen weerhouden en waarmee de drie progressieve Arabische staten hun overwicht in de Arabische wereld zouden kunnen behouden. Dit is niet de manier waarop de Russische activiteiten meestal in de westerse of Israëlische pers werden afgeschilderd, ook later niet.

De bovenstaande tekst is ontleend aan *History of Middle East Wars* (Bison Books, 1984 © Bison Books Ltd).